Aktien & Co.

Aktien & Co.

Mit Strategie zum Börsenerfolg

2. Auflage

STIFTUNG WARENTEST

Thomas Luther

Die Deutsche Nationalbibliothek verzeichnet diese Publikation in der Deutschen Nationalbibliographie; detaillierte bibliografische Daten sind im Internet über http://dnb.d-nb.de abrufbar.

2. Auflage 2007

Stiftung Warentest
ISBN 978-3-937880-86-0

Zu diesem Buch

Am 27. Februar 2007 sprang der Deutsche Aktienindex (Dax) zum ersten Mal seit März 2000 wieder fast an die Marke von 8 000 Punkten. Um die Bedeutung dieses Ereignisses ermessen zu können, muss man wissen, dass die Besitzer von Aktien in der Zwischenzeit eine harte Durststrecke zu überstehen hatten, in der das deutsche Aktienbarometer von seinem historischen Gipfel bei über 8 000 Punkten binnen Monaten auf fast 2 000 Punkte gefallen war.

Jedem auf Sicherheit bedachten Anleger mögen diese Zahlen einen kalten Schauer über den Rücken jagen und ihn in seinem Vorurteil bestärken, dass Aktien eben doch nur etwas für Zocker sind, die den Kick und den schnellen Euro suchen. Der Großteil der privaten Anleger verfolgt das Treiben an der Aktienbörse auch lieber aus sicherer Distanz. Dabei ist unstrittig, dass auf lange Sicht keine andere Anlageform in puncto Rendite den Aktien das Wasser reichen kann – freilich verbunden mit dem Nachteil, dass die Kurse mitunter eine wilde Achterbahnfahrt vollführen. Doch wer allein auf diesen Umstand schaut, verstellt sich den Blick für die Chancen, die Aktien bieten. Je länger man sein Geld in diese Anlageform investiert, desto geringer fallen Kursschwankungen ins Gewicht und desto geringer ist damit das Risiko, dass am Ende der Anlagedauer ein Minus herauskommt. Die vergangenen Jahre sind der beste Beweis für diese Faustregel.

Auch in stürmischen Phasen ist es sinnvoll, bei Aktien am Ball zu bleiben und seine Chancen zu suchen. Dass dies keine Geheimwissenschaft von Profis ist, sondern lediglich solides Basiswissen erfordert, das sich jeder Anleger aneignen und zu eigen machen kann – das aufzuzeigen hat sich dieser Ratgeber zur Aufgabe gemacht. Er soll Einsteiger, aber auch Fortgeschrittene mit den wichtigsten Spielregeln an der Börse vertraut machen, erklären, welche Faktoren das Auf und Ab der Kurse an den Aktienmärkten bestimmen und welches Handwerkszeug der Anleger benötigt, um sich eine Strategie zurechtzulegen und Aktien vom Kurszettel auszuwählen.

Wer sein Geld in einzelne Aktien investieren will, kommt kaum darum herum, dafür ein bestimmtes Maß an Zeit, Engagement und Wagemut aufzubringen. Das heißt allerdings nicht, dass diejenigen, denen es daran mangelt oder die kein Interesse daran haben, sich über Maßen mit dem Thema Geld zu beschäftigen, auf Aktien verzichten müssen. Im zweiten Teil des Buches wird gezeigt, mit welchen Strategien Anleger zum Zuge kommen, die ihr Risiko gering halten möchten, die in Sachen Aktien eine pflegeleichte Anlageform suchen oder die ihr Geld lieber Profis anvertrauen möchten.

Zahlreiche Internetadressen und weitere Informationsquellen im Serviceteil dieses Ratgebers helfen Ihnen dabei, sich vertiefend mit einzelnen Themen zu beschäftigen und immer auf dem Laufenden zu bleiben.

Inhalt

Gut vorbereitet ist halb gewonnen

Sich an der Börse zu betätigen und sein Geld in Aktien anzulegen, ist gar nicht so kompliziert, wie viele denken. Die ersten Schritte sind schnell getan. Die Anlagekunst besteht allerdings darin, mit Ausdauer, Geduld und Nervenstärke eine durchdachte Strategie zu verfolgen und sich nicht von den Kursschwankungen der Aktien abschrecken zu lassen. Denn an der Börse herrscht nicht immer eitel Sonnenschein. Vor allem, wenn es dort einmal zu heiß hergeht und spekuliert wird, was das Zeug hält, kommt es nicht selten zu einem reinigenden Kursgewitter. Wer dann nicht kühlen Kopf bewahrt oder sein Anlageglück auf Biegen und Brechen zu erzwingen versucht hat, läuft Gefahr, in dieser Schlechtwetterphase Schiffbruch zu erleiden. Wichtig ist es daher, den Einstieg sorgfältig vorzubereiten, bevor man seine Anlageentscheidungen trifft. Dazu gehört, sich Gedanken über die eigene Anlagementalität und seine Ziele zu machen. Welche Summe will ich investieren? Wie weit ist mein Anlagehorizont? Wie gehe ich mit Verlusten um, wenn ich mich mal verspekuliere? Wer sich mit diesen Fragen ernsthaft auseinandersetzt, kann auch unruhigen Börsenzeiten gelassen entgegensehen.

Börsenzyklen: Immer das gleiche Schauspiel

Wer das Auf und Ab der Kurse verstehen will, sollte sich zunächst vergegenwärtigen, dass die Aktienbörse ein Ort der Visionen, Mutmaßungen und gespannten Erwartungshaltungen ist. Das schließt Übertreibungen und Fehleinschätzungen in der einen wie in der anderen Richtung zwangsläufig mit ein. Normalerweise werden solche Irrtümer durch entsprechend gegenläufige Kursbewegungen schnell wieder korrigiert. Allerdings kommt es in zeitlichen Abständen immer wieder zu einer Überreaktion – vorzugsweise nach einem langandauernden Kursaufschwung, in der Fachsprache **Hausse** genannt, wie zum Ende der 1990er-Jahre. Getrieben durch das Thema Internet stiegen in dieser Zeit die Erwartungen der Anleger viel schneller als die Kurse, was mit einem plötzlichen und scharfen Kurssturz endete, einem Crash.

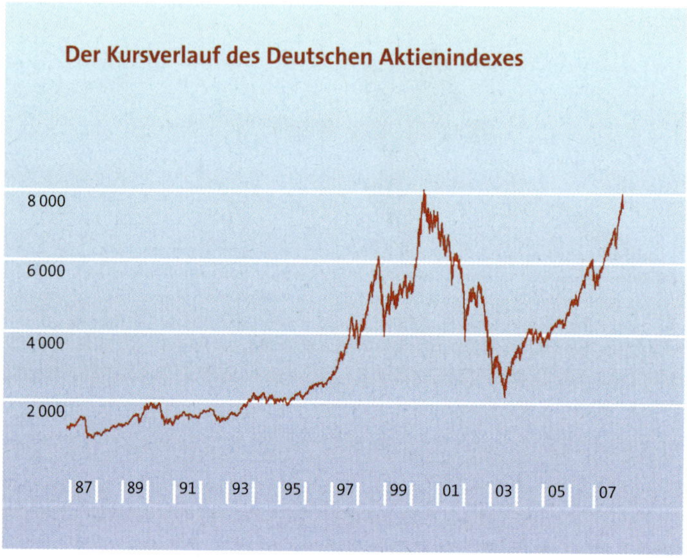

Die Abwärtsbewegung, **Baisse** genannt, die sich daran anschloss, hielt die Finanzmärkte bis zum Frühjahr 2003 auf Trab. Seit diesem Zeitpunkt sind die Kurse deutlich gestiegen – zeitweise so stark, dass Finanzfachleute fürchten, dass der Zyklus wieder von vorne beginnt.

Crashs gehören zum Börsenalltag

Von einem Crash sprechen Börsianer, wenn die Kurse an einem oder mehreren aufeinanderfolgenden Tagen, mitunter auch Wochen, sturzartig um mehr als 10 Prozent fallen. Allein in den vergangenen 20 Jahren mussten sie rund ein halbes Dutzend solcher Kursstürze überstehen. Der Supercrash des 20. Jahrhunderts fand am 19. Oktober 1987 statt. Damals verbuchte der US-amerikanische Dow-Jones-Index (→ Seite 78) ein Minus von über 500 Punkten, was gemessen am damaligen Indexstand von rund 2 200 Punkten einem dramatischen Verlust von 22 Prozent entsprach. Dieser Tag ist als „Schwarzer Montag“ in die jüngere

Finanzgeschichte eingegangen. Die Bezeichnung erfolgte in Anlehnung an den legendären „Schwarzen Freitag" am 29. Oktober 1929, der als Datum für den folgenschwersten Finanzkrach an den organisierten Kapitalmärkten gilt. Die an diesem Tag ausgelösten Kursrückgänge waren der Auftakt einer langen Baisse, in deren Verlauf sich der Dow-Jones-Index zehntelte. Die Kursmarke vom Oktober 1929 erreichte er erst wieder 1954, also 25 Jahre später.

Dabei kommen Crashs selten aus heiterem Himmel. Sie lassen sich zwar nicht exakt voraussagen, aber oft gibt es Warnsignale. Vor allem das Endstadium einer überzogenen Spekulationswelle ist durch eine geradezu euphorische Stimmung gekennzeichnet. Fast jeder Anleger glaubt in dieser Phase daran, dass die Kurse weiter steigen. Der kritische Moment ist erreicht, wenn fast alle Börseninteressierten Aktien besitzen und kaum noch jemand kaufen kann, um die Kurse weiter nach oben zu treiben. Meist bedarf es dann nur noch eines vergleichsweise unbedeutenden Ereignisses, damit die Stimmung kippt.

Keine Angst vor Aktien

Dass an der Börse alles nur auf Zufall und Spekulation beruht, stimmt jedoch nur bei kurzfristiger Betrachtungsweise. Auf lange Sicht, also bei Zeiträumen von mehr als zehn Jahren, zeigt sich, dass die Aktienkurse zwar mit Schwankungen, aber per Saldo doch einem langfristig stabilen Aufwärtstrend folgen. Selbst Phasen mit starken Kurseinbrüchen waren immer nur eine Verschnaufpause auf diesem Weg.

Wer sein Geld ertragreich anlegen will, kommt daher an Aktien nicht vorbei. Kaum eine andere Anlageform kann ihnen in puncto Rendite auf Dauer das Wasser reichen – auch wenn auf das einzelne Jahr betrachtet mitunter herbe Verluste möglich sind. Das Deutsche Aktieninstitut (DAI) hat dazu herausgefunden: Je länger der Zeitraum der Aktienanlage und je breiter die Streuung des Depots sind, desto seltener erzielt der Anleger eine Durchschnittsrendite von weniger als 10 Prozent. Außerdem besagt das vom DAI berechnete Rendite-Dreieck (→ Abbildung Seite 15), dass sogar bei einem ungünstigen Einstiegszeitpunkt, also einem Jahr mit starken Kursverlusten, dieser durch nachfolgend sehr gute Phasen auf Dauer ausgeglichen wird.

Der richtige Einstieg

Grundsätzlich gilt: Bei einem Investment in Aktien kommt der Anleger mit System am besten – also am erfolgreichsten – zu seinem Ziel. Das beginnt mit einer langfristigen und umfassenden Vermögensplanung, berücksichtigt seine Risikoneigung und mündet in eine Strategie, nach der er sein Depot aufbaut und durch die Auswahl vieler verschiedener Aktien, Aktienfonds (→ Seite 147) und -zertifikate (→ Seite 155) das Kursrisiko streut.

Die größten Unfälle an der Aktienbörse passieren nämlich, wenn Anleger alles auf eine Karte setzen. Das ist leichtsinnig und fahrlässig zugleich. Eine Fehlspekulation, auf die der Aktienkäufer auch bei sorgfältiger Vorbereitung und Auswahl immer gefasst sein sollte, kann dann schnell einen erheblichen Teil seines Vermögens vernichten.

Selbst bei einem durchdachten Depotaufbau ist man aber nicht gegen generelle Flauten am Aktienmarkt gefeit, die sich teilweise über Monate oder gar Jahre hinziehen können, wie die Phase nach der Jahrtausendwende beweist. Zudem kann es unter Umständen sehr lange dauern, bis eine Anlageidee von Erfolg gekrönt ist. Das Rendite-Dreieck des DAI belegt allerdings, wie wichtig es ist, Geduld zu beweisen. Die hat nur derjenige, der sein eingesetztes Kapital nicht zu einem bestimmten Zeitpunkt benötigt. Und Vorsicht: Niemals Aktien auf Kredit kaufen!

Übung macht den Meister

Wer sich für die Aktienanlage interessiert, muss dafür nicht gleich mit realem Einsatz zu Werke gehen. Eine Alternative für Einsteiger, die es realistisch, aber dennoch erst einmal mit fiktivem Einsatz angehen lassen wollen, bietet das Internet. Dort gibt es Dutzende von Seiten – etwa die der Direktbanken und Discountbroker (→ Seite 34) –, auf denen sich spielerisch und kostenlos ein virtuelles Musterdepot anlegen und verwalten lässt. Auf diese Weise bekommen Einsteiger ein Gefühl für die Schwankungen an den Aktienmärkten und sie können langfristige Strategien testen.

TIPP

In Aktien sollte nur Geld investiert werden, das Sie auf unbestimmte Zeit – mindestens aber fünf Jahre oder länger – entbehren können. Wer dagegen einen genau abgesteckten Anlagezeitraum hat, sollte lieber zu sicheren Zinspapieren greifen. Gewöhnen Sie sich an den Gedanken, dass Sie nie den idealen Zeitpunkt für den Ein- und Ausstieg treffen. Wenn Sie langfristig und mit einer durchdachten Strategie Ihr Geld anlegen, wird es in der Endabrechnung kaum ins Gewicht fallen, ob Sie eine bestimmte Aktie nach Ihrem Einstieg noch etwas günstiger bekommen hätten. Niemand schafft es darüber hinaus, an der Börse immer nur Treffer zu landen. Gestehen Sie sich das Recht zu, dass sich eine Ihrer Spekulationen auch einmal als Flop entpuppt. Solche Missgriffe macht jeder irgendwann. Wichtig ist, rechtzeitig und konsequent auf solche Fehlentwicklungen (→ Seite 21) zu reagieren.

Das DAI-Rendite-Dreieck

Das Rendite-Dreieck basiert auf einem einfachen Prinzip: Auf der senkrechten Achse muss der Anleger das Jahr des (angenommenen) Kaufs suchen, auf der waagerechten den Zeitpunkt des Verkaufs. Der Schnittpunkt beider Jahre im Diagramm gibt die in diesem Zeitraum erzielte Durchschnittsrendite an, gemessen am Deutschen Aktienindex Dax (→ Seite 81).

- Verluste
- Rendite um Null
- Positive Rendite
- Anlagezeitraum 10 Jahre

Beispiel
Kauf im Jahr 1989, Verkauf 1998 (jeweils zu Jahresende): durchschnittliche jährliche Rendite 12,1 Prozent.

ANKAUF \ VERKAUF	1987	1988	1989	1990	1991	1992	1993	1994	1995	1996	1997	1998	1999	2000	2001	2002	2003	2004	2005	2006
2005																				22,0
2004																			27,1	24,5
2003																		7,3	16,8	18,5
2002																	37,1	21,3	23,2	22,9
2001																-43,9	-12,3	-6,2	1,2	5,0
2000															-19,8	-33,0	-14,9	-9,8	-3,4	0,4
1999														-7,5	-13,9	-25,4	-13,1	-9,4	-4,1	-0,8
1998													39,1	13,4	1,0	-12,8	-4,5	-2,7	1,1	3,5
1997												17,7	28,0	14,8	5,0	-7,4	-1,2	0,0	3,1	5,0
1996											47,1	31,6	34,1	22,2	12,3	0,0	4,6	5,0	7,2	8,6
1995										28,2	37,3	30,4	32,6	23,3	14,8	3,6	7,3	7,3	9,1	10,3
1994									7,0	17,1	26,4	24,1	27,0	20,5	13,7	4,0	7,3	7,3	8,9	10,0
1993								-7,1	-0,3	8,4	17,0	17,2	20,6	16,1	10,8	2,8	5,8	5,9	7,5	8,6
1992							46,7	16,8	13,4	16,9	22,4	21,6	24,0	19,5	14,3	6,5	9,0	8,8	10,1	10,9
1991						-2,1	19,9	10,1	9,3	12,9	18,0	17,9	20,4	16,9	12,6	5,7	8,0	7,9	9,2	10,0
1990					12,9	5,1	17,5	10,8	10,0	12,9	17,2	17,3	19,5	16,5	12,6	6,3	8,4	8,3	9,4	10,2
1989				-21,9	-6,1	-4,8	6,1	3,3	3,9	7,1	11,4	12,1	14,5	12,3	9,2	3,8	5,8	5,9	7,2	8,0
1988			34,8	2,6	5,9	3,9	11,3	8,0	7,9	10,2	13,8	14,2	16,3	14,1	11,0	5,7	7,6	7,6	8,6	9,3
1987		32,8	33,8	11,8	12,1	9,1	14,6	11,2	10,7	12,5	15,6	15,8	17,6	15,4	12,4	7,3	9,0	8,9	9,8	10,4
1986	-36,4	-8,1	4,4	-2,9	0,1	-0,3	5,4	3,7	4,1	6,3	9,5	10,1	12,1	10,6	8,3	3,9	5,6	5,7	6,7	7,4

Fundamentale Bausteine für den Vermögensaufbau

Die meisten Anleger, die ihr Geld in Aktien investieren, werden aller Erfahrung nach von den hohen Kurssteigerungen angelockt, die mit den Unternehmenspapieren zu erzielen sind. Mehr herausholen als auf dem Sparbuch, lautet ihre Devise. Dabei berücksichtigen nur wenige, dass die hohen Renditechancen bei Aktienanlagen eng mit hohen Risiken verknüpft sind. Risiko und Rendite sind wie die zwei Seiten einer Münze untrennbar miteinander verbunden.

Generell lässt sich jede Art der Vermögensanlage mit drei Kriterien beschreiben: Sicherheit, Rendite und Liquidität. Der Haken ist, dass keine Anlageform alle drei Kriterien in gleicher Weise erfüllt. Im Gegenteil: Je mehr man sich dem einen Kriterium nähert, desto größere Abstriche muss man bei den anderen beiden machen. Aus diesem Grund spricht man auch vom magischen Dreieck der Geldanlage.

Die Tücken des magischen Dreiecks

Der Anleger muss also Prioritäten setzen. Wer zum Beispiel sehr viel Wert auf Sicherheit legt, muss sich bei der Rendite bescheiden. Umgekehrt ist eine höhere Rendite möglich, wenn er ein größeres Risiko und/oder eine geringere Liquidität in Kauf nimmt.

Das Prinzip bei der Depotzusammenstellung heißt daher „Teamarbeit": Es gilt, von jeder Anlageform die individuellen Stärken zu nutzen. Zinsanlagen wie etwa Anleihen besitzen zum Beispiel ein niedrigeres Risiko als Aktien, bringen aber auch nicht so hohe Renditen. Derivate (→ Seite 155) wiederum weisen im Einzelfall ein wesentlich größeres Risiko als Aktien auf, dafür bieten sie auch erheblich größere Gewinnmöglichkeiten.

Dies allein macht allerdings noch kein ausgewogenes Depot aus, bei dem Rendite und Risiko in einem angemessenen Verhältnis zueinander stehen. Um im Bild zu bleiben: Ziel ist, aus Individualisten ein Team zu formen. Eine passable Rendite nützt beispielsweise wenig, wenn sie mit überdurchschnittlich hohen Risiken „erkauft" wird. Auf der anderen Seite sind geringe Kursschwankungen schön und gut, doch hat der Anleger nichts davon, wenn er gleichzeitig eine Rendite auf Sparbuchniveau erzielt.

Der richtige Dreh

Die zündende Idee zur Lösung dieses Problems hatte Harry M. Markowitz. Er fand Ende der 1950er-Jahre heraus, dass es möglich ist, durch den Kauf verschiedener Anlageformen und durch die Mischung mehrerer Titel innerhalb dieser einzelnen Anlageformen das Risiko erheblich zu minimieren, ohne dass die Ertragschancen wesentlich sinken. Für den Anleger bedeutet das, dass er sein Depot nicht wahllos zusammenstellen, sondern von Anfang an systematisch und strukturiert vorgehen sollte.

So funktioniert die Asset-Allocation

Der erste Schritt ist, das eigene Gesamtvermögen so auf Aktien, Anleihen, Bargeld beziehungsweise liquide Mittel aufzuteilen, wie es der individuellen Risikoneigung entspricht. Der Fachmann spricht in diesem Zusammenhang von der Aufteilung auf einzelne **Assetklassen**.

Assetklasse: *Anlageform; Asset (engl.): Vermögensgegenstand*

Im zweiten Schritt wird das Anlagekapital innerhalb der einzelnen Assetklassen mittels verschiedener Papiere auf einzelne Branchen, Märkte und Währungen verteilt und gewichtet. Dies nennen Profis die Asset-Allocation. Dabei achten sie darauf, Papiere auszuwählen, deren Kurse sich weitgehend unabhängig oder sogar entgegengesetzt voneinander entwickeln. Zugegeben, das Ganze klingt gerade für Einsteiger am Anfang ziemlich kompliziert und nicht gerade leicht zu handhaben. Wer sich allerdings die Mühe macht, sich mit den Fragen nach Anlegertyp, Lebensphase und Asset-Allocation zu beschäftigen, erhält ein Anlagerezept, das auf Dauer am ehesten gute Ergebnisse mit Aktien verspricht, ohne deren Kursschwankungen fürchten zu müssen.

Die drei Säulen der Asset-Allocation

Struktur	Streuung	Risikokontrolle
Depotaufteilung Aufteilung zwischen Aktien, Anleihen, anderen Wertpapieren und Währungsanteil *Liquidität* Bemessung der Barreserve und des Börsenbudgets	*Titeldiversifikation* Aufteilung auf Einzeltitel und Branchen *Marktdiversifikation* Aufteilung auf verschiedene Märkte	*Kapitaleinsatz* Festlegung von Höchstbeträgen pro Investment *Risikobegrenzung* Festlegung von Höchstgrenzen für mögliche Verluste beziehungsweise Schwankungsintensität

(K)Eine Frage des Charakters: Welcher Anlegertyp bin ich?

Viele Anleger sind gerade am Anfang nicht in der Lage, mit den Chancen, aber auch den Risiken, die sich aus den Kursschwankungen von Aktien ergeben, richtig umzugehen. Manch einer ist auf den schnellen Kursgewinn aus und möchte sein Geld nur für zwei oder drei Monate anlegen – was das Verlustrisiko unweigerlich vergrößert. Andere wiederum bringt es um den Schlaf, wenn die Kurse nur 1 oder 2 Prozent unter den eigenen Einkaufspreis rutschen.

Entscheidend ist daher, die Anlagestrategie bei Aktien an die eigene „Anlagementalität" anzupassen. Allein das Wissen darüber, dass einerseits Gewinne, andererseits aber auch Verluste eingefahren werden können, reicht dabei in vielen Fällen noch nicht aus. Das bedeutet nur, dass der Anleger theoretisch weiß, was auf ihn zukommt, aber nicht, wie er in diesen Situationen wirklich reagiert.

Wichtig ist in diesem Zusammenhang zum Beispiel die Art und Weise, wie der Anleger seine Anlageentscheidungen trifft – also eher aus dem Bauch heraus oder analytisch. Oder wie er im täglichen Leben mit Fehlentscheidungen und Erfolgen umgehen kann. Daraus ergibt sich ein bestimmter Anlagestil, der sich wiederum einem bestimmten Anlegertypus zuordnen lässt – wie beispielsweise ein vorsichtiger, chancenorientierter oder risikobereiter Anleger.

Im Internet gibt es die Möglichkeit, eine anonyme, aber individuelle Auswertung des eigenen Anlageverhaltens und -typs vorzunehmen:

- www.cominvest-am.de, Menüpunkt „Privatkunden",„Strategie"
- www.amgam.de, Menüpunkt „Ihre Anlageziele", „Anlagetyp ermitteln"

Achtung, Stolperfalle: Die eigene Psyche

Geht es nach der Theorie einiger Kapitalmarktwissenschaftler, dann dürfte es starke Kursschwankungen und hektisches Handeln an der Börse eigentlich gar nicht geben. Rein vernunftgemäß betrachtet müsste sich jede neue Nachricht, die dank moderner Kommunikationstechnik heutzutage an jedem Ort der Welt augenblicklich verfügbar ist, umgehend im Kurs niederschlagen.

Tatsächlich sieht die Praxis anders aus, denn das Geschehen an den Finanzmärkten ist nicht nur von Vernunft geprägt. Sicher: Auf lange Sicht bestimmen harte Fakten den Kurstrend an den Finanzmärkten (→ Seite 67 ff.).

Aber das erklärt nicht, warum es an der Aktienbörse immer wieder zu spekulativen Exzessen kommt. Verantwortlich dafür ist nach Ansicht einer anderen Gruppe von Forschern vor allem ein Faktor: der Mensch selbst.

Die Experten haben herausgefunden, dass die meisten Anleger weit davon entfernt sind, ihre Anlageentscheidungen rational, also kühl und überlegt zu treffen. Stattdessen lassen sie sich in hohem Maße von Gefühlen leiten. Folge: Sie handeln irrational. Und da sie das alle gleichzeitig und in der ähnlichen Weise tun, kommt es zu den Widersprüchen, Ungereimtheiten und Kapriolen, die die Börse mitunter so unlogisch und rätselhaft erscheinen lassen.

Das Grundproblem vieler Anleger ist, dass sie bei ihren Entscheidungen regelmäßig den Fehler machen, Risiken falsch einzuschätzen und den Faktor Unsicherheit nicht ausreichend zu berücksichtigen. So glauben Aktiensparer häufig, dass der Kauf einer einzigen Aktie dieselben Risiken hat wie ein breit gestreutes Aktiendepot – was nicht der Fall ist. Paradoxerweise verschätzen sich Anleger dabei umso mehr, je größer das Risiko der Anlage ist. Häufige Folge: Anleger streuen ihre Depotanlagen zu wenig und nehmen damit größere Risiken in Kauf, als sie eigentlich bereit sind zu tragen.

Es gibt noch ein weiteres Phänomen: Viele Investoren sind überzeugt, dass sie einheimische Unternehmen besser beurteilen können als ausländische Gesellschaften. Von den Experten wird dieses Phänomen auch als „home **bias**" bezeichnet. Natürlich ist es für einen Anleger in Deutschland leichter möglich, sich zu inländischen Unternehmen umfangreiche Informationen aus verschiedenen und unabhängigen Quellen zu besorgen als etwa zu US-amerikanischen Konzernen. Falsch ist aber zu glauben, dass deutsche Aktien mehr Rendite abwerfen und weniger Risiko bedeuten als US-amerikanische Werte, nur weil man Erstere besser zu kennen scheint. Wer aufgrund dieser Annahme ausschließlich in heimische Werte investiert, verschenkt Rendite und erhöht sein Anlagerisiko.

bias *(engl.): Voreingenommenheit*

Selbstüberschätzung

Die meisten Anleger, die eine Reihe erfolgreicher Geschäfte an der Börse getätigt haben, neigen außerdem dazu, sich klüger und kompetenter einzuschätzen, als sie es sind. Insbesondere Neueinsteiger überschätzen sich gerne nach ersten Erfolgen, aber auch Profis sind dagegen nicht immun. Und: Männer sind von diesem Phänomen häufiger betroffen als Frauen.

Kontrollillusion

Eng mit der Selbstüberschätzung verbunden ist das Phänomen der Kontrollillusion. Dahinter steckt die Beobachtung, dass der Anleger dem Irrglauben unterliegt, alles „im Griff" zu haben. Erfolge schreibt er seinen vermeintlich überdurchschnittlichen Fähigkeiten zu, auch wenn sie zu einem großen Teil auf Zufall basieren. Kontrollillusion in Kombination mit Selbstüberschätzung führt in der Praxis zu dem Glauben, einen Markt beziehungsweise die Kursentwicklung einer bestimmten Aktie in hohem Maße richtig vorhersagen zu können.

Selektive Wahrnehmung

Ein weiteres Problem vieler Anleger ist, dass sie – wenn sie sich erst einmal eine Meinung über eine Aktie zurechtgelegt haben – beginnen, die tatsächliche Aussagekraft von Informationen nur noch eingeschränkt wahrzunehmen. Informationen, die die eigene Einschätzung bestätigen, werden überbewertet, gegenläufige Meldungen dagegen ignoriert. Folge: Die persönlichen Erwartungen werden durch die Realität laufend enttäuscht beziehungsweise überboten.

Übertriebener Optimismus

Eng mit dem Phänomen der Selbstüberschätzung verbunden ist die Beobachtung, dass viele Anleger den Chancen und Risiken eines Investments unterschiedliches Gewicht beimessen, und dass sie nicht in der Lage sind, beide Größen in Beziehung zueinander zu setzen. Folge: Sie zeigen auch dann Zuversicht, wenn die Vergangenheit und das aktuelle Umfeld eine andere Prognose nahelegen.

Psychofallen vermeiden: So geht's

- **Verluste begrenzen, Gewinne laufen lassen:** Das hört sich zunächst einfach an. Doch in der Praxis ist es schwierig, eine genaue Grenze zu ziehen zwischen einem Verlust, der gerade noch im Rahmen der für Aktien üblichen Schwankungsbreite liegt, und dem Punkt, ab dem es besser ist auszusteigen, um Schlimmeres zu verhindern. Dennoch: Vermeiden Sie es, bei einem Verlustengagement zuzukaufen, um den gemittelten Einstandspreis nachträglich zu senken. Oft werfen Sie so gutes Geld schlechtem hinterher. Denn in vielen Fällen ist die Aktie beim Zukauf bei weitem nicht mehr so attraktiv wie zum Zeitpunkt des ersten Kaufs.
- **Dem Vergessen vorbeugen:** Um nicht der Versuchung zu erliegen, die beim Kauf zurechtgelegte Meinung angesichts zwischenzeitlicher Ereignisse zu ändern und genau das Gegenteil anzunehmen, ist es sinnvoll, eine Art Börsen-Logbuch zu führen. Darin sollte jeder Kauf (und Verkauf) mit entsprechender Begründung, dem Kursziel und der Verlustgrenze eingetragen werden. Mithilfe des Logbuchs lassen sich aus der zeitlichen Distanz heraus auch krasse Fehleinschätzungen nüchterner analysieren. Wichtig dabei ist, sich klar zu machen, welcher Kursgewinn in der geplanten Anlagedauer in etwa erzielt werden soll und welchen maximalen Verlust Sie bereit sind zu tragen. Als Faustre-

So schätzt zum Beispiel das Gros der Investoren künftige Gewinne am Aktienmarkt viel höher ein, als es die historischen Daten erwarten lassen.

Das gleiche Phänomen lässt sich bei der Gewinnerwartung in der Lotterie beobachten, um einen anderen Lebensbereich zu nennen.

Verlustaversion

Dagegen bewerten Aktienanleger, die schlechte Erfahrungen mit ihrem Investment gemacht haben, Risiken fortan zu hoch – frei nach dem Motto „Gebranntes Kind scheut das Feuer“. Folge: Aus Ängstlichkeit meiden sie ähnliche Geschäfte und verzichten so auf Rendite.

Mehr noch: Um reale Einbußen zu vermeiden, nehmen sie – meist unbewusst – höhere Risiken in Kauf, als sie bereit wären, in gleicher Weise für einen Gewinn zu tragen. In der Anlagepraxis führt das zum häufigsten Fehler: Verluste lässt der Anleger laufen und sitzt sie aus, Gewinne werden jedoch aus Angst viel zu früh „mitgenommen“.

Auch dieses Verhalten lässt sich psychologisch leicht erklären: In die Freude über einen Kursanstieg mischt sich sofort die Sorge, dass dieser mit der nächsten Kursschwäche wieder zunichte

gel gilt: Der maximale Verlust sollte höchstens ein Drittel des erwarteten Gewinns betragen.

- **Informationen umfassend bewerten:** Bei der Informationsbeschaffung und -auswertung ist es hilfreich, auch einmal bewusst ein alternatives Szenario zu entwickeln, das der eigenen Kauf- und Verkaufsentscheidung oder der allgemeinen Marktstimmung völlig entgegensteht. Wichtig dabei ist vor allem die Erkenntnis, welches Verlustpotenzial beziehungsweise welche Verlustwahrscheinlichkeit sich daraus ergibt. Auf diese Weise entwickeln Sie ein Gefühl dafür, ab wann die Dinge in die falsche Richtung laufen.
- **Distanz gewinnen:** Erfahrungsgemäß sind diejenigen Anleger an der Börse am erfolgreichsten, die ihre Investments möglichst emotionslos handhaben. Verluste werden konsequent realisiert, ohne ihnen nachzutrauern, und dann abgehakt. Dagegen werden Gewinne nicht über die Maßen bejubelt. Ganz wichtig ist auch, keine emotionale Bindung zu einem bestimmten Papier zu entwickeln. Widerstehen Sie der Versuchung, bestimmte Werte zu Ihren „Lieblingsaktien“ zu erklären – nach dem Motto: „Mit diesen Papieren habe ich bislang nur gute Erfahrungen gemacht. Die halte ich auf jeden Fall im Depot, ganz gleich was passiert.“ Derartige Vorlieben trüben den klaren Blick für die Realität.

gemacht werden könnte. Dagegen heißt, einen Verlust zu realisieren, dass man sich eingestehen muss, mit seiner Einschätzung falsch gelegen zu haben. Folge: Man hält an seiner Entscheidung auf Biegen und Brechen fest und ist davon überzeugt, dass die betreffenden Papiere wieder zulegen werden. Dazu werden entsprechende Erklärungen zurechtgelegt („nur eine vorübergehende Schwächephase", „der Markt sieht nicht das Potenzial, das die Aktie hat" und so weiter).

Mentale Anker

Schließlich tendieren Anleger dazu, sich bei ihrer Meinungsbildung an „Wegweisern" oder sogenannten „Ankern" zu orientieren, denen sie in hohem Maße vertrauen – zum Beispiel dem Kaufpreis einer bestimmten Aktie. Bei der Beurteilung der weiteren Kurschancen des Papiers aufgrund neuer Meldungen ist von großer Bedeutung, ob sich das Engagement in der Gewinn- oder Verlustzone befindet. Die realistischen Kurschancen werden dadurch meist ganz anders beurteilt und können den Blickwinkel, den sich der Anleger aufgrund des „Ankers" gebildet hat, ganz schwer revidieren.

Der finanzielle Überblick

Bei der Kalkulation und Aufteilung des Aktienbudgets spielt neben der eigenen Anlagementalität auch die individuelle Einkommens- und Familiensituation eine wichtige Rolle. Ein wohlhabender Anleger kann beispielsweise einen viel höheren Teil seines Vermögens in Aktien anlegen als ein junger Familienvater mit Durchschnittseinkommen, weil Ersterer mögliche Verluste ungleich besser verkraften kann.

Vor dem Sprung an die Börse ist es deshalb ratsam, sich den Durchblick bei den eigenen Finanzen zu verschaffen – etwa indem man einen Kassensturz macht und sämtliche monatlichen Einnahmen den Ausgaben gegenübergestellt. Der zweite Schritt besteht in einer Bestandsaufnahme sämtlicher Vermögenswerte – eine Art privater Bilanz also.

Zu guter Letzt bestimmt auch noch das Lebensalter, wie viel Geld der Anleger in Aktien investieren kann, ohne Haus und Hof aufs Spiel zu setzen. Erfahrungsgemäß wechseln nämlich die Vermögensziele im Lebenslauf.

Der monatliche Finanzbedarf, die Sparziele und damit die Risikoneigung müssen der jeweiligen Lebenslage angepasst und bei der Vermögensplanung beachtet werden. Nach Meinung professioneller Finanzplaner gibt es in jedem Lebensalter eine sinnvolle Mischung von verschiedenen Anlageformen – unabhängig von der jeweiligen Anlegermentalität. Immer wieder wird dabei auf folgende Faustregel zurückgegriffen: Der prozentuale Anteil von Aktien am Gesamtvermögen sollte 100 minus Lebensalter betragen.

Folgt man dieser Daumenregel, kann ein 30-Jähriger 70 Prozent seines Geldes in Aktien stecken. Bei einem 65-jährigen Rentner sind es immerhin noch 35 Prozent – allerdings in Relation zu einem in der Regel wesentlich höheren Gesamtvermögen.

Das nötige Startkapital

Wie viel Geld sollte man nun für den Start an der Börse überhaupt zur Verfügung haben? Auf dem Papier scheint das selbst mit kleinen Beträgen ohne weiteres möglich, wie ein Blick in den Kursteil einer Tageszeitung zeigt: Viele Aktien von zum Teil sehr renommierten Unternehmen kosten nur ein paar Euro. Dennoch sollten Anleger bei einer Direktanlage in Aktien mindestens 5 000 Euro zur Verfügung haben, um am Anfang mindestens fünf bis zehn verschiedene Titel kaufen zu können. Wem das zu viel Geld ist oder wer sich am Anfang nicht zutraut, so viele Einzeltitel auszuwählen und weiterzuverfolgen, für den bieten sich Mischstrategien an (→ Seite 179).

Eine Übersicht aller aktiv angebotenen VL-Fonds hält der Bundesverband Investment und Asset Management (BVI) auf seiner Homepage www.bvi.de bereit.

Empfehlungen zu guten VL-Fonds finden Sie unter www.finanztest.de.

Starthilfen von Arbeitgeber und Finanzamt

5 000 oder gar 10 000 Euro für ein gut sortiertes Depot – da glauben viele Einsteiger angesichts ihrer Einkommens- und Vermögensverhältnisse passen zu müssen. Doch dazu besteht kein Grund. Beim Sprung an die Börse hilft zum Beispiel der Arbeitgeber im Rahmen der staatlich geförderten Vermögensbildung mit einem Zuschuss: der vermögenswirksamen Leistung, kurz VL genannt. Wer dieses zusätzlich zum Gehalt gezahlte Geld sinnvollerweise in einen Aktienfonds anlegt, kann – wenn er bestimmte Einkommensgrenzen nicht überschreitet – sogar noch mit einem Zuschlag vom Finanzamt rechnen: der Arbeitnehmersparzulage.

Wer in einem großen börsennotierten Unternehmen arbeitet, hat darüber hinaus mitunter auch die Möglichkeit, im Rahmen der Mitarbeiterbeteiligung an vergünstigte Aktien heranzukommen. In der Regel gewährt das Unternehmen dabei einen deutlichen Preisnachlass auf den aktuellen Börsenkurs – zum Teil bis zu 50 Prozent.

Allerdings: Belegschaftsaktionäre gehen ein doppeltes Risiko ein. Sie müssen sich darüber klar sein, dass sich ihre Risiken im Rahmen ihrer gesamten Vermögensaufteilung erheblich vergrößern. Kommt nämlich das „eigene“ Unternehmen in finanzielle Schwierigkeiten, rauscht nicht nur der Wert der Beteiligungspapiere in den Keller. Am Ende steht unter Umständen auch noch der eigene Job auf dem Spiel. Daher sollten die Aktien vom Arbeitgeber trotz aller Vergünstigungen auf keinen Fall einen Schwerpunkt im eigenen Depot bilden.

Das kleine Einmaleins des Aktienkaufs

Streng genommen läuft der Kauf – und später der Verkauf – einer Aktie nicht viel anders ab als eine Warenbestellung bei einem Versandhändler: Das gewünschte Papier wird per Internet oder aus dem Kursteil einer Tageszeitung wie aus einem Katalog herausgesucht, ein Bestellzettel ausgefüllt und das Ganze abgeschickt – fertig ist die Order. Allerdings: Über ein paar zusätzliche Dinge muss der Neueinsteiger dann doch noch Bescheid wissen und diese bei der Ordererteilung beachten, damit sein Auftrag auch richtig ausgeführt wird. Und nicht zuletzt muss der Anleger vorab ein paar grundlegende Fragen klären und Entscheidungen treffen – beispielsweise, wo er seine Aktien kaufen will und ob und von wem er sich bei seinen Wertpapiergeschäften beraten lassen möchte.

Die Wahl der passenden Bank

Wer mit Aktien handeln will, ist auf die Dienste einer Bank oder eines Brokers angewiesen, der die Kauf- und Verkaufsaufträge ausführt. Die Auswahl ist groß, denn Wertpapier- und Börsengeschäfte gehören zum Standardangebot eines jeden Geldhauses. Entscheidend ist daher, ein Institut zu finden, welches zu den persönlichen Bedürfnissen passt – und das gelingt nur selten auf Anhieb.

Die erste und am nächsten liegende Möglichkeit besteht darin, zu einer der Filialbanken zu gehen. Bei den Geldhäusern vor Ort findet der Anleger spezielle Berater als Ansprechpartner für seine Anlagegeschäfte. Vorteil: Der Banker nimmt im Idealfall am Anfang eine ausführliche, persönliche Beratung vor, hilft bei der Auswahl der Papiere und steht danach weiter mit Rat und Tat zur Seite – zum Beispiel wenn es um die Erteilung der ersten Kaufaufträge oder um Fragen zur Abrechnung geht.

Eine Alternative dazu bieten Direktbanken und Discountbroker. Ihr Hauptmerkmal ist, dass sie auf ein teures Netz von Geschäftsstellen verzichten und vorzugsweise per Telefon oder vor allem über das Internet zu erreichen sind. Dennoch bieten sie ihren Kunden teilweise einen besseren Service als die Filialkonkurrenz – zum Beispiel Öffnungszeiten vom frühen Morgen bis spät in die Nacht. Das werden gerade diejenigen zu schätzen wissen, die während der banküblichen Öffnungszeiten keine Möglichkeit haben, sich um ihre Geldanlagen beziehungsweise Wertpapiergeschäfte zu kümmern. Der Trumpf, den die Direktinstitute gegenüber den Filialbanken ausspielen können, sind jedoch die meist günstigeren Konditionen. Banken und Sparkassen berechnen beim Aktienkauf vor allem bei kleinen Anlagesummen oftmals hohe Provisionen. 1 Prozent vom Auftragswert oder gar mehr sind üblich.

Dazu kommen noch Börsengebühren und mitunter ein paar Cent Maklercourtage, wobei vielfach hohe Mindestprovisionen berechnet werden. Das heißt, bei jeder Order wird unabhängig vom Gegenwert auf jeden Fall ein bestimmter Mindestbetrag fällig. Gerade kleinere Orders werden dadurch preislich unattraktiv, denn die effektive Kostenbelastung steigt überdurchschnittlich an.

Viele Direktbanken verwenden individuelle Preismodelle, was es schwer macht, konkret zu vergleichen. Dazu wird es in den meisten Fällen günstiger, wenn der Kunde seine Order per Computer und Internet aufgibt. Nach Erhebungen der Stiftung Warentest lässt sich aber feststellen, dass die Direktbanken im

Schnitt um gut ein Drittel preiswerter sind als die Filialkonkurrenz. Am besten ist es aber, die Kosten für einen konkreten Auftrag bei mehreren Anbietern modellhaft nachzurechnen und miteinander zu vergleichen.

Der Haken bei Discountbrokern und Direktbanken ist, dass sie – von Ausnahmen abgesehen – keine persönliche Beratung anbieten. Der Anleger muss sich also alleine zurechtfinden und selbst wissen, welche Aktien er kaufen und verkaufen will.

Stellt sich die Frage, welche der beiden Möglichkeiten im Einzelfall die geeignetere ist? Obwohl es mit den Beratungsqualitäten der Filialbanken nach Untersuchungen der STIFTUNG WARENTEST nicht immer zum Besten steht, sind Anleger bei ihren ersten Aktieninvestments dort in vielen Fällen besser aufgehoben. Wer dann etwas Erfahrung gesammelt hat und Wertpapiere in größerem Umfang handelt, kann sich immer noch überlegen, zu einem der Direktanbieter zu wechseln. Allerdings bieten auch immer mehr traditionelle Banken und Sparkassen als Reaktion auf den Markterfolg der Konkurrenz hausinterne Discountmöglichkeiten an – wenn der Kunde auf Beratung verzichtet. Vorteil: Der Anleger kann später wechseln, ohne dass er die Depot-Bankverbindung ändern muss.

www.brokertest.de
Übersicht über die in Deutschland tätigen Discountbroker und ihre Konditionen, mit Preisvergleich (Hauptmenü „Tools“, „Transaktionskosten“), allerdings ohne Gewähr!

Die Eröffnung eines Depotkontos

Wer Aktien kauft, muss auch eine Möglichkeit haben, seine Papiere zu verwahren. Die Bank wickelt daher nur dann für ihren Kunden Wertpapieraufträge ab, wenn er vorher ein Depot eröffnet, über das sämtliche Wertpapiertransaktionen laufen. Dafür bitten die meisten Geldhäuser zusätzlich zu den reinen Kauf- und Verkaufgebühren ebenfalls zur Kasse, was die Kosten der Wertpapieranlage noch einmal erhöht. Allerdings hält sich die Belastung im Vergleich zu den Transaktionskosten in Grenzen. Nach den Untersuchungen der STIFTUNG WARENTEST schlägt ein Durchschnittsdepot, das Aktien, Anleihen und Investmentfonds im Gesamtwert von rund 30 000 Euro enthält, mit 20 bis 60 Euro pro Jahr zu Buche. Dazu kommen unter Umständen noch zusätzliche Kosten für das Verrechnungskonto, die in der Regel auf ähnlichem Niveau liegen. Bei vielen Direktbanken gibt es aber auch kostenlose Depots.

Mit dem Depotkonto bietet die Bank allerdings nicht nur eine Verwahrung, sondern auch die laufende Verwaltung der Papiere an. So kümmert sie sich zum Beispiel um die termingerechte Verbuchung von Dividenden (→ Seite 86), sie leitet Einladungen zu

Hauptversammlungen (→ Seite 91 ff.) weiter und informiert die betroffenen Aktionäre über Kapitalmaßnahmen (→ Seite 96 ff.) und Übernahmeangebote (→ Seite 111 ff.), die ihr Unternehmen betreffen.

Darf es ein bisschen Beratung sein?

Mit der Eröffnung eines Depots nimmt jede seriöse Filialbank eine erste, einführende Anlageberatung vor. Dazu ist sie sogar gesetzlich verpflichtet. Das Wertpapierhandelsgesetz (WpHG) schreibt den Kreditinstituten vor, dass sie bestimmte Aufklärungs- und Sorgfaltspflichten gegenüber ihren Wertpapierkunden zu erfüllen haben. Ergänzt beziehungsweise teilweise ersetzt wird diese Verpflichtung durch die EU-Richtlinie über die Märkte für Finanzinstrumente, kurz MiFID genannt, die in Deutschland Ende 2007 in Kraft treten soll (→ Seite 30). Damit wird die Anlageberatung ein aufsichtspflichtiges Geschäft. Der Berater muss außerdem einen sogenannten Suitability-Test bei seinem Kunden durchführen.

Dieser Test zwingt den Berater, nur Produkte zu empfehlen, die für den jeweiligen Kunden „geeignet“ sind. Was dabei als „geeignet“ gelten kann, muss der Berater anhand der vorhandenen Kenntnisse und Erfahrungen des Kunden mit Geldanlagen, seinen finanziellen Verhältnissen und seinen Anlagezielen zuvor ermitteln. Die meisten Banken und Sparkassen erledigen dies bislang mithilfe eines standardisierten Fragebogens. Bei den meisten Direktbanken muss der Kunde die entsprechenden Formulare aus dem Internet herunterladen und selbst ausfüllen. Ob dies allein in Zukunft reichen wird, wenn MiFID eingeführt worden ist, muss allerdings bezweifelt werden.

In jedem Fall ordnet die Bank den Anleger auf Basis dieser Unterlage einer bestimmten Risiko- oder Anlagekategorie zu, die wiederum bestimmte Anlageformen umfasst, für die der Anleger dann „zugelassen“ ist. Als Faustregel gilt: Je größer die Risikobereitschaft und umfassender die Erfahrung des Anlegers mit Börsengeschäften, desto größer ist die Auswahl an Wertpapierarten, mit denen er handeln darf.

Sinn und Zweck der gesetzlichen Verpflichtung ist es, dass die Banken eine anleger- und anlagegerechte Beratung durchführen. Den Anforderungen des Gesetzes wird allerdings bereits Genüge getan, wenn die Bank ihrem Kunden dazu entsprechende Informationsbroschüren aushändigt und im ersten Gespräch eine Reihe formaler Punkte abfragt. Darüber hinaus führt die schematische

Kategorisierung in der Praxis oft zu einer Art „Schubladendenken", die für den Anleger nicht unproblematisch ist. Wer beispielsweise am Anfang in eine untere Anlagekategorie eingeordnet wurde, kann meist nicht so ohne weiteres Aktien kaufen. Jeder Neueinsteiger sollte deshalb bei der Bank seiner Wahl eine individuelle, persönliche Beratung verlangen und bekommen – oder es anderswo versuchen.

Der Kunde wiederum tut gut daran, seine Bank darüber zu informieren, wenn sich später einmal seine Vermögensverhältnisse verändert haben oder er den Wunsch hat, risikoreichere Anlageformen zu kaufen. Dann kann nach einer zusätzlichen Beratung eine Umgruppierung vorgenommen werden.

Hinweise für ein gutes Beratungsgespräch

- **Ziele abstecken.** Bereiten Sie sich auf das Beratungsgespräch vor. Überlegen Sie sich, warum Sie Ihr Geld an der Börse anlegen wollen und welche Ziele Ihnen wichtig sind (→ Seite 22) – etwa: langfristiger Vermögensaufbau, Finanzierung der Ausbildung für die Kinder und Ähnliches.
- **Termin vereinbaren.** Eine Anlageberatung gibt es meist schon in der Filiale um die Ecke. Viele Kreditinstitute haben aber spezielle Vermögensberatungs- oder Wertpapiercenter, in denen besonders geschulte Mitarbeiter bereitstehen. Nutzen Sie solche Angebote und vereinbaren Sie dort einen Beratungstermin, sodass sich der Bankmitarbeiter ausreichend Zeit für Sie nehmen kann.
- **Aufrichtig bleiben.** Füllen Sie den Fragebogen der Bank entweder allein oder – noch besser – zusammen mit dem Anlageberater korrekt aus. Geben Sie nicht, etwa aus Eitelkeit, vor, mehr über die Börse und Aktien zu wissen, als es tatsächlich der Fall ist. Und betonen Sie nicht Ihre Risikobereitschaft. Auf diese Weise stellen Sie am ehesten sicher, dass eine realistische Einordnung in diejenige Risikokategorie erfolgt, die Ihren Anlagezielen und Ihrem Kenntnisstand entspricht. Anderenfalls verschlechtern Sie Ihre Chancen, Ihre Bank bei einer möglichen Falschberatung haftbar machen zu können. Denken Sie aber auch daran, dass Sie nicht verpflichtet sind, alle Fragen zu beantworten.
- **Einblick fordern.** Verlangen Sie eine gründliche Erläuterung des Kategoriesystems Ihrer Bank und darüber, warum Sie in welche Risikostufe eingeordnet worden sind. Sie haben ein gesetzlich verankertes Recht, dies zu erfahren.
- **Beratungsgespräch dokumentieren.** Verlangen Sie eine Kopie des Fragebogens und lassen Sie sich die Anlagevorschläge des Beraters am besten schriftlich geben. Machen Sie sich außerdem Notizen während des Gesprächs – zum Beispiel, welche anderen Anlagevarianten Ihnen vorgeschlagen, wovon unter Umständen ausdrücklich abgeraten und welche Kosten genannt wurden. Gehen Sie, wenn möglich, nicht allein zum Beratungsgespräch.

Richter und EU stärken Anlegerrechte

Mit zwei Urteilen Anfang 2007 hat der Bundesgerichtshof (BGH) die Rechte von Bankkunden und Privatanlegern deutlich verbessert. Bis zu diesem Zeitpunkt hatten Anleger, die das Gefühl hatten, von ihrer Bank oder ihrem Finanzvermittler falsch beraten worden zu sein – etwa weil eine angeblich sichere Anlage plötzlich Verluste machte –, maximal drei Jahre nach dem entsprechenden Beratungsgespräch Zeit, um juristische Schritte einzuleiten. Danach war die Sache verjährt. Die Karlsruher Richter haben mit ihrem Spruch diese Praxis geändert (Az. XI ZR 44/06). Dem Urteil zufolge beginnt diese Verjährungsfrist nunmehr erst mit Anspruchsentstehung und der Kenntnis des Geschädigten, also erst dann, wenn das Investment tatsächlich rote Zahlen schreibt.

In einem zweiten Urteil kurz danach hat der BGH einem Käufer von Investmentfonds recht gegeben. Danach muss der Berater, der den Kauf vermittelt, gegenüber seinem Kunden sämtliche Provisionen, die er von der jeweiligen Fondsgesellschaft bekommt, ausdrücklich nennen und auflisten (Az. XI ZR 56/05).

Mit dieser Entscheidung nimmt der BGH wesentliche Anforderungen der EU-Richtlinie über Märkte für Finanzinstrumente vorweg. Mit der Richtlinie werden erhebliche Anforderungen an Banken, Vermögensverwalter und Finanzvermittler gestellt – zum Beispiel müssen die Berater das Gespräch gegenüber ihren Kunden ausführlich dokumentieren und in der Zeit danach darüber berichten, wie sich die abgeschlossenen Investments entwickeln. Außerdem haben Kunden Anrecht auf eine klare Auflistung sämtlicher Kosten, die mit einer Geldanlage verbunden sind, und sie haben Anspruch darauf, dass zum Beispiel die Bank jede Wertpapiertransaktion zum jeweils günstigsten Marktpreis abwickelt.

Die Form wahren

Da der Anleger, wenn er mit Aktien handelt, nicht selbst, sondern über seine Bank tätig wird, brauchen die Mitarbeiter des Geldhauses genaue Angaben über die Transaktion, damit sie das Geschäft wie gewünscht abwickeln können. Schließlich geht es mitunter um große Summen.

Für die Übermittlung der Order an die Bank gibt es mehrere Möglichkeiten. Der Auftrag kann zum Beispiel schriftlich am Schalter oder per Fax erteilt werden. Im schnellen Börsengeschäft ist es allerdings sinnvoll, Orders per Telefon oder Internet zu

ISIN: *Abkürzung für International Securities Identification Number, eine internationale Wertschriften-Identifikationsnummer*

erteilen. So ist am ehesten gewährleistet, dass die Order zügig bearbeitet wird.

Welches Papier in welcher Stückzahl gekauft oder verkauft werden soll, ist dabei die wichtigste Information, die der Anleger angeben muss; daneben seinen Namen und die Depotnummer. Dazu muss der Auftrag auch eine Art Bestellnummer, die sogenannte **ISIN**, der betreffenden Aktie enthalten.

Diese zwölfstellige Kennnummer muss bei jedem Kauf- oder Verkaufauftrag mit angegeben werden, damit eine genaue Identifizierung des Papiers möglich ist und es nicht zu kostspieligen Verwechslungen oder Missverständnissen kommt. Schließlich werden an den Börsen weltweit Hunderttausende verschiedene Wertpapiere gehandelt.

Normalerweise trägt die Bank die ISIN auf den Orderzettel ein. Internetnutzer, die Aufträge am PC selbst eingeben, müssen sich allerdings die Mühe machen und mithilfe von Suchsystemen und Datenbanken den Kennungscode selbst heraussuchen, wenn sie ihn nicht parat haben.

Bestellnummer für Wertpapiere

Die ISIN wird jedem Wertpapier mit der Auflage, also quasi der „Geburt", zugeordnet. Sie besteht im Wesentlichen aus drei Teilen: einem Ländercode, etwa „DE" für das Wertpapier eines deutschen **Emittenten**, einer nationalen Kennnummer und einer einstelligen Prüfziffer. Die nationale Zahlenfolge besteht bei deutschen Titeln oft noch aus dem Vorläufer der ISIN, der sechsstelligen Wertpapierkennnummer (WKN), die vom internationalen Code seit 2003 Schritt für Schritt abgelöst wurde. Bislang kann aber auch heute noch die WKN bei der Ordererteilung verwendet werden.

Emittent: *Diejenige Institution, die ein Wertpapier herausgibt – etwa eine Bank, ein Industrieunternehmen oder der Staat.*

Nicht zu jedem Preis kaufen und verkaufen

Neben diesen formalen Angaben ist es sinnvoll, dass der Anleger für die gewünschte Transaktion eine Preisvorgabe macht, auch **Limit** genannt.

Da sich die Kurse der meisten Aktien laufend verändern, weiß der Anleger, wenn er seinen Auftrag erteilt, in der Regel nicht, was er für ein Papier bezahlen muss, beziehungsweise was es ihm einbringt. Mit einem Blick ins Internet oder einer Nachfrage bei seiner Bank erhält er zwar den aktuellen Kurs und somit einen Anhaltspunkt. Aber bis seine Order an der Börse vorliegt, vergehen zumindest einige Minuten, in denen sich die Marktlage und damit der Preis mehr oder weniger stark verändern können.

Mit einem Limit verhindert der Anleger, dass er zu teuer kauft beziehungsweise zu billig verkauft, indem er eine Preisobergrenze (bei einem Kauf) beziehungsweise eine Preisuntergrenze (bei einem Verkauf) vorgibt.

Da Limits oft Gebühren kosten, sollte man sich diese vor allem für den Kauf von „kleinen" Aktien vorbehalten. Denn bei diesen

illiquide: *In der Börsensprache ist damit gemeint, dass ein Papier kaum gehandelt wird, weil es dafür nur wenige oder gar keine Käufer beziehungsweise Verkäufer gibt.*

illiquiden Aktien kommt es im täglichen Handel mitunter zu großen Preissprüngen. Wenn ein Anleger zum Beispiel Aktien des deutschen Sportartikelherstellers Adidas kaufen möchte, er dafür aber nicht mehr als 38 Euro bezahlen will, setzt er bei der Auftragserteilung ein Kauflimit in eben dieser Höhe. Notiert das Papier, bis der Auftrag an der Börse vorliegt, über dieser Marke, wird die Order so lange nicht ausgeführt, bis der Kurs unter beziehungsweise auf 38 Euro sinkt.

Eine Order lässt sich allerdings nicht nur im Preis, sondern auch zeitlich limitieren. Üblicherweise gelten Limit-Orders bis zum Ende des laufenden Monats (Ultimo). Der Anleger kann zum Beispiel aber auch bestimmen, dass die Order ausschließlich am Tag der Auftragserteilung gültig ist oder ein konkretes Datum vorgeben.

Der generelle Nachteil bei preislich limitierten Orders ist, dass der Anleger damit rechnen muss, dass nur ein Teil seines Auftrags ausgeführt wird. Wenn er zum Beispiel 500 Aktien geordert hat, bekommt er möglicherweise nur 150 Stück, weil sich zu diesem Zeitpunkt nicht genügend Verkaufsorders zu diesem Preis gefunden haben. Den Rest erhält er dann später oder gar nicht. Solche Teilausführungen können insbesondere bei kleineren

Limits sinnvoll einsetzen

- Limits sind keine preiswerte Angelegenheit. Viele Kreditinstitute verlangen für die Erteilung, Änderung und/oder Nichtausführung eines Limits Gebühren. Gehen Sie deshalb überlegt damit um.
- Bei sehr liquiden, das heißt umsatzstarken Aktien wie etwa Siemens, Bayer und Daimler sind Limits in der Regel nicht notwendig. Sinnvoll sind sie dagegen bei marktengen Werten mit großen Kursschwankungen – zum Beispiel im geregelten Markt (→ Seite 108 ff.). Auch im elektronischen Handelssystem Xetra (→ Seite 37) sollten Sie nie eine Order ohne Preisgrenze erteilen, da Sie sonst Gefahr laufen, von den Profis dort übervorteilt zu werden.
- Einem Limit sollte immer eine klare Strategie zugrunde liegen. Möchten Sie zum Beispiel eine bestimmte Aktie unbedingt haben und geht es nur darum, sich vor Ausreißern nach oben zu schützen, setzen Sie ein Limit knapp über dem aktuellen Kurs. Aktuelle Kursinformationen erhalten Sie im Internet (→ Seite 48) oder bei Ihrer Bank.
- Wenn Sie dagegen gezielt bei „Kursausrutschern" zum Zuge kommen wollen, legen Sie ein „Abstauberlimit in den Markt". Das heißt, Sie setzen das Limit zum Beispiel 5 bis 10 Prozent unter (beim Kauf) beziehungsweise über (beim Verkauf) dem aktuellen Kurs fest.

Market-Order: *Als Limit wird bei Market-Kauforders der Zusatz „billigst“ und Market-Verkaufsorders „bestens“ eingetragen.*
Fill-or-kill *(engl.): ganz oder gar nicht*
Immediate-or-cancel *(engl.): umgehend oder löschen, Teilausführung vermeiden*

Stückzahlen ins Geld gehen, denn jedes Mal werden die vollen Bankspesen und vor allem Mindestgebühren fällig. Wer diesen Ärger vermeiden will, muss eine preislich unlimitierte Order, auch **Market-Order** genannt, erteilen. Market-Orders werden am Tag der Auftragserteilung mit hoher Wahrscheinlichkeit vollständig ausgeführt (→ auch Seite 40/41: München und Stuttgart).

Allerdings sollte der Anleger daran denken, dass diese Orders bei hohen Kursschwankungen ordentlich ins Geld gehen können. Auch deshalb ist gerade bei kleinen Werten, wie bereits gesagt, ein Limit angebracht.

Wer seine Order speziell im elektronischen Handelssystem Xetra (→ Seite 36 ff.) der Frankfurter Börse platziert, hat jedoch noch eine andere Möglichkeit, das Risiko von Teilausführungen zu senken. Er kann seine Order mit dem Zusatz **Fill-or-kill** versehen. Das heißt, die Order wird entweder ganz oder gar nicht ausgeführt – wobei auch einzelne Teilausführungen innerhalb des Xetra-Systems denkbar sind. Ist das kurzfristig nicht möglich, wird der Auftrag als Ganzes gelöscht.

In Betracht gezogen werden kann auch eine Order mit dem Zusatz **Immediate-or-cancel**. Dann werden so viele Aktien wie möglich gekauft, der Rest des Auftrags wird gelöscht.

- Vermeiden Sie „runde“ Zahlen bei Ihren Limits. Erfahrungsgemäß wählen sehr viele Anleger glatte Kursmarken. Erreicht der Kurs diesen Wert, kann das leicht eine kleine Verkaufswelle auslösen. Deshalb vor allem Stop-Limits leicht über beziehungsweise unter solchen psychologischen Preisgrenzen ansetzen.
- Nutzen Sie Stop-loss-Limits als Notbremse, um Verluste zu begrenzen – zum Beispiel, wenn Sie eine bestimmte Aktie eine Zeit lang nicht permanent verfolgen wollen oder können. In dem Fall setzen Sie die Marke deutlich (Faustregel: bis 25 Prozent) unter dem aktuellen Kurs fest. Denken Sie aber daran, bei steigenden Kursen die Limitmarke regelmäßig nach oben anzupassen, um Ihre zwischenzeitlichen Kursgewinne abzusichern. Da einige Banken jedes erteilte Limit gesondert in Rechnung stellen, kann diese Methode allerdings ins Geld gehen. Wenn Sie die Kurse „Ihrer“ Papiere regelmäßig verfolgen und in der Lage sind, schnell zu reagieren, können Sie, um die Kosten im Griff zu behalten, für sich selbst „fiktive“ Limits legen, bei deren Erreichen Sie von sich aus aktiv werden.
- Kontrollieren Sie Ihre Stop-Limits! Hat der aktuelle Kurs bei der Eingabe der Stop-loss-Order die Limitmarke bereits unterschritten, wird die Order im Präsenzhandel umgehend als Bestens-Auftrag abgerechnet. Im Handelssystem Xetra wird sie als „nicht ausführbar“ gar nicht erst angenommen beziehungsweise gelöscht.

Mit Limits strategisch arbeiten

Ein probates Mittel bei überdurchschnittlich starken Kursschwankungen sind Stop-Orders. Bei einer Stop-loss-Order wird das betreffende Papier verkauft, wenn der aktuelle Börsenkurs die einmal gesetzte Limitmarke berührt oder gar unterschreitet – allerdings nicht zu diesem Preis, sondern erst zum nächsten, darauffolgenden Kurs, der an der Börse festgestellt wird. An sehr schwachen Börsentagen kann das unter Umständen dazu führen, dass die Papiere zu Tiefstkursen verschleudert werden.

Umgekehrt wird bei Stop-buy-Orders eine Billigst-Order über die gewünschte Stückzahl an die Börse geleitet, wenn der Kurs über die Limitmarke ansteigt. Solche Orders sind vor allem dann sinnvoll, wenn ein Papier vom Markt „entdeckt" wird, der Kurs anspringt und der Anleger auf den fahrenden Zug mit aufspringen will.

Wichtig zu beachten ist, dass Limitorders bei bestimmten Ereignissen wie beim Kursabschlag von Bezugsrechten (→ Seite 97), der Ausgabe von Berichtigungsaktien (→ Seite 100), Kursaussetzungen (→ Seite 56, „Ad-hoc-Publizität") und in der Regel zum Jahresende automatisch von der Börsenverwaltung gelöscht werden. Der Anleger muss dann von sich aus einen neuen Auftrag erteilen.

Der Weg zur Aktie

Neben dem Wertpapier selbst, der Menge und dem Limit kann der Anleger auch den Handelsweg bestimmen, über den seine Order ausgeführt werden soll. Diese Wahl ist nicht ganz unerheblich, denn vor allem für wenig gehandelte Aktien gibt es, wie für Dinge des täglichen Gebrauchs auch, zu ein und dem gleichen Zeitpunkt mitunter erhebliche Preisunterschiede an den einzelnen Handelsplätzen. Ein genauer Vergleich lohnt also, wobei zusätzlich berücksichtigt werden muss, dass jeder Handelsweg seine speziellen Vor- und Nachteile besitzt.

Der Kauf über die Börse: Klassisch und sicher

Zunächst gilt: Der Anleger kann bei seinem Auftrag zwar einen Handelsplatz bestimmen. Wenn er jedoch auf eine Angabe verzichtet, heißt das nicht, dass seine Order nicht ausgeführt wird. Die Banken sind nach dem Wertpapierhandelsgesetz generell verpflichtet, die Order an den für den Kunden günstigsten Handelsplatz zu leiten. In aller Regel ist das eine Börse – der klassische Handelsplatz für Wertpapiere.

Auf den Homepages vieler Discountbroker (www.dab-bank.com, www.comdirect.de, www.cortalconsors.de, weitere Hinweise im Serviceteil → Seite 186, und anderer Datenanbieter, zum Beispiel www. onvista.de, Einzelabfrage einer Aktie und dann den Menüpunkt „Alle Börsenplätze im Überblick"), gibt es die Möglichkeit, sich die Kurse und mitunter auch die Umsätze einzelner Papiere an unterschiedlichen Börsenplätzen (→ Seite 40) anzeigen zu lassen. Auf diese Weise bekommen Sie einen Überblick darüber, wo welche Aktie besonders rege gehandelt wird.

Der Vorteil einer Börse ist, dass es sich dabei um hochentwickelte Märkte handelt, an denen sich durch die Bündelung von Nachfrage und Angebot ein liquider Handel mit marktgerechten und transparenten Preisen ergibt – also genau das, was sich Anleger und die Herausgeber von Wertpapieren wünschen. Damit der Handelsbetrieb dort reibungslos und ordnungsgemäß funktioniert, gibt es feste Regeln und eine straffe Organisation. Zudem werden institutionelle Börsen staatlich kontrolliert – so auch in Deutschland (→ Seite 42 ff.).

Viele Unternehmen lassen ihre Aktien jedoch gleich an mehreren Börsen notieren. Für den Anleger ist es daher im Einzelfall gar nicht so einfach, die für seine Order geeignetste, das heißt günstigste Börse herauszusuchen. Was nützt es beispielsweise, einen Kaufauftrag an denjenigen Handelsplatz zu leiten, der zum Zeitpunkt der Orderaufgabe den niedrigsten Kurs bietet, wenn dort zu diesem Preis kein Umsatz zustande kommt, weil es an entsprechenden Verkäufern fehlt? Grundsätzlich gilt daher: Die Order sollte an derjenigen Börse mit dem lebhaftesten Handel platziert werden, denn dort hat der Anleger am ehesten die Gewähr, nicht nur einen markt-

Interner Handel: Wenig empfehlenswerte Alternative

Die Abwicklung vor allem kleinerer Wertpapieraufträge kostet die Banken immer mehr Geld. Daher bieten mittlerweile zahlreiche Institute ihren Privatkunden die Möglichkeit zum Direkthandel an (→ Seite 39), anstatt die Orders an die Börse zu leiten. Vorteil für die Geldhäuser: Sie kassieren den Kursunterschied zwischen An- und Verkaufskurs, verdienen also selbst an dem Geschäft, und sparen zusätzlich noch Kosten, da die Order komplett im eigenen Hause abgerechnet wird. In manchen Fällen werden die Aufträge auch mit denen von anderen Kunden intern, also quasi auf einer „Hausbörse", zusammengeführt.

Der Haken bei der Sache: Gerade bei wenig gehandelten Aktien kann dieser Preis unter Umständen nicht mehr den aktuellen Marktverhältnissen entsprechen. Wickeln außerdem immer mehr Banken ihre Kundenorders intern ab, trocknet die Liquidität an der Börse aus. Folge: Die dort festgestellten Preise spiegeln immer weniger die tatsächliche Marktlage wider. Mit dem Inkrafttreten von MiFiD (→ Seite 28) sind die Banken jedoch verpflichtet, den günstigsten Handelsplatz auszuwählen und bei einem internen Handel die entsprechenden Referenzkurse an der Börse zu diesem Zeitpunkt anzugeben.

Skontroführung: *Fachausdruck für die Tätigkeit eines Maklers oder Händlers, für ein bestimmtes Wertpapier, etwa die Bayer-Aktie, in Abhängigkeit von der aktuellen Marktlage Handelskurse festzustellen.*

gerechten Preis zu erzielen, sondern mit seinem Auftrag tatsächlich auch zum Zuge zu kommen.

Aus diesem Grund geben die Banken und Sparkassen ihre Kundenorders in den meisten Fällen nach Frankfurt – den mit Abstand größten und handelsstärksten Finanzplatz in Deutschland, an dem über 90 Prozent des Börsenhandels abgewickelt werden. Dort kann die Order entweder in das vollelektronische Handelssystem Xetra eingespeist werden, auf das wiederum der Löwenanteil des Frankfurter Handels entfällt, oder sie wird in den sogenannten Parketthandel gegeben. Der Unterschied: Anders als im Xetra-Handel, bei dem der Computer selbsttätig für jeden Kaufauftrag eine passende Verkaufsorder findet, stellt auf dem Parkett ein Makler, **Skontroführer** genannt, die Kurse fest und führt so die Aufträge von Käufer und Verkäufer zusammen.

Es gibt allerdings auch Alternativen zur Frankfurter Börse. In Deutschland gibt es noch fünf weitere Regionalbörsen: Berlin–Bremen, Düsseldorf, Hamburg-Hannover (= Böag AG), München und Stuttgart. Speziell bei Aktien ausländischer Unternehmen kommt darüber hinaus noch die jeweilige Börse im Heimatland in Betracht, an der vielfach der größte Umsatz stattfindet.

Kurszusätze: Kürzel für Kenner

Jeder Skontroführer ist bei der Ermittlung der Börsenpreise, die er für ein bestimmtes Wertpapier feststellt, an bestimmte Verpflichtungen gebunden.

So muss er dafür sorgen, dass bei einem Kurs stets der größtmögliche Umsatz zustande kommt und alle über dem Kurs limitierten Kaufaufträge beziehungsweise unter dem Kurs limitierten Verkaufaufträge ausgeführt werden. Nicht bei jeder Kursfeststellung lassen sich jedoch Angebot und Nachfrage vollständig ausgleichen. Der Makler verwendet dann bestimmte Kurszusätze, die dem Publikum Informationen über die Marktlage geben. Nachfolgend eine Übersicht:

b oder kein Zusatz = bezahlt. Alle Aufträge wurden ausgeführt.
bG = bezahlt Geld. Nicht alle zu diesem Kurs limitierten Kaufaufträge konnten ausgeführt werden. Es bestand weitere Nachfrage.
bB = bezahlt Brief. Nicht alle zu diesem Kurs limitierten Verkaufaufträge konnten ausgeführt werden. Es bestand weiteres Angebot.
G = Geld. Zu diesem Kurs fand kein Umsatz statt. Es bestand nur Nachfrage.
B = Brief. Zu diesem Kurs fand kein Umsatz statt. Es bestand nur Angebot.
ebG = etwas bezahlt Geld. Zu diesem Kurs konnte nur ein geringer Teil der Kaufaufträge ausgeführt werden.

Für seine Arbeit erhält der Skontroführer auf dem Parkett eine Vergütung, die sogenannte Courtage, die zwischen 0,04 Prozent und 0,08 Prozent des Auftragsgegenwerts liegt. Diese Kosten fallen bei Xetra weg. Dort müssen Anleger nur einen geringen Festpreis von ein paar Cent bezahlen. Was ihnen jedoch tatsächlich berechnet wird, entscheidet die jeweilige Hausbank. Meist befindet sich dieser Posten in der Abrechnung unter der Position „Börsen-“ beziehungsweise „Ordergebühren“.

Für die Wahl der Börse sollte dieser vergleichsweise geringe Kostenunterschied jedoch nachrangig sein. Entscheidend ist vielmehr eine hohe Liquidität, was sich an der Zahl der abgeschlossenen Geschäfte und der dabei umgesetzten Aktien ablesen lässt. Gemessen daran ist Xetra vor allem bei den wichtigen deutschen Aktien erste Wahl, denn über das vollautomatisierte Computerhandelssystem wickeln vor allem Großanleger wie Fonds, Versicherungen und Pensionskassen ihre Orders ab. Entsprechend rege ist der Handel dort.

Das kann besonders dann von Bedeutung sein, wenn der Kurs einer Aktie während des Tages besonders stark fällt beziehungsweise steigt. Der Pluspunkt von Xetra ist dabei, dass es auch Privatanlegern offensteht. Selbst Miniorders über ein Stück werden fortlaufend über die gesamte Handelszeit hinweg angenommen.

ebB = etwas bezahlt Brief. Zu diesem Kurs konnte nur ein geringer Teil der Verkaufaufträge ausgeführt werden.
ratG = rationiert Geld. Alle limitierten und unlimitierten Kaufaufträge konnten nur eingeschränkt ausgeführt werden.
ratB = rationiert Brief. Alle limitierten und unlimitierten Verkaufaufträge konnten nur eingeschränkt ausgeführt werden.
- G = gestrichen Geld. Ein Kurs konnte nicht festgestellt werden, da nur unlimitierte Kaufaufträge vorlagen.
- B = gestrichen Brief. Ein Kurs konnte nicht festgestellt werden, da nur unlimitierte Verkaufaufträge vorlagen.
T = Taxe. Ein Kurs konnte nicht ermittelt werden. Der Preis ist geschätzt.
ausg = ausgesetzt. Die Kursnotierung ist ausgesetzt.
ex D = Erste Notiz unter Abzug der Dividende (meist der Tag nach der Hauptversammlung → Seite 92).
ex BR = Erste Notiz unter Abzug des Bezugsrechts (→ Seite 98).
ex BA = ohne Berichtigungsaktien. Erste Notiz nach Erhöhung des Grundkapitals aus Gesellschaftsmitteln (→ Seite 100).
ex SP = nach Splitting. Erste Notiz nach Teilung der Aktien (→ Seite 100).

Nicht marktgerecht limitiert *heißt: Ein Kaufauftrag ist angesichts des aktuellen Kurses viel zu hoch, ein Verkaufauftrag viel zu niedrig limitiert.*

Die Tücken von Xetra gegenüber dem Präsenzhandel

Das Xetra-System hat aber auch seine Tücken. So haben die Profis wesentlich besseren Ein- und Überblick über Art und Umfang von Angebot und Nachfrage. Privatanleger laufen daher Gefahr, mitunter übervorteilt zu werden. So können einzelne Händler, die es mit der Kaufmannsehre nicht so genau nehmen, versuchen, unlimitierte oder **nicht marktgerecht limitierte** Aufträge für ein weniger stark gehandeltes Papier gezielt im System zu suchen und „abzufischen", wie die Börsianer sagen.

Folge: Der Auftrag wird, gegebenenfalls zu seinem Limit, ausgeführt, aber dieses Limit ist angesichts der tatsächlichen Orderlage und Kurssituation zu diesem Zeitpunkt alles andere als ein fairer Preis. Eine nicht oder falsch limitierte Order im Parketthandel fällt dagegen nicht weiter ins Gewicht. Dort ist der Skontroführer verpflichtet, einen marktgerechten Kurs festzustellen, der für alle vorliegenden Orders gilt. Das probate Gegenmittel, um sich bei Xetra-Orders vor solchen Zockern zu schützen, ist die Erteilung eines kursnahen Limits. Dann allerdings riskiert der Anleger eine teure Teilausführung.

Die Regionalbörsen: Klein, aber oho

Wer diesem Zwiespalt aus dem Weg gehen will, sollte sich das Angebot der Regionalbörsen etwas näher ansehen. Da die kleineren Handelsplätze mit Frankfurt weder in puncto Umsatz noch Zahl der abgewickelten Geschäfte mithalten können, haben sie sich zum Ziel gesetzt, mit einem besseren Serviceangebot vor allem bei den Privatanlegern zu punkten. So locken sie beispielsweise ihre Kunden mit diversen Preis- und Ausführungsgarantien und dem Verzicht auf Teilausführungen. Auf diese Weise soll der Anleger günstiger und/oder schneller als bei Xetra zum Zuge kommen.

Spread: *Als Spread wird im Allgemeinen die Differenz zwischen zwei Preisen bezeichnet. Dies kann die Handelsspanne eines Maklers oder Händlers ebenso sein wie der Kursunterschied zwischen zwei Gattungen einer Aktie (→ Seite 89).*

Dahinter steckt alles andere als eine unseriöse Geschäftsmasche. Um diese Garantie zu verstehen, muss man jedoch wissen, dass im laufenden Börsenhandel für jedes Wertpapier üblicherweise zwei Kurse festgestellt werden: der Ankaufskurs, auch Geldkurs genannt, und der höhere Verkaufskurs, der als Briefkurs bezeichnet wird. Der Unterschied zwischen beiden Kursen wird in der Fachsprache **Spread** genannt. Er ist – neben der Courtage – letztlich die Verdienstbasis für Skontroführer und Händler. Dass die Regionalbörsen bessere Kurse als zur gleichen Zeit in Xetra bieten, heißt in der Praxis nichts anderes, als dass die Händler engere Preisspannen stellen als ihr Computerkollege.

Zusätzlicher Pluspunkt des Parketthandels ist, dass dort der Handel bis 20 Uhr läuft, während die Deutsche Börse bei Xetra um 17.30 Uhr die Handelsbildschirme abschaltet. Auf diese Weise können die Investoren auch noch in den späten Abendstunden auf aktuelle politische und wirtschaftliche Ereignisse und Nachrichten, vor allem aus den USA, reagieren.

Einen kleinen Wermutstropfen hat das Ganze: Da der liquideste Markt zweieinhalb Stunden früher schließt, müssen die Anleger am Abend mit einem flauen Handel rechnen. Zudem werden die auf Xetra bezogenen Preisgarantien (→ unten), die einige Handelsplätze geben, in dieser Zeit ausgesetzt.

Wo was ordern?

Wer im Wirrwarr der Garantien und Service-Angebote der einzelnen Handelsplätze nicht mehr durchschaut, kann folgende Faustregel verwenden: Die großen deutschen Aktien kann man an allen sechs Börsenplätzen mit ruhigem Gewissen kaufen und verkaufen. Bei Optionsscheinen und Anlagezertifikaten (→ Seite 155) sind Stuttgart und Frankfurt erste Wahl. Bei ausländischen Aktien sind Berlin/Bremen und München stark. Wer Aktien sehr kleiner deutscher Unternehmen, die sogenannten Nebenwerte, oder ausländischer Exoten kaufen will, muss zwangsläufig an den Börsen ordern, an denen sie notiert werden. Vorteilhaft sind in diesem Zusammenhang auf jeden Fall Preisgarantien, die sich auf ausländische Papiere beziehen. Der Käufer beziehungsweise Verkäufer wird dabei so gestellt, als würde er an der liquiden Heimatbörse handeln. Aber er zahlt beim Kauf über die eigene heimische Börse nur die Spesen wie bei einer deutschen Aktie.

Die Homepages deutscher und internationaler Börsen im Internet (Adressen → Serviceteil, Seite 186):

- Berlin und Bremen: www.berlinerboerse.de
- Düsseldorf: www.boerse-duesseldorf.de
- Frankfurt: www.deutsche-boerse.de und www.boerse-frankfurt.com
- Hamburg und Hannover: www.boersenag.de
- München: www.boerse-muenchen.de
- Stuttgart: www.boerse-stuttgart.de

Eine Sammlung von Links zu vielen internationalen Börsen findet sich unter www.world-exchanges.org, Menüpunkt „Members“ oder www.boersen-links.de.

Direkthandel: Ohne Umwege kaufen und verkaufen

Der Weg über die Börse ist die gängigste, aber mittlerweile nicht mehr die einzige Möglichkeit, die Anleger haben, um Aktien zu handeln. Eine Reihe von Banken, vorwiegend Discountbroker, bieten ihren Kunden als Alternative zum organisierten Börsenhandel Zugang zu außerbörslichen Handelssystemen an. Per Internet können diese direkt mit Wertpapierhäusern und Banken vor allem deren jeweils eigene Papiere wie etwa Zertifikate und Optionsscheine handeln. Zusätzlich gibt es neben den institutio-

Market Maker: *Banken oder Händler, die durch Stellung verbindlicher An- und Verkaufskurse, sogenannte Quotes, beide Marktseiten darstellen.*

nellen Börsen im weltumspannenden Datennetz eine Reihe von privat betriebenen Handelsplattformen, auf denen ebenfalls Aktien angeboten werden.

Vorteil: Der Kurs ist bei Ordererteilung bekannt

Das Prinzip beim Direkthandel ist, dass der Anleger per Computer eine Preisanfrage für ein bestimmtes Wertpapier startet. Darauf bekommt er von einem sogenannten **Market Maker** verbindliche Kurse genannt. Ist der Anleger damit einverstanden,

Deutsche Regionalbörsen im Profil

Jede der deutschen Regionalbörsen hat eine eigene Strategie entwickelt, um sich gegenüber der Deutschen Börse (Frankfurt) zu behaupten.

- **Berlin und Bremen:** Seit Frühjahr 2003 arbeiten beide Plätze als „Börse Berlin-Bremen" unter einem Dach. Die Hauptstadtbörse gilt mit über 9 000 im Freiverkehr (→ Seite 110) gehandelten Werten als das Mekka für Auslandswerte. Der Schwerpunkt liegt dabei auf US-amerikanischen Unternehmen, dazu kommen viele Werte aus Osteuropa und Asien. Zusätzlicher Clou: Anleger bekommen per Internet Einblick in die Orderbücher der Skontroführer. Problem ist in vielen Fällen die geringe Liquidität. Ein weiteres starkes Standbein des Handelsplatzes ist der Handel mit einem Anteil offener Investmentfonds (→ Seite 147 ff.). Unter dem Begriff „Matchbox" gibt der Handelsplatz eine umfassende Preis- und Ausführungsgarantie für ausgewählte in- und ausländische Aktien.
- **Düsseldorf:** Die Rheinisch-Westfälische Börse zu Düsseldorf hat sich ganz dem privaten Anleger verschrieben. Unter dem Begriff „Quality Trading" wirbt sie mit fairen Preisen (Kurse innerhalb der Xetra-Spanne), schneller Ausführung (innerhalb von zwei Minuten nach Eintreffen, 100-prozentige Ausführungswahrscheinlichkeit) und dem gesetzlich verankerten Anlegerschutz. Inzwischen wurde die Qualität der Leistungsversprechen sogar durch den TÜV geprüft. Registrierte Besucher können (kostenfrei) Echtzeitkurse beziehen.
- **München:** Die Bayerische Börse betreibt mit Partnern aus der Finanzbranche unter ihrem Dach die Handelsplattform „Max-One". Das System garantiert für 5 500 verschiedene Aktien und Anleihen den besten am Markt verfügbaren Preis, jederzeit eine ausreichende Handelbarkeit, das heißt, Liquidität und sofortige Ausführung. Und: Keine Teilausführungen bei Orders bis 5 000 Euro (Dax-Werte bis 50 000 Euro). Parallel dazu betreibt die Börse mit „M:Access" ein Segment für sehr junge Unternehmen, die auf diesem Wege Zugang zum Kapitalmarkt bekommen sollen, für den sie nach den gängigen Maßstäben aber noch nicht reif sind.
- **Hamburg und Hannover:** Die beiden Nordbörsen arbeiten seit 1999 unter dem

schließt er den Handel mit einem Mausklick ab und hat so augenblicklich gekauft beziehungsweise verkauft. Der Vorteil für ihn: Es gibt keine Unsicherheit mehr bezüglich der Ausführung der Order und des Kurses. Außerdem kann er auf diese Weise auch nach dem offiziellen Börsenschluss und – je nach Anbieter – an den Wochenenden handeln und so auf kursrelevante Ereignisse unmittelbar reagieren.

Der Service hat allerdings seinen Preis. Die Papiere im Direkthandel werden meist mit einem kleinen Auf- beziehungsweise

Namen Böag Börsen AG zusammen. Die Stärke der Norddeutschen ist der Handel mit Anleihen; Aktien junger, spekulativer Wachstumsunternehmen und Anteilen offener und geschlossener Fonds. Die Böag gibt eine Ausführungs- und „Besser-als-Xetra"-Garantie. Das heißt, der erzielte Kurs ist für den Anleger unter Einrechnung der Courtage besser als bei einer gleichzeitigen Platzierung der Order im Xetra-System. Dazu veröffentlicht die Börse ihre Kurse ohne Zeitverzögerung, das heißt, in Echtzeit. Ein wichtiges Standbein ist die „Fondsbörse Deutschland", über die Anleger sowohl offene als auch geschlossene Fonds handeln können.

- **Stuttgart:** Im Geschäft mit den Privatanlegern gilt die Baden-Württembergische Börse als unangefochtene Nummer eins in Deutschland. Beim Handel mit Optionsscheinen und Anlagezertifikaten (→ Seite 155 ff.) nimmt sie sogar über alle Börsen hinweg momentan den Spitzenrang ein. Eigens dafür betreibt sie in Form der **Euwax** (European Warrant Exchange, zu Deutsch: Europäische Optionsscheinbörse) eine spezielle Handelsplattform. Stuttgart wirbt im Parketthandel mit einer „Best-price-Garantie": Der Auftrag des Anlegers wird nie mit einem schlechteren Kurs abgerechnet als zur selben Zeit im liquidesten Referenzmarkt, bei deutschen Aktien sogar besser als in Xetra. Die 30 Aktien aus dem Dax (→ Seite 81) werden bis 17.30 Uhr (Handelsschluss von Xetra) gänzlich ohne Spread zum Mittel aus dem Xetra-Geld- und Briefkurs gehandelt. Für die wichtigsten deutschen und ausländischen Aktien werden Teilausführungen bis zum Gegenwert von 50 000 Euro ausgeschlossen. Für über 160 ausländische Titel aus dem Euro-Stoxx-50-, dem Nasdaq-100- und dem Dow-Jones-Index (→ Seite 78) wird die Order sogar zum selben Preis abgerechnet, der zu diesem Zeitpunkt am jeweiligen Heimatmarkt gilt. Zusätzliches Bonbon für Internetnutzer: Im Netz stellt die Börse die Handelskurse ihrer Makler ohne Zeitverzögerung ein.
- **Frankfurt:** Der Platzhirsch stellt sich an, das in den vergangenen Jahren verlorengegangene Terrain bei Privatanlegern wiedergutzumachen. Beim Handel mit Fondsanteilen und Anlagezertifikaten ist Frankfurt wieder zur Nummer zwei der deutschen Börsenplätze aufgerückt und macht sich auf, auch Stuttgart zu verdrängen.

Abschlag zum aktuellen Börsenkurs angeboten. Schließlich will der Händler auch etwas an dem Geschäft verdienen. Es ergibt sich beim Direktgeschäft also in vielen Fällen ein etwas schlechterer Kurs als an der Börse. Wer abschätzen will, wie groß dieser Nachteil im konkreten Einzelfall ist, muss gleichzeitig Zugriff auf die entsprechenden Echtzeitkurse von der Börse (→ Seite 48) haben. Dann lassen sich beide Preise vergleichen. Als Faustregel gilt: Je marktgängiger das jeweilige Papier ist, desto geringer ist die Differenz zum Börsenkurs.

Kosten gegen Nutzen

Der Anleger muss also im Einzelfall abwägen, was ihm die Sicherheiten bei der Ausführung und beim Kurs wert sind. Wenn er zum Beispiel ein bestimmtes Papier auf jeden Fall abstoßen will, weil der Kurs stark fällt, kann für ihn ein schneller Verkauf bares Geld wert sein. Wer dagegen gute Nerven hat, Geduld besitzt und an der Börse mit Limits arbeitet, erzielt dort unter günstigen Umständen wesentlich bessere Preise. Nur in Ausnahmefällen empfiehlt es sich allerdings, außerhalb der offiziellen Börsenzeiten auf den Direkthandel zurückzugreifen, da es dann keinen aktuellen Börsenkurs gibt, der als Vergleichsmaßstab herhalten könnte.

Die größte Gefahr besteht jedoch darin, dass der Direkthandel, von Ausnahmen abgesehen, keiner börsengesetzlichen Regelung unterliegt. Die dort getätigten Geschäfte fallen in den Bereich privatrechtlicher Regelungen und Vereinbarungen. Und das Internet kennt auch hier keine Grenzen. Viele der elektronischen Marktplätze der virtuellen Wirklichkeit bewegen sich in einem mehr oder weniger rechtsfreien Raum. Bei Unregelmäßigkeiten, zum Beispiel anderen als den genannten Abrechnungskursen, ist es für den normalen Anleger – anders als an der Börse – fast unmöglich, seine Interessen und Ansprüche durchzusetzen. Nicht zuletzt stecken hinter so mancher Internetbörse dubiose Geschäftemacher, die es darauf abgesehen haben, Anleger um ihr Geld zu bringen.

Wer hilft, wenn es Probleme gibt?

Mangelhafte Beratung, Aktien gekauft statt verkauft, ein falsches Limit oder ein Abrechnungskurs, der weit über dem lag, was sonst an dem entsprechenden Handelstag für das Papier zu zahlen war – bei Aktiengeschäften kann eine Menge schiefgehen, wobei selbst kleine Fehler viel Geld kosten können. Aus diesem Grund

Auf ihrer Homepage bietet die Bafin eine Broschüre zum Herunterladen, in der die Arbeit der Börsenkontrolleure ebenso beschrieben wird wie zahlreiche Anlegerfallen, die es an und abseits der Börse gibt: www.bafin.de, Menüpunkt „Für Verbraucher", Unterpunkt „Unerlaubte Bank-, Versicherungs- und Finanzdienstleistungsgeschäfte".

sind die Finanzdienstleister im Wertpapiergeschäft (Skontroführer, Händler und Banken etc.) mittels Regeln und Gesetzen an eine Reihe von Sorgfaltsvorschriften gebunden. Das fängt beispielsweise bei der Verpflichtung an, sämtliche Aufträge schnellstmöglich und unter Wahrung des Kundeninteresses abzuwickeln, und endet beim Recht des Anlegers, spätestens zwei Tage nachdem ein Geschäft an der Börse abgeschlossen wurde, eine Abrechnung in Händen zu halten.

All diese Gesetze und Vorschriften hätten aber am Ende keinen Sinn, wenn sich niemand um deren Einhaltung kümmern würde. Das würde nicht nur das gesamte Regelwerk sinnlos machen, auch der Anlegerschutz und damit das allgemeine Vertrauen in die Institution Börse würde nach und nach ausgehöhlt. Deshalb gibt es in Deutschland – wie in vielen anderen Ländern auch – Behörden und Institutionen, die das Geschehen an und außerhalb der Börse beaufsichtigen.

Hierzulande ist das zuerst einmal die Bundesanstalt für Finanzdienstleistungsaufsicht (Bafin) – eine staatliche Allfinanzaufsicht, die Mitte 2002 aus den ehemaligen Bundesaufsichtsämtern für Kredit-, Versicherungswesen und Wertpapierhandel hervorgegangen ist.

Die Bündelung der Aufsichtskompetenzen unter einem Dach hat das Ziel, den immer stärkeren Verflechtungen im Finanzsektor – beispielsweise durch den Zusammenschluss von Großbanken und Versicherungen – Rechnung zu tragen. An der Börse hat die Bafin vor allem die Aufgabe, verbotene Insidergeschäfte (→ Seite 58), Versuche von Kursmanipulationen und Verstöße gegen die Regeln der Ad-hoc-Publizität seitens der Emittenten (→ Seite 57) aufzuspüren und zu verfolgen. Darüber hinaus überwacht die Behörde aber auch die Einhaltung der Verhaltensregeln, die für Kreditinstitute bei Kundengeschäften gelten (→ Seite 28), und sie ist für die Zusammenarbeit der Aufsichtsbehörden auf internationaler Ebene zuständig.

Kritiker bemängeln allerdings, dass die Bundesanstalt – anders als etwa ihr Pendant in den USA, die Security Exchange Commission (SEC) – keine eigene Strafverfolgungskompetenz besitzt. Sie kann lediglich Bußgelder verhängen. Bei gravierenden Verstößen muss sie jedoch den Staatsanwalt mit der weiteren Strafverfolgung beauftragen.

TIPP

Richtig beschweren

Wenn Sie eine Auseinandersetzung mit einer Privatbank haben, zum Beispiel eine Reklamation, der Ihre Bank nicht nachgehen will, ist es erfolgversprechender, sich an den zuständigen Ombudsmann, bei den Instituten anderer Bankengruppen (Sparkassen, Volks- und Raiffeisenbanken) an die zuständige verbandsinterne Beschwerdestelle zu wenden als an die Bafin. Die Bafin können Sie dann noch zusätzlich informieren (alle Adressen im Serviceteil → Seite 186).

TIPP

Anleger, die sich speziell beim **Abrechnungskurs einer Order** benachteiligt fühlen, können von der Handelsüberwachungsstelle der jeweiligen Börse überprüfen lassen, ob bei der Kursfeststellung alles mit rechten Dingen zugegangen ist. So hat beispielsweise die **HÜST** der Frankfurter Börse eine gebührenfreie Hotline (Tel. 0 800 2/30 20 23) für Kundenbeschwerden eingerichtet, soweit die Order an der Mainmetropole platziert wurde. Die HÜST kann dabei auch die Daten mit dem Kursverlauf an anderen deutschen Börsenplätzen vergleichen, soweit das Papier dort gehandelt wird. Ergibt die Analyse, dass es zum gleichen Zeitpunkt erhebliche Preisunterschiede gegeben hat, kann der Anleger das Geschäft rückgängig machen oder beim Makler den Differenzbetrag als Schadenersatz einfordern.

Außerdem wird die Bafin nicht in Einzelfällen tätig, sondern nimmt Beschwerden von betroffenen Anlegern beziehungsweise Bankkunden nur zum Anlass für gezielte Prüfungen und Kontrollen.

Neben der zentralen Kontrolle durch die Bafin überwacht zusätzlich die Handelsüberwachungsstelle (**HÜST**) an jedem Börsenplatz das Geschehen direkt vor Ort. Die HÜST wertet alle Handelsdaten wie die Höhe der Umsätze und die Kursentwicklung eines Wertpapiers innerhalb einer oder mehrerer Börsensitzungen aus und prüft sie auf Unregelmäßigkeiten und Auffälligkeiten. Auf diese Weise soll gesichert werden, dass die Skontroführer ihre Kurse ordnungsgemäß feststellen und es keine Manipulationsversuche gegeben hat. Zusätzlich nimmt die HÜST Kontrollen der Eigengeschäfte der Makler vor und überwacht die Sicherheiten, die die Teilnehmer am Börsenhandel zu leisten haben, bevor sie Geschäfte auf dem Parkett tätigen dürfen.

Die Aufsichtsbehörden der Länder

Zu guter Letzt kümmern sich neben den Handelsüberwachungsstellen spezielle Börsenaufsichtsbehörden in den einzelnen Bundesländern darum, dass an der Börse alles mit rechten Dingen zugeht. Diese Behörden beaufsichtigen beispielsweise die Skontroführer. Neben den Handelsüberwachungsstellen sind auch sie für die Einhaltung der Börsenregeln und den ordnungsgemäßen Ablauf des Handels zuständig.

Die offizielle Homepage aller Länderaufsichtsbehörden: **www.börsenaufsicht.de**

Information: Der Rohstoff des Anlageerfolgs

Wie stehen die Kurse? Wie läuft die Konjunktur? Und welche Investmentidee verspricht die besten Chancen? Wer diese Fragen beantworten will, braucht Informationen. Sie spielen zweifellos für den Anlageerfolg mit Aktien eine entscheidende Rolle. An diese heranzukommen, scheint kein Problem zu sein, denn eine Vielzahl von Medien bietet nicht nur Profis, sondern auch Privatanlegern Zahlen, Daten und Fakten, auf die sie teilweise rund um die Uhr zugreifen können.

Schwieriger ist es da schon, der tagtäglichen Nachrichtenflut Herr zu werden, um im Infodschungel nicht die Orientierung zu verlieren und die Fußangeln, die dort lauern, zu umgehen. Gefragt ist eine Informationsstrategie, die dabei hilft, Überflüssiges auszufiltern, und die Anleger dennoch über alle wichtigen Neuigkeiten, die das eigene Depot betreffen, auf dem Laufenden hält.

Die Medien: Informationslieferanten für jedermann

Die wichtigsten Tageszeitungen im Internet:

- Börsenzeitung www.boersen-zeitung.de
- Die Welt www.welt.de
- Financial Times Deutschland www.ftd.de
- Frankfurter Allgemeine Zeitung www.faz.de
- Handelsblatt www.handelsblatt.com
- Süddeutsche Zeitung www.sueddeutsche-zeitung.de

Bei dem Versuch, aktuelle Nachrichten und Meldungen zu sichten und zu ordnen, spielt es natürlich eine entscheidende Rolle, welche Nachrichtenquellen der Anleger anzapft. Das Internet hat für eine Revolution in der Informationstechnologie gesorgt, die auch an den Finanzmärkten nicht spurlos vorbeigegangen ist.

Doch wäre es deswegen falsch, die traditionellen Medien wie Tageszeitung oder Fernsehen gänzlich außer Acht zu lassen. Im Gegenteil: Auch sie besitzen ihre speziellen Stärken, die Anleger nutzen sollten.

Tageszeitungen: Neuigkeiten schwarz auf weiß

Die (überregionale) Tageszeitung ist nicht nur eine der ältesten, sondern für Börsianer nach wie vor eine der wichtigsten Informationsquellen.

Was sie unentbehrlich macht, ist die Tatsache, dass sie dem Anleger einen allgemeinen, weitgehend objektiven Überblick über das aktuelle Wirtschaftsgeschehen verschafft. Dort bereiten professionelle Redakteure die Ereignisse eines Tages auf, wählen die wichtigsten Meldungen aus und fassen sie zusammen. Dazu kommen Hintergrundberichte, Analysen und Kommentare. Das Problem, die Flut von Nachrichten zu selektieren und zu interpretieren, wird dem Leser damit weitgehend abgenommen. Für Aktienanleger ein Muss ist die Unternehmensberichterstattung. Dort erfahren sie über die aktuelle Geschäftsentwicklung großer Konzerne ebenso etwas wie über die geschäftliche Situation kleinerer börsennotierter Gesellschaften.

Lesenswert sind auch die Artikel über das Geschehen an den deutschen und den wichtigsten internationalen Finanzmärkten. Sie geben einen Überblick darüber, welche Themen die Börsen am Tag zuvor bewegt haben. Damit wird allerdings auch der gravierende Nachteil der gedruckten Tageszeitung angesprochen: Gemessen am Tempo der Finanzmärkte ist sie bereits veraltet, wenn sie der

Die wichtigsten Wirtschafts- und Anlegermagazine im Internet:

- Börse online www.boerse-online.de
- Capital www.capital.de
- Stiftung Warentest www.finanztest.de
- Focus Money www.focus-money.de
- Manager Magazin www.manager-magazin.de
- Wirtschaftswoche www.wiwo.de

Teure Hotline

„Neue Kursraketen" oder „1 000-Prozent-Chance" – mit diesen und ähnlichen Werbesprüchen bieten dubiose Börsengurus ihren Service per anmeldepflichtiger Internetseite oder teurer Telefonhotline an. Für das Geld – je nach Angebot und Nutzungsintensität kommen da schnell 20 bis 30 Euro pro Monat zusammen – gibt es in vielen Fällen nicht mehr als ein paar zweifelhafte Tipps und Gerüchte rund um die Börse. Da oftmals noch nicht einmal klar erkennbar ist, wer als Autor hinter den Börsenhotlines steckt, sollten Anleger auf solche Angebote getrost verzichten.

Bote frühmorgens vor die Haustür legt, da zu diesem Zeitpunkt viele Informationen, die durch schnellere Medien bekannt gemacht worden sind, in die Kursentwicklung bereits eingegangen sind. Deshalb steht heute auch bei der Tagespresse das Internet im Fokus: Alle wichtigen Zeitungshäuser informieren die Leser auch online (→ Internethinweise, Seite 46).

Andere Printmedien

Neben den Tageszeitungen gibt es eine Reihe von wöchentlich und monatlich erscheinenden Wirtschaftsmagazinen. Deren generelle Stärke liegt weniger in der aktuellen Berichterstattung, als in ausführlichen Hintergrundberichten, Analysen und Reportagen. Hier finden Anleger selten den heißen Tipp als eher fundierte Anlagerezepte und Investmentideen.

Stärker an konkreten Anlagebedürfnissen orientieren sich spezielle Börsenjournale und Geldzeitschriften, in denen sich von der ersten bis zur letzten Seite alles um Aktien, Anleihen, Fonds und andere Wertpapiere dreht.

Hinzu kommt noch ein gutes Dutzend sogenannter Börsendienste, die nicht am Kiosk, sondern nur per Post, Fax und E-Mail zu beziehen sind. Gekauft werden diese Publikationen vor allem wegen ihrer zahlreichen Kaufempfehlungen, für die Aktieninvestoren erfahrungsgemäß immer ein offenes Ohr haben.

Bulle und Bär – Sinnbild an den Märkten

Zwei Vierbeiner, über die in Börsenberichten stets geschrieben wird, stehen als Symbol für das stetige Auf und Ab an den Märkten: Bulle und Bär. Warum gerade diese beiden? Dafür gibt es eine Reihe von Erklärungen. Am einleuchtendsten klingt die: Der Bär schlägt – bildlich gesehen – mit seiner Pranke die Kurse nieder und hält sie unten. Der Bulle dagegen stürmt vorwärts und nimmt auf dem Weg nach oben die Kurse auf seine Hörner. Da diese beiden Sinnbilder aus dem Angelsächsischen kommen, leiten sich daraus auch die Begriffe „bullish" und „bearish" als Bezeichnung für Anleger ab, die optimistisch beziehungsweise pessimistisch eingestellt sind. Eine andere Erklärung ist der Verlauf der Rückenlinien beider Tiere: Beim Bären fällt sie zum Kopf hin ab, beim Bullen steigt sie vom Rücken zum Kopf mit den Hörnern hin an.

Börsenjournale: Ihr Geld selten wert

Abgesehen von den möglichen Gefahren, die damit verbunden sind, wenn man sich als Anleger blindlings auf die Meinung anderer verlässt (→ Seite 50), stellt sich natürlich die Frage, welche Erfolge sich mit den Tipps dieser Publikationen erzielen lassen. In der Regel keine berauschenden, wie bereits einige Untersuchungen, darunter auch die der STIFTUNG WARENTEST, herausgefunden haben. So ist es mehr als fraglich, ob der Leser das Geld für das Abonnement oder den Kauf eines einzelnen Exemplars am Kiosk durch geldwerte Tipps und Ratschläge wieder reinholen kann.

Internet: Am Puls der Zeit

Neben der Tageszeitung gehört das Internet zu den Basismedien jedes Anlegers. Die Stärken des Netzes sind seine Aktualität und Schnelligkeit – und die kann es vor allem ausspielen, wenn es um Finanzinformationen geht. Es gibt Dutzende von Webseiten mit Kursen, Kennziffern und Charts (→ Seite 131) und nicht zuletzt die neuesten Nachrichten. Vorteil: Der surfende Anleger kann sofort darauf reagieren und mit ein paar Mausklicks seine Order umgehend an der Börse platzieren.

Wertpapierhändler mit außerbörslichen Echtzeitkursen

- Lang & Schwarz www.ls-d.de

Finanzportale

- www.aktiencheck.de
- www.ariva.de
- www.finanztreff.de
- www.multexinvestor.de
- www.onvista.de
- www.wallstreet-online.de

Nachrichtenagenturen

- Deutsche Presseagentur www.dpa.de

Auf Wirtschafts- und Finanznachrichten **spezialisierte Agenturen**

- Bloomberg www.bloomberg.com
- Reuters www.reuters.com
- Vereinigte Wirtschaftsdienste VWD www.vwd.de
- ABC New Media www.finanznachrichten.de

Kurse, Kurse, Kurse

Vor allem die Seiten der Direktbanken und Discounter bieten fast alles, was das Herz des Aktienanlegers begehrt. Die meisten Informationen, die dort zu finden sind, dienen dazu, die Kunden bei ihren Anlageentscheidungen zu unterstützen. Doch auch Nichtkunden werden in der Fülle der Daten fündig. Dazu sind die Börsen selbst im Internet mit Kursen und Informationen präsent (→ Service, Seite 186). Und nicht zuletzt sind auch die klassischen Nachrichtenagenturen im Netz vertreten, auf deren Seiten stets das Aktuellste aus Wirtschaft und Politik zu finden ist. Dazu kommen Finanzdienstleister wie Banken und Anbieter, die sich auf spezielle Anlageprodukte wie Investmentfonds oder Optionsscheine spezialisiert haben, und die Betreiber sogenannter Finanzportale, die ihre Seite ausschließlich dem Thema Geld und Börse widmen.

Echtzeitkurse: *In der Börsensprache werden Echtzeitkurse auch Realtime-Kurse genannt.*
Investorrelations *(engl.): die „Beziehungspflege" eines Unternehmens zu Investoren und Aktionären*

Zwischen den einzelnen Seiten gibt es gravierende Unterschiede in puncto Aktualität und Umfang der angebotenen Daten. So sind beispielsweise die Daten auf einigen Seiten schlichtweg unbrauchbar, weil sie nicht laufend aktualisiert werden. Einzelne Adressen überzeugen durch Nutzerfreundlichkeit, auf anderen Seiten wiederum droht sich der Besucher zu verlaufen. Und nicht zuletzt ist die Frage ein Kriterium, ob die angebotenen Informationen kostenlos zur Verfügung stehen oder – zumindest in Teilen – nur gegen Entgelt zu haben sind. So werden in der Regel Aktienkurse und selbst die meisten Indexstände nur mit einer Verzögerung von 15 Minuten ins Netz gestellt. Zugriff auf **Echtzeitkurse** bekommen nur Kunden (im Fall der Direktban-ken) oder zahlende Besucher. Dabei ist seit einigen Jahren zu beobachten, dass die Anbieter kostenfreie Informationen durch immer mehr – lästige – Werbung finanzieren. Für „frische" Inhalte versuchen sie dagegen zunehmend, die Nutzer zur Kasse zu bitten.

Beachtenswert ist, dass annähernd jedes börsennotierte Unternehmen mit einer eigenen Homepage im Internet vertreten ist und so bei den Anlegern Werbung in eigener Sache, auch **Investorrelations** genannt, betreiben kann. So ist es beispielsweise üblich, dass die jüngsten Geschäfts- und Quartalsberichte auf der Seite zum Herunterladen bereitliegen. Dazu kann der Netzbesucher oft auch zusätzliche Informationen wie das Unternehmens-

Eine gute Seite erhält die Freundschaft

Diese Punkte sollte eine gut gemachte Investorrelations-Seite enthalten, damit Anleger und Analysten (→ Seite 60) alles Wissenswerte finden.

- Auf der Unternehmens-Homepage haben die Investorrelations (IR) eine eigene Unterseite, die über das Menü direkt angesteuert werden kann
- Unternehmensprofil und -präsentation
- Aktueller Kurs der Aktie und Chart
- Geschäfts- und Quartalsberichte liegen vollständig zum Download bereit.
- Finanzkalender mit Terminen für Hauptversammlung, Geschäftsberichte
- Archivierung der letzten Ad-hoc-Meldungen (→ Seite 56)
- Namentliche Vorstellung von Management und Aufsichtsrat (→ Seite 91)
- Archiv mit Pressemitteilungen der vergangenen Monate
- Hinweise auf Art und Umfang bestimmter Selbstverpflichtungen wie beispielsweise den Corporate-Governance-Kodex (→ Seite 128)
- Hinweise und gegebenenfalls Links zu Bankstudien, die die eigenen Aktien betreffen
- Newsletter per E-Mail-Versand

Quelle: Deutsches Aktieninstitut

TIPP

Seien Sie kritisch, wenn Sie das Internet für Ihre Informationsbeschaffung nutzen! Fragen Sie nach und überprüfen Sie Informationen, die Sie in Diskussionsforen und Chatrooms zu einzelnen Aktien aufschnappen!

profil (→ Seite 169 ff.) und den Termin der nächsten Hauptversammlung (→ Seite 92) abrufen. Allerdings ist zu beobachten, dass so manche Gesellschaft Anleger und Aktionäre bei der Gestaltung ihrer Homepage etwas stiefmütterlich behandelt.

Vorsicht in Chatrooms und Diskussionsforen

Vorsicht im Internet ist angebracht bei E-Mails und bei Chatrooms oder Diskussionsforen, in denen man sich mit Gleichgesinnten austauschen kann. Solche „Kommunikationsbörsen" mögen bei bestimmten Themen durchaus sinnvoll sein. Beim Thema Aktienanlage machen jedoch Gerüchte und Spekulationen nahezu ungehemmt die Runde – und nicht jeder Autor eines Beitrags, der dort veröffentlicht wird, hat ehrenhafte Absichten. So gibt es immer wieder Versuche, mit per E-Mail versendeten Halbwahrheiten und Lügen die Kurse einzelner Aktien, in die der Absender vorher ein- oder aus denen er ausgestiegen ist, gezielt „hoch"- beziehungsweise „tief"zureden.

Ein paar besonders dreiste Vorfälle, bei denen Anleger um Millionen geprellt wurden, sorgten vor ein paar Jahren in den USA für Aufsehen und Diskussionen. Dabei sind für diese Methode, die die Fachleute **humping and dumping** nennen, besonders wenig liquide Aktien von kleinen Unternehmen geeignet. Bei diesen Titeln reicht bereits eine geringe Nachfrage aus, um die Notierung nach oben zu bewegen. Solche Manipulationen sind in Deutschland – ebenso wie in den USA, wo die Börsenaufsicht SEC mit drakonischen Strafen gegen die Initiatoren vorgeht – verboten. Doch bis der Schwindel auffliegt und die Kurse der entsprechenden Papiere sturzartig in sich zusammenfallen, haben die Täter ihre Anteile oft schon längst wieder verkauft und ihre elektronischen Spuren im Netz verwischt.

Humping and dumping *(engl.): aufpumpen und abstoßen*
Scalping *(engl.): „Den Anlegern das Fell über die Ohren ziehen".*

Allerdings: Diese Methode funktioniert nicht zuletzt deshalb immer wieder, weil es Anleger gibt, die jeden Tipp ungeprüft aufnehmen und danach handeln. Das gilt im Übrigen auch für missbräuchliche Aktienempfehlungen von Börsengurus und Finanzjournalisten, das sogenannte **Scalping**.

Das Prinzip bei dieser Masche: Der Herausgeber eines Börsenbriefs oder ein Fondsmanager kauft vorher genau die Papiere, die er hinterher in den Medien empfiehlt. Steigen daraufhin viele Anleger in die Aktie ein und der Kurs steigt, kann der Tippgeber seinen Gewinn einstreichen.

Videotext

Fast jeder Fernseher kann einen Datendienst empfangen: Videotext. Die großen TV-Anstalten bieten darin Finanz- und Wirtschaftsnachrichten sowie zeitnahe Kurse zu Aktien, Investmentfonds und Zertifikaten, die per Fernbedienung über einen Nummerncode abgefragt werden können. Zwar kann Videotext in Sachen grafischer Darstellung zum Beispiel dem Internet nicht das Wasser reichen. Doch seinen Zweck, Nachrichten und Kursinformationen zum Nachlesen zur Verfügung zu stellen, erfüllt er auf jeden Fall.

Radio und TV

Letztendlich dürfen das gute alte Radio und der Fernseher nicht vergessen werden. Auch hier hat die Berichterstattung über das Thema Geldanlage und Börse in den vergangenen Jahren deutlich mehr Raum bekommen. Reine Nachrichtensender wie n-tv und N-24 berichten täglich mehrfach live vom Geschehen an der Frankfurter Börse. Spezialist für das Wirtschafts- und Börsengeschehen ist Bloomberg TV.

In puncto Schnelligkeit können es Radio und TV mit dem Internet jederzeit aufnehmen. Ihr Schwachpunkt ist allerdings die Nutzerfreundlichkeit. Die gesendeten Informationen kann der Anleger vor dem Bildschirm oder Lautsprecher in der Kürze der Zeit oftmals nur zu einem Bruchteil aufnehmen und verarbeiten. Dennoch: Um beispielsweise auf eine gute Investmentidee oder ein neues Unternehmen aufmerksam zu werden, taugen die vielen Wirtschafts- und Börsensendungen allemal.

Unternehmensinformationen: Eine Pflichtlektüre

Auch wenn die meisten Medien weitgehend objektiv berichten: Kein Anleger, der Aktien eines bestimmten Unternehmens kaufen möchte, sollte sich nur mit Informationen aus zweiter und dritter Hand zufriedengeben. Letztlich basieren alle Berichte und Meldungen zu einem wesentlichen Teil auf Daten, die von den jeweiligen Unternehmen selbst zusammengestellt und an die Öffentlichkeit gegeben werden. Was für professionelle Anleger, zum Beispiel Fondsmanager, zur täglichen Arbeit gehört, sollten deshalb auch Privatanleger praktizieren: Anlagerelevante Informationen direkt bei der jeweiligen Gesellschaft – an der Quelle also – anzufordern. Mit der Zulassung zum Börsenhandel übernimmt jeder Emittent zusätzlich zu den gesetzlichen Publizitätsvorschriften von der Börsenverwaltung festgelegte Informationspflichten (→ Seite 110 ff.). Durch eine regelmäßige Berichterstattung soll sichergestellt werden, dass Aktionäre, aber auch potenzielle Anleger jederzeit einen Einblick in die aktuelle Lage eines Unternehmens bekommen können.

Operatives Geschäft: *ist die gewöhnliche Geschäftstätigkeit eines Unternehmens. Ein operativer Verlust, beziehungsweise Gewinn ergibt sich vereinfacht gesagt aus dem (Jahres-) Ergebnis der gewöhnlichen Geschäftstätigkeit, bereinigt um Sondereinflüsse und reine Bilanzumbuchungen.*

Der Geschäftsbericht

Ein zentraler Punkt der Publizitätspflichten ist die Veröffentlichung des jährlichen Geschäftsberichts. Auch wenn die Lektüre dieser teilweise Katalogstärke erreichenden Unterlage mitunter etwas trocken erscheint: Es lohnt sich, sie zu studieren, denn darin finden Interessierte die Angaben, wie sich Umsätze, Erträge und Kosten des Unternehmens entwickelt haben. Das Management ist auch verpflichtet, darin etwas zur Lage, insbesondere zu den Risiken für das Unternehmen zu sagen, und einen Ausblick für das bereits angelaufene Geschäftsjahr zu geben. Zum Geschäftsbericht gehört ein Anhang mit ausführlichen Erläuterungen zu einzelnen Angaben in der Bilanz und in der Gewinn-und-Verlust-Rechnung. Vor allem Bilanzprofis beginnen hier zu lesen. Dazu enthält die Unterlage eine Reihe von Zusatzinformationen, die für Anleger von Nutzen sind – zum Beispiel, inwieweit das Management die Vorgaben des Corporate-Governance-Kodex (→ Seite 128) einhält, aber auch Angaben über die Aktienkursentwicklung, zur Unternehmensphilosophie und zum Produktprogramm.

Leitfaden im Zahlendschungel der Geschäftsberichte

Die erste Regel bei der Lektüre der Geschäftsberichte lautet: Nie nur das Exemplar eines Jahres lesen, sondern mehrere zusammenhängende Perioden betrachten.

Auf diese Weise lässt sich erkennen, ob bei bestimmten Bilanzpositionen plötzlich starke Veränderungen auftreten, ohne dass die Unternehmensleitung dafür eine Erklärung gibt. Ein schlechtes Zeichen ist beispielsweise, wenn der Umsatz steigt, der Rohgewinn aber gleichzeitig fällt. Genauso sind plötzliche Ergebnissprünge ohne erkennbaren Grund ein Anlass, genauer in die Gewinn-und-Verlust-Rechnung hineinzuschauen. Sie rühren manchmal daher, dass Kosten verschoben und Gewinne aus „kosmetischen" Gründen vorgezogen werden. Der der Öffentlichkeit präsentierte Jahresüberschuss sagt – im Gegensatz zum Betriebsergebnis – daher so gut wie nichts über die tatsächliche Geschäftslage des Unternehmens aus. Denn das Jahresergebnis kann der Buchhalter fast nach Belieben verändern.

Sehr flexibel ist beispielsweise der Posten „sonstige Erträge". Durch die Realisierung von Buchgewinnen und stillen Reserven kann der Buchhalter damit das Ergebnis über die Nulllinie hieven, auch wenn das Unternehmen im **operativen Geschäft** Verluste macht. Wie das geht? Ganz einfach. Ein solcher Buchgewinn entsteht, wenn beispielsweise ein Grundstück zu einem weit höheren Preis verkauft wird, als er in der Bilanz steht. Dazu reicht es, den Grund und Boden einfach an eine Tochtergesellschaft zu veräußern.

Gerne werden von den Bilanzprofis auch sogenannte Pro-forma-Zahlen verwendet. Dabei blenden sie außerordentliche, das heißt, einmalige Einflüsse auf den Jahresgewinn aus, um ein kontinuierliches, mit den

Nur bedingte Transparenz

Der Wust von Zahlen dürfte allerdings jeden, der nicht über betriebswirtschaftliche Grundkenntnisse verfügt, am Anfang hoffnungslos überfordern. Ein schwacher Trost mag dabei sein, dass sich an der detaillierten Analyse von Bilanzen ganze Heerscharen von Experten abarbeiten – um am Ende doch nicht alles herauszufinden, was sie wissen wollen. Bilanzen haben nämlich zwei grundlegende Schwachstellen: Zum einen betreffen die darin enthaltenen Zahlen und Daten das zurückliegende Geschäftsjahr, womit der Geschäftsbericht, wenn er vorgelegt wird, an der Börse bereits als veraltet gilt. Zum Zweiten enthalten sie nicht immer die ganze Wahrheit. Der Finanzvorstand kann nämlich mit einer Reihe legaler Kniffe und Tricks das Unternehmen nach außen hin reicher oder ärmer rechnen, als es tatsächlich der Fall ist. Experten sprechen in diesem Zusammenhang auch von Bilanzpolitik. Dazu gehört zum Beispiel, einzelne Vermögensgegenstände, etwa ein Grundstück, zu einem viel niedrigeren Preis in der Bilanz anzusetzen, als es tatsächlich wert ist. Der Finanzvorstand darf allerdings nicht alle seine

Vorjahren vergleichbares Ergebnis zu präsentieren. Problem: Es gibt kein einheitliches Schema für die Ermittlung der Pro-forma-Zahlen. Mit anderen Worten: Der Bilanzbuchhalter hat auch hier seine Gestaltungsspielräume.

Möglich ist auch, die Bilanzierungs- und Bewertungsmethoden zu wechseln – beispielsweise indem die Abschreibungsmethode für den Maschinenpark geändert wird. Der Anhang muss dann allerdings Aufschluss darüber geben. Dort findet sich auch die sogenannte Kapitalflussrechnung, mit deren Hilfe der externe Leser erkennen kann, ob und wie gut ein Unternehmen seinen Zahlungsverpflichtungen nachgekommen ist.

Größte Vorsicht ist dagegen bei immateriellen Vermögensgegenständen wie etwa Lizenzen oder Markennamen angebracht, deren Wertansätze vergleichsweise willkürlich erfolgen. Ein kritischer Blick sollte auch den „Firmenwerten" auf der Aktivseite der Bilanz gelten. Je höher dieser Bilanzposten ist, desto gravierender sind unter Umständen die Folgen für das Ergebnis. Denn der Goodwill, wie die Firmenwerte auch genannt werden, muss den neuen Bilanzregeln IAS zufolge (→ Seite 55) regelmäßig einem Werthaltigkeitstest unterzogen und gegebenenfalls abgeschrieben werden. Goodwill entsteht im Rahmen von Firmenkäufen, und zwar dann, wenn der Kaufpreis den bilanziellen Wert des Eigenkapitals des aufgekauften Unternehmens übersteigt – was fast immer der Fall ist. Der Verkäufer möchte schließlich auch immaterielle Werte wie seine Kundenkartei und seinen guten Namen bezahlt bekommen – Dinge, die in der Bilanz nirgendwo auftauchen.

Bilanzkniffe für sich behalten, sondern muss entsprechende Hinweise im Anhang machen.

Trau, schau, wem!

Dass gesetzlich erlaubte Gestaltungsspielräume bestehen, heißt jedoch nicht, dass die Unternehmen in ihrem Zahlenwerk reine Luftbuchungen vornehmen und mit Fantasiezahlen operieren dürfen, denn die Finanzmärkte und Anleger sind auf seriöse und zuverlässige Informationen von den Emittenten angewiesen. Aus diesem Grund werden die Unternehmensbilanzen auch von einem unabhängigen Wirtschaftsprüfer unter die Lupe genommen und testiert, das heißt, abgenommen, wenn alles in Ordnung ist. In den vergangenen Jahren haben allerdings Dutzende Bilanzskandale die Finanzwelt in den USA (→ Kasten unten), aber auch in Deutschland erschüttert. Dies zeigt, dass bei der Arbeit der Wirtschaftsprüfer ein gewisses Maß an Misstrauen angebracht ist.

Der Informationswert der Geschäftsberichte hat sich nach Ansicht von Experten in den vergangenen Jahren übrigens deutlich verbessert. Vielfach bemängeln sie jedoch, dass eine gut formulierte Zusammenfassung für den schnellen Leser und eine klare Struktur, in der sich auch Laien gut zurechtfinden, fehlen.

Die Folgen von Enron & Co. – Bilanzskandale made in USA

Als Ende 2001 das US-Unternehmen Enron von heute auf morgen vor der Pleite stand, war das mehr als nur eine Meldung. Denn Enron war keine x-beliebige 2-Mann-Hinterhoffirma, sondern ein Energiehandelskonzern, der zu seinen Glanzzeiten rund 20 000 Mitarbeiter beschäftigte und über 100 Milliarden Dollar Umsatz machte. Der Skandal war perfekt, nachdem Stück für Stück herauskam, dass Enron seine Aktionäre und die Börse mithilfe der Wirtschaftsprüfer jahrelang mit frisierten Bilanzen vorsätzlich getäuscht hatte. Als auch andere bekannte Großkonzerne zweifelhafte Bilanzpraktiken eingestanden, machte an den Finanzmärkten das Schlagwort von der „Enronitis" die Runde. Schon bald misstrauten die Börsianer auch integren Unternehmensvorständen, weil sie überall weitere Bilanzbetrügereien vermuteten. Nach der Rekordpleite des US-Telekommunikationsunternehmens Worldcom, das im Juni 2002 Falschbuchungen in Höhe von 3,85 Milliarden Dollar (!) zugab, erließ die amerikanische Regierung deutlich schärfere Gesetze, um das Vertrauen der Anleger wiederherzustellen. So sind die an den US-Börsen gelisteten Unternehmen gegenüber der Börsenaufsicht zu viel mehr Offenheit verpflichtet als etwa in Deutschland.

In den sogenannten SEC-Fillings (online abrufbar unter www.sec.gov) müssen sie beispielsweise klar und auch für Nicht-Fachleute verständlich weit mehr Informationen geben als in ihren Bilanzen und Quartalsberichten und dabei alle Karten auf den Tisch legen.

Trotz der genannten Einschränkungen sollten die Bedeutung und die Aussagekraft des Geschäftsberichts beziehungsweise der Bilanz und Gewinn-und-Verlust-Rechnung nicht gering geschätzt werden. Für Aktienexperten sind diese Unterlagen die zentralen Hilfsmittel im Rahmen der fundamentalen Aktienanalyse (→ Seite 119 ff.).

Die Quartalsberichte

Neben dem jährlich erstellten Geschäftsbericht verlangt die Deutsche Börse von den Mitgliedsunternehmen in den Dax-Indizes (→ Seite 81) und von den Gesellschaften im Prime-Standard (→ Seite 110) eine laufende Quartalsberichterstattung, wie sie auf internationaler Ebene mittlerweile üblich ist. Sinn und Zweck dieser vierteljährlichen Reports ist, dass Anleger und Aktionäre nicht bis zum Ende des Geschäftsjahrs warten müssen, ehe sie offiziell über den Geschäftsverlauf des jeweiligen Unternehmens informiert werden. Allzu heftigen Spekulationen und substanzlosen Gerüchten wird dadurch so weit wie möglich der Boden entzogen. Denn bei der Frage, wie angemessen der aktuelle Aktienkurs im Verhältnis zur tatsächlichen Geschäftsentwicklung ist, können die Anleger stets auf zeitnahe Daten zurück-

Auch in Deutschland hat die Politik auf diese Entwicklung reagiert und per Gesetz eine private „Bilanz-Polizei“ installiert, die die Unternehmensabschlüsse prüft, wenn es Anhaltspunkte für Unregelmäßigkeiten gibt. Eine Änderung kommt auf jeden Fall: Damit sich die Geschäftsberichte der EU-Unternehmen untereinander besser vergleichen lassen, sind alle deutschen börsennotierten Gesellschaften seit 2005 verpflichtet, ihre Bilanz nach einem **I**nternational **F**inancial **R**eporting **S**tandard (IFRS) aufzustellen. Für die im Prime-Standard (→ Seite 110) gelisteten Gesellschaften ändert sich durch die neue Regelung allerdings nicht viel. Sie sind ohnehin verpflichtet, ihre Zahlen wahlweise nach internationalen Bilanzierungsstandards **IFRS/IAS** (**I**nternational **A**ccounting **S**tandards) oder US-amerikanischen Regeln (**G**enerally **A**ccepted **A**ccounting **P**rinciples – US-**GAAP**) zu erstellen. Beide Methoden gelten nach Einschätzung von Experten als aussagekräftiger und anlegerfreundlicher als die Abschlüsse nach dem deutschen Handelsgesetzbuch (HGB). Der Unterschied liegt dabei in vielen Details. Wichtig für Privatanleger ist vor allem, dass sich mit jeder Umstellung viele Bilanzposten und damit auch bilanzielle Kennzahlen (→ Seite 120) ändern. So kann sich das Jahresergebnis unter Umständen vom entsprechenden Vorjahr deutlich unterscheiden, ohne dass sich an der Geschäftslage des Unternehmens substanziell etwas geändert haben muss.

greifen. Die regelmäßig wiederkehrenden Termine für die Publikation von Quartalsberichten vor allem der großen, in wichtigen Indizes gelisteten Unternehmen werden deshalb an den Aktienmärkten stark beachtet.

Der Nachteil ist allerdings, dass die Quartalsberichterstattung bei vielen Anlegern – und auch bei den jeweiligen Managern – zu einem sehr kurzfristigen Denken führt – ungeachtet der Tatsache, dass das Geschäft zahlreicher Unternehmen im Jahresverlauf saisonalen Schwankungen unterliegt. Eine solche Zyklik muss daher bei der Interpretation der Quartalsberichte berücksichtigt werden.

Der Ausblick ist entscheidend

Besondere Aufmerksamkeit richten Anleger und Analysten bei der Vorlage der Vierteljahreszahlen auf den Ausblick, den die Geschäftsführung auf den weiteren Verlauf des Geschäftsjahrs gibt. Mittlerweile gehört es bei vielen börsennotierten Unternehmen zum Standard, dass das Management am Anfang des Jahres Angaben zu seinen Zielplanungen macht. In den Quartalsberichten wird dann darüber berichtet, wie genau diese Planungen eingehalten wurden.

Zeichnet sich ab, dass die gesteckten Ziele – vor allem das in Aussicht gestellte Unternehmensergebnis – nicht erreicht werden, ist es üblich, dass die Unternehmensverwaltung mit dem Quartalsbericht eine sogenannte Gewinnwarnung herausgibt. Dies dient der Fairness gegenüber den Anlegern, die so ihre Anlageentscheidung überdenken und sich gegebenenfalls von dem Papier trennen können.

> Ad-hoc-Meldungen im Internet finden sich unter anderem auf der Seite der Deutschen Börse www. deutsche-boerse.de, Menüpunkt „Investor Relations“, „Aktuelles“, der Deutschen Gesellschaft für Ad-hoc-Publizität www.dgap.de und der Nachrichtenagentur VWD www.vwd.de, Menüpunkt „Nachrichten“, Untermenüpunkt „Ad-hoc-News“.

Ad-hoc-Publizität

Damit alle Aktionäre und außenstehenden Anleger eine faire Chance haben, auf neue Entwicklungen bei einem Unternehmen zu reagieren, sind alle im amtlichen Handel und dem geregelten Markt (→ Seite 109) gelisteten Gesellschaften nach dem Wertpapierhandelsgesetz (WpHG) verpflichtet, ihre Jahres- und Quartalsberichte und andere kursbewegende Ereignisse unverzüglich (ad hoc) dem breiten Anlegerpublikum bekanntzumachen. Zu solchen kursrelevanten Meldungen gehören neben den regelmäßigen Geschäftszahlen zum Beispiel Veräußerungen von Kernbereichen des Unternehmens, Übernahmeangebote (→ Seite 112), Kapitalmaßnahmen (→ Seite 96), aber auch die drohende Illiquidität und Überschuldung des Unternehmens. Diese Verpflichtung dient dem allgemeinen Schutz der Anleger, denn auf diese Weise soll verhindert werden, dass frühzeitig Eingeweihte, die

TIPP

Wirklich von Nutzen sind **Ad-hoc-Mitteilungen** erst dann, wenn Sie dafür das Internet als Medium nutzen. Wer die Mitteilung erst am nächsten Tag aus der Zeitung erfährt, kann kaum noch darauf reagieren, weil der Kurseffekt bereits am Vortag vorweggenommen wurde – es sei denn, die Mitteilung wurde nach dem offiziellen Börsenschluss bekannt.

sogenannten Insider (→ Seite 58), aus ihrem Wissensvorsprung Kapital schlagen können. Ad-hoc-Mitteilungen muss der Emittent, bevor er sie ins Internet stellt, der Börsenverwaltung und der Bundesanstalt für Finanzdienstleistungsaufsicht (Bafin) vorlegen. Die Behörde kann, wenn nötig, für eine bestimmte Zeit die Kursfeststellung aussetzen, damit ein ordnungsgemäßer Handel und eine faire Kursfeststellung für alle Anleger gewährleistet bleibt und Insidergeschäfte verhindert werden.

Aus Sünden der Vergangenheit gelernt

Die Öffentlichkeitswirkung der Ad-hoc-Meldungen, die grundsätzlich über alle großen Nachrichtenagenturen laufen, ist hoch. Damit die Emittenten diesen Tatbestand nicht wie zu Zeiten des Börsenbooms vor ein paar Jahren nutzen, um mit einer Flut von letztlich nichtssagenden und verworrenen Mitteilungen die Aufmerksamkeit der Investoren auf sich zu ziehen, gibt es für die Eilnachrichten einige Regeln: So unterliegen nicht kursrelevante Meldungen ausdrücklich einem Veröffentlichungsverbot. Dazu sind die Emittenten verpflichtet, in ihren Ad-hocs nur „im Geschäftsverkehr übliche" und vergleichbare Zahlen zu verwenden.

Deutlich schwieriger ist für die Bafin (→ Seite 42 ff.), die für die Einhaltung der Ad-hoc-Publizitätsregeln zuständig ist, ein anderer Nachweis: Dass das Management eines Unternehmens die geschäftliche Situation durch blumige Formulierungen und Fantasiekennzahlen zu beschönigen versucht oder glattweg unwahre Meldungen in Umlauf gebracht hat, um den Kurs künstlich nach oben zu treiben beziehungsweise zu stützen. Aufträge können schließlich storniert, Umsatz- und Gewinnplanungen aufgrund veränderter Marktverhältnisse verfehlt werden – das kommt bei den renommiertesten Firmen vor. Mittlerweile gilt diese Art der Kursmanipulation in Deutschland als Straftatbestand, was die Verfolgungsmöglichkeiten der deutschen Finanzaufsicht verbessert hat. Anleger können außerdem, wenn ihnen aufgrund einer unrichtigen, unterlassenen oder verspäteten Veröffentlichung einer Ad-hoc-Mitteilung ein Schaden entstanden ist, nach einem höchstrichterlichen Urteil des Bundesgerichtshofs sogar Schadenersatz von den jeweiligen Mitgliedern der Unternehmensverwaltung (Manager, Aufsichtsräte etc.) verlangen, die für die falsche Ad-hoc-Meldung verantwortlich sind (Az. II ZR 217/03, 218/03 und 402/02).

Insider: Einige wissen mehr als der Rest

Es liegt auf der Hand, dass es in jeder Publikumsgesellschaft Personen gibt, die aufgrund ihrer Stellung oder ihrer Tätigkeit regelmäßig Zugriff auf vertrauliche und gleichzeitig kursrelevante Informationen haben. An erster Stelle sind dabei die Vorstands- und Aufsichtsratmitglieder zu nennen. Dazu kommen Großaktionäre, aber auch Steuerberater, Wirtschaftsprüfer und die Berater der Hausbank. Im Einzelfall kann es auch mal ein Wissenschaftler in der Forschungsabteilung sein, dessen bedeutende Erfindung oder Neuentwicklung Einfluss auf den Börsenkurs hat.

Diese Insider, wie sie genannt werden, könnten im Vorfeld eines kursbewegenden Ereignisses – etwa einer Übernahme – ihr Wissen potenziell zu Geld machen, indem sie die Aktien ihres Unternehmens kaufen beziehungsweise verkaufen, ehe die Neuigkeit offiziell bekanntgegeben wird und der Kurs darauf reagiert. In Deutschland ist dieses **Frontrunning**, wie in vielen anderen Ländern auch, gesetzlich verboten.

> **Frontrunning** *(engl.): vorweglaufen*

Das Wertpapierhandelsgesetz unterscheidet dabei zwischen Primärinsidern – im Wesentlichen die genannten Personen – und Sekundärinsidern. Das sind diejenigen Personen, die eher unabsichtlich Kenntnis von einer Insiderinformation bekommen. Etwa die Sekretärin, die zufällig ein vertrauliches Telefongespräch ihres Chefs mithört, oder der Taxifahrer, der seine Fahrgäste belauscht, können auf diese Weise zu Insidern werden.

Wem schaden Insidergeschäfte?

Insidergeschäfte schaden auf Dauer dem Ansehen eines Finanzplatzes. Schließlich muss das Gros der Anleger fürchten, keine faire Chance bei den eigenen Aktiengeschäften zu haben, weil ihnen stets jemand zuvorkommt.

Dennoch ist vor allem im Vorfeld von Übernahmen (→ Seite 112) immer wieder zu beobachten, dass es bei den betroffenen Unternehmen zu sprunghaften Kursbewegungen kommt. Zwar werden solche „Auffälligkeiten" von der Bundesanstalt für Finanzdienstleistungsaufsicht (→ Seite 42 ff.) geprüft. Doch deren Erfolgsbilanz fällt bislang dürftig aus, weil es nach der aktuellen Gesetzeslage nur selten gelingt, Insidern einen Verstoß gegen die geltenden Regeln wasserdicht nachzuweisen. Nach dem Willen der Bundesregierung soll allerdings die Insiderregelung im Sinne des Anlegerschutzes in der Weise verbessert werden, dass in Zukunft bereits der Versuch eines Insidergeschäfts strafbar ist.

Karten auf den Tisch

Gewahrt werden soll die Chancengleichheit der Anleger auch durch die Meldepflichten, denen in Deutschland Vorstände, Aufsichtsräte, deren Ehe- oder Lebenspartner und Verwandte ersten Grades unterworfen sind. Diese Personen müssen ihre legalen, das heißt, abseits von irgendwelchen kursbewegenden Tatsachen stattfindenden Geschäfte mit Aktien des eigenen Unternehmens, die sogenannten Directors Dealings, öffentlich bekannt machen. Diese Pflicht besteht, wenn sie innerhalb von 30 Tagen Aktien im Gesamtwert von 25 000 Euro und mehr kaufen oder verkaufen. Allerdings kann auch die Behörde ohne begründeten Verdacht nicht verlässlich prüfen, ob und wann die Betroffenen Geschäfte abschließen, die sie zu einer Meldung verpflichten, da die Aufsichtsbehörde keine individuelle Konteneinsicht hat. Zudem gilt die Pflicht nur für natürliche, nicht aber für juristische Personen wie etwa eine GmbH, bei der ein Großaktionär sein Aktienpaket, etwa aus steuerlichen Gründen, parken könnte. Auch aus dem Unternehmen ausgeschiedene Manager müssen, wenn sie danach Anteile ihres ehemaligen Arbeitgebers verkaufen, diese Transaktionen nicht melden.

Aktionärsschützer fordern daher eine Regelung, wie sie in den USA gilt. Dort müssen alle Käufe und Verkäufe vorher bekanntgegeben werden. Effekt: Der Markt kann bereits auf die Ankündigung reagieren. Zudem verfolgt die US-Aufsicht akribisch jedes Geschäft nach. Schummeln ist für Insider im Land der unbegrenzten Möglichkeiten also kaum möglich.

Zu den Insidergeschäften unterhält die Bafin im Internet eine Datenbank, die unter www.bafin.de/database/DealingsInfo/ (oder www.bafin.de, Menüpunkt „Presse und Publikationen“, „Statistiken“) aufgerufen werden kann. Eine gutgemachte Datenbank eines privaten Betreibers zum Thema Directors Dealings finden Sie unter www.insiderdaten.de.

Von Insidergeschäften profitieren

Insidergeschäfte gelten, wenn sie unbemerkt ablaufen, vollkommen zu Recht als etwas, vor dem die Allgemeinheit an der Börse geschützt werden muss. Anleger können aber von den ganz legalen Transaktionen der Vorstände und Aufsichtsräte profitieren. Wenn diese Personen ihr privates Geld in die eigene Gesellschaft investieren, ist davon auszugehen, dass sie vom unternehmerischen Erfolg „ihrer“ Gesellschaft überzeugt sind und der Kurs dies nicht hinreichend widerspiegelt. Steigen dagegen Management oder Großaktionäre im großen Stil aus, ist das oftmals ein Zeichen dafür, dass es mit den Geschäften nicht so gut bestellt ist oder dass die Insider ihre Firma an der Börse angesichts der tatsächlichen Lage zumindest für überbewertet halten – und sie müssen es schließlich wissen.

Unternehmen, bei denen das Management große Pakete eigener Aktien ordert, verdienen somit einen genaueren Blick, da sie offensichtlich Kurschancen versprechen.

Dagegen sollten Gesellschaften, deren Anteile von den jeweiligen Vorständen verschmäht oder gar abgestoßen werden, aus dem eigenen Depot geworfen oder von der Kaufliste gestrichen werden.

In den USA gehen professionelle Anleger wie etwa Fondsmanager mit dieser Methode regelmäßig auf Renditejagd. Zumindest gelten Zahl und Umfang der Insidertransaktion als ein guter Indikator dafür, ob ein Aufschwung am Aktienmarkt noch weiteres Potenzial besitzt oder die Notierungen ausgereizt sind und schon bald der Absturz droht. Allerdings werden jenseits des großen Teichs die Directors Dealings auch lückenlos erfasst und jedermann zugänglich gemacht.

Bankstudien und -analysen: Rat mit Tücken

Bei ihren Anlageentscheidungen sind Privatanleger nicht nur auf sich selbst gestellt. Fast jede große Bank und die auf das Wertpapiergeschäft spezialisierten Broker und Investmenthäuser beschäftigen ein Heer von Experten, das regelmäßig Analysen und Reports erstellt, in denen die Fachleute einzelne Unternehmen, Branchen und Märkte aus Anlegersicht unter die Lupe nehmen und Empfehlungen dazu aussprechen. Vor allem bei Studien zu einzelnen Aktien ist es üblich, dass die Analysten am Ende eine klare Empfehlung abgeben. Diese Berichte sind bei Anlegern begehrt, Tageszeitungen und Börsenmagazine berichten regelmäßig darüber.

Schlechte Bilanz

Doch ähnlich wie bei den Börsenbriefen (→ Seite 47) ist auch bei den Tipps der Analysten aus einer Reihe von Gründen Skepsis angebracht. So zeigen viele Fehleinschätzungen, dass auch die Anlageprofis letztlich nur mit Wasser kochen. Unabhängigen Untersuchungen zufolge liegt die Wahrscheinlichkeit, dass sich die Prognose der Analysten als zutreffend erweist, nicht besser als bei absoluten Börsenlaien. Dies liegt zum einen daran, dass die Bankexperten in ihren Einschätzungen der Marktentwicklung hinterherlaufen: Wenn die Kurse bereits stark gestiegen sind, raten sie oftmals zum Einstieg, während sich umgekehrt ihre Verkaufsempfehlungen erst dann häufen, wenn die Notierungen sich bereits im freien Fall befinden.

Dazu erweisen sich die meisten Analysten als notorische Berufsoptimisten, die im Durchschnitt zu eher positiven Urteilen neigen. Ein psychologischer Grund dafür ist, dass negative Empfehlungen naturgemäß von den betroffenen Unternehmen und den Anlegern viel kritischer wahrgenommen werden als Kaufvorschläge. Der Analyst muss also damit rechnen, dass er eine Verkaufsempfehlung besonders überzeugend rechtfertigen können muss.

Sachzwänge und Interessenkonflikte

Als wesentlich entscheidender für die zu selten abgegebenen Verkaufsempfehlungen gelten jedoch die massiven Interessenkonflikte, denen Analysten ausgeliefert sind. Die Studien und Reports, die sie erstellen, sind genau betrachtet nichts anderes als eine Art Werbemittel, mit dem die jeweilige Bank neue Kunden und Anlagegelder ins Haus holen will. Mit Negativurteilen ist das kaum zu erreichen. Dazu muss das jeweilige Institut bei einer Negativaussage damit rechnen, einen potenten Kunden, nämlich den jeweiligen Emittenten, zu verlieren, an dem es weitaus mehr verdienen kann als mit den Provisionen im Anlagegeschäft.

Noch gravierender ist der Konflikt, wenn die jeweilige Bank gleichzeitig auch noch Kredite in größerem Ausmaß an das betreffende Unternehmen vergeben hat oder gar dessen Großaktionär ist.

Dass von Unabhängigkeit und Objektivität bei den hauseigenen Experten keine Rede sein kann, wurde auch der breiten Öffentlichkeit spätestens mit einer Reihe von Skandalen bewusst, die im Jahre 2002 in den USA bekannt wurde. Dort hatten Analysten auf Geheiß ihrer Vorgesetzten „Gefälligkeitsurteile" in ihren Studien vergeben, damit ihr Arbeitgeber lukrative Geschäfte mit den jeweiligen Unternehmen an Land ziehen konnte. Mehr noch: Einige angesehene Profis lobten nach außen hin Aktien, die sie intern als „Müll" bezeichneten, und in manchen Fällen übernahmen sie zusätzlich zu ihrer Tätigkeit in der Bank ein Beratungsmandat bei Unternehmen, die sie dann „analysierten". Als Folge dieser Missstände sind Banken und andere Finanzdienstleister in Deutschland, ähnlich wie auch in den USA und Frankreich, gesetzlich verpflichtet, auf mögliche Interessenkonflikte zu verweisen – etwa, ob sie am Börsengang des bewerteten Unternehmens beteiligt waren oder Anteile am Unternehmen halten.

Letzteres gilt auch, wenn die Bank die Aktien nur im kurzfristigen Handelsbestand hält. Die deutsche Finanzaufsicht verlangt sogar, dass die Analysten nicht nur in ihren Studien, sondern auch bei öffentlichen Auftritten, beispielsweise in einer TV-Sendung, auf diese Abhängigkeiten hinweisen.

Die gängigsten Analystenurteile und ihre Bedeutung

Einschätzung in der Analyse	Bedeutung für private Anleger
Starker Kauf/ Strong buy/Key buy	Absolute Kaufempfehlung, das Papier muss man haben.
Kaufen/buy	Dem Papier wird ein überdurchschnittlicher Kursanstieg zugetraut, der Einstieg lohnt.
Zukaufen/ akkumulieren/add	Das Papier wird etwas besser als der Markt laufen, zukaufen kann sich lohnen, ist aber kein Muss.
Halten/hold	Papier lohnt nicht den Neueinstieg, verkappte Verkaufsempfehlung.
Reduzieren/reduce	Aktienposition abbauen.
Verkaufen/sell	Papier unbedingt meiden bzw. aus dem Depot nehmen.
Neutral	Zu dem Papier hat die Bank keine Meinung.
Outperformer	Das Papier wird sich besser entwickeln als der jeweilige Gesamtmarkt.
Underperformer	Das Papier wird sich schlechter entwickeln als der jeweilige Gesamtmarkt.
Marketperformer	Das Papier wird sich in etwa wie der jeweilige Gesamtmarkt entwickeln.
Long-term buy	Interessant für Langfristanleger.
Übergewichten	Die Aktie ist kein unbedingter Kauf, sollte aber beobachtet werden.
Untergewichten	Die Aktie sollte eher verkauft werden.

Die Kodes der Analysten

Abseits dieser gesetzlichen Regelung haben viele Analysten ihre eigene Methode entwickelt, mit dem Dilemma umzugehen, in dem sie stecken: Sie verwenden in ihren Studien Urteilsformulierungen, die Raum für Interpretationen lassen.

Einschätzungen wie „kaufen", „halten" und „verkaufen" lassen eigentlich keinen Spielraum zu. „Untergewichten", „reduzieren" und „Bestände abbauen" ist dagegen sehr viel unverbindlicher. In der Praxis ist jedoch oft schon die eigentlich unverfängliche Herabstufung eines Wertes von zum Beispiel „kaufen" auf „neutral" oder „halten" nichts anderes als eine verkappte Verkaufsempfehlung, denn für Anleger, die vor dem Einstieg stehen, heißt das: Man muss das Papier nicht haben. Zudem kann die Kaufempfehlung von Bank A ganz anders gemeint sein als die von Bank B. Für die einen Analysten bedeutet die Einschätzung „kaufen" nach der hauseigenen Definition, dass sie mit einem Anstieg von mindestens zehn Prozent in den nächsten zwölf Monaten rechnen. Andere prognostizieren mit genau demselben Urteil ein Kurspotenzial von mindestens 20 Prozent in sechs Monaten.

Grundsätzlich verwenden die Banken zwei Arten von Empfehlungssystemen: Bei einem absoluten Urteil gibt die Bank oder der Analyst eine Prognose über das absolute Kurspoten-

TIPP

Als Privatanleger sollten Sie bei **Analystenberichten** nach dem Motto vorgehen: Nicht danach handeln, aber die Studien und Empfehlungen als nützliche Hintergrundinformationen betrachten, denn Daten und Fakten werden von den Experten in der Regel sehr sorgfältig zusammengetragen und analysiert. Darüber hinaus berichtet die Tagespresse regelmäßig über von unabhängigen Datenanbietern veröffentlichte Ranglisten, in denen Banken und Broker hinsichtlich der Treffsicherheit ihrer Prognosen und Empfehlungen bewertet und eingestuft werden.

zial einer Aktie ab – unabhängig von der Entwicklung des Gesamtmarkts. Wesentlich häufiger werden allerdings relative Bewertungssysteme verwendet. Sie enthalten eine Aussage darüber, wie sich die Aktie im Verhältnis zum Markt entwickeln wird – also zum Beispiel, ob das Papier besser oder schlechter läuft als der Dax (→ Seite 81 ff.). Gedacht sind solche relativen Systeme vor allem für institutionelle Bankkunden wie Versicherungen und Vermögensverwalter. Spricht eine Bank etwa eine „Übergewichten"-Empfehlung aus, bedeutet das vor allem: Sie rät, den Anteil dieser Aktie im Depot höher anzusetzen, als es ihrem Gewicht im entsprechenden Vergleichsindex entspricht. Für den privaten Anleger ist das wenig praktikabel, dennoch interpretiert er ein „übergewichten" häufig so, dass die Aktie dem Urteil der Analysten zufolge steigen wird.

Den Überblick behalten

Angesichts der Tatsache, dass der Kauf einer einzelnen Aktie ein vergleichsweise risikoreiches Investment ist, müssen sich Anleger vor dem Einstieg fragen, wie intensiv sie sich mit dem Geschehen rund um die Aktienbörse beschäftigen wollen beziehungsweise müssen. Eine pauschale Antwort darauf ist kaum möglich. Als Faustregel gilt jedoch: Je spekulativer und kleiner die im Depot versammelten Unternehmen sind, desto wichtiger ist es, ständig auf dem Laufenden zu bleiben und alle verfügbaren Nachrichtenquellen auszuwerten.

Pflichtprogramm abstecken

Zu den Hausaufgaben jedes Aktienanlegers gehört es, die aktuelle Berichterstattung über die internationalen Finanzmärkte zu verfolgen und die wichtigsten internationalen Indizes (→ Seite 83 ff.) im Blick zu behalten, um zu wissen, wie sich die Kurse von Aktien im Allgemeinen entwickeln. Dabei muss er die Nachrichten daraufhin prüfen, ob es notwendig oder sinnvoll erscheint, einen bestimmten Wert aus dem Depot zu verkaufen. Außerdem sollte er die täglichen Meldungen nach neuen Investmentideen abklopfen. Wer zum Beispiel in der Zeitung liest, dass

TIPP

Stecken Sie Ihr Zeitbudget ab! Wie viele Stunden pro Woche oder Monat können Sie sich mit der Aktienanlage beschäftigen, wie intensiv wollen Sie sich um Ihre Aktien kümmern? Planen Sie zu Anfang mindestens drei bis vier Stunden pro Woche ein, um Informationen zu sammeln und auszuwerten. Und richten Sie sich darauf ein, dass Sie beim Aufbau eines breit gestreuten Aktiendepots mit einer Vielzahl von Titeln noch mehr Zeit für Ihre Geldanlage erübrigen müssen.

die Preise von Computerchips anziehen und gleichzeitig die Nachfrage nach Personalcomputern steigen soll, muss wissen, welche Konzerne aufgrund ihrer Produkte von dieser Entwicklung besonders profitieren werden, damit er als Anleger seine Entscheidung damit verknüpfen kann.

Zusätzlich gilt es, firmenbezogene Informationen zu sammeln, um ein möglichst genaues Bild von dem Unternehmen zu bekommen, dem der Anleger sein Kapital zur Verfügung stellen will – also eine Art Unternehmensprofil zu erstellen: Mit welchen Produkten und Dienstleistungen verdient das Unternehmen sein Geld – in der Fachsprache Geschäftsmodell genannt? Wie haben sich die finanziellen Verhältnisse, zum Beispiel Umsatz und Ertrag, in den vergangenen Jahren entwickelt? Mit welchen Kennziffern wird die Gesellschaft an der Börse bewertet (→ Seite 120)?

Zu Anfang gleicht das einem Puzzle, bei dem es darum geht, die einzelnen Teile zu einem schlüssigen Bild zusammenzusetzen. Doch die Mühe lohnt auf jeden Fall. Denn wer sein Geld in ein vollkommen unbekanntes Unternehmen investiert, das er bestenfalls vom Hörensagen kennt, riskiert leichtfertig seinen Einsatz.

TIPP

Verfallen Sie aufgrund einer einzelnen Meldung nicht in hektischen Aktionismus. Oft sind die daraus resultierenden Kurseffekte nur von kurzfristiger Natur. Eine neue Nachricht sollte Ihre Einschätzung des betroffenen Unternehmens in der Regel nur ergänzen, aber nicht bestimmen.

Erst die Branche, dann das Unternehmen

Natürlich kann niemand die Vielzahl der Unternehmen bis ins Detail durchleuchten. Das schaffen selbst die Profis nicht. Entscheidend ist hier, eine erste Informationsebene zu bilden, um die benötigten Informationen einzugrenzen – beispielsweise indem man sich zunächst mit einzelnen Branchen (→ 171) beschäftigt. Folgende Fragen bieten dabei eine Orientierung:

- Wie groß ist der jeweilige Markt?
- Wie entwickeln sich die Absatzpreise der Produkte oder Dienstleistungen am Markt?
- Wie entwickelt sich die Branchenkonjunktur, und wie verläuft sie zur Gesamtkonjunktur (→ Seite 68 ff.)?
- Welche Wachstumsperspektiven gibt es?
- Wer sind die insgesamt führenden Anbieter?

Zusammengenommen ergibt sich daraus bereits eine sehr gute Beschreibung der Branchensituation. Das allein ist zwar noch keine Garantie für die Auswahl einer erfolgreichen Aktie. Aber es ist ein erster systematischer Schritt auf diesem Weg.

System bringt Struktur und spart Zeit

Die große Menge an verfügbaren Informationen verführt viele Aktienanleger dazu, jede noch so unbedeutende Nachricht in ihrem Anlagekalkül berücksichtigen zu wollen – in dem Glauben, dadurch sicherere Anlageentscheidungen zu treffen. Aber so ist es nicht. Die Auswertung von mehr Informationen führt nicht unbedingt zu besseren Anlageergebnissen. Im Gegenteil: Oft sinkt die Erfolgsquote, wenn der Anleger versucht, alle nur denkbaren Eventualitäten, Szenarien und Wechselwirkungen einzubeziehen.

Der Anlageerfolg mit Aktien ist nicht hundertprozentig planbar. Zu jedem Kauf gehört eine gewisse Portion Spekulation zwangsläufig dazu, was die Möglichkeit einschließt, dass die nachfolgenden Ereignisse dem Anleger einen Strich durch die Renditerechnung machen. An der Börse wird zwar Zukunft gehandelt, aber deswegen wird sie dort nicht besser als anderswo vorhergesagt.

Sich selbst (ver-)trauen

Die wirklich hohe Kunst gerade bei der Aktienanlage besteht deshalb auch darin, abzuschätzen, ob eine Meldung oder ein Ereignis langfristige Bedeutung für den Aktienkurs hat oder eben nur eine „Eintagsfliege" ist, die ein Strohfeuer an der Börse entfacht. Der eigene, gesunde Menschenverstand ist dabei oft der beste Ratgeber. Der Erfolg eines Unternehmens begegnet Ihnen unter Umständen im tagtäglichen Leben viel schneller als beim trockenen Studium von Kennzahlen und Kursen. Wenn zum Beispiel plötzlich alle Ihre Bekannten davon sprechen, wie sie bei Online-Auktionshäusern kaufen und verkaufen, oder Sie beobachten, dass immer mehr Menschen in Ihrem Umfeld mit dem neuesten Handy einer bestimmten Marke telefonieren, könnte das ein Anlass sein, sich die jeweiligen Unternehmen einmal näher anzuschauen.

TIPP

Greifen Sie nicht nur auf speziell für Anleger zugeschnittene Informationsmaterialien wie etwa den Geschäftsbericht eines Unternehmens zurück. Suchen Sie vielmehr gezielt nach – auch für Laien verständlichen – Fachinformationen, zum Beispiel in Fachzeitschriften, Branchenmitteilungen von Verbänden, Marktstudien und so weiter. Auf diese Weise gewinnen Sie einen besseren Eindruck, welche Themen eine Branche oder ein Unternehmen wirklich bewegen. Sehr informativ kann sich auch ein Gespräch mit Bekannten und Freunden erweisen, die bei dem jeweiligen Unternehmen beschäftigt sind oder die sich aufgrund ihrer Tätigkeit in der Branche auskennen und das von Ihnen ins Auge gefasste Unternehmen unter Umständen aus Konkurrenzsicht beurteilen werden. Berücksichtigen Sie dabei aber die Gefahr der subjektiven Einschätzung Ihres Gesprächspartners und die Insiderproblematik (→ Seite 59)!

Fakten bewegen die Kurse

Alle verfügbaren Informationsquellen anzuzapfen, um die Anlagechancen einzelner Märkte, Branchen und Unternehmen einschätzen zu können, ist eine wichtige Grundregel für Aktienanleger. Genauso entscheidend für den Erfolg an der Börse ist zu wissen, welche wirtschaftlichen Faktoren und Größen die Kurse beeinflussen. Das tagtägliche Spiel von Angebot und Nachfrage an der Börse ist schließlich nichts anderes als die Reaktion der Anleger auf Meldungen aus Wirtschaft und Politik. Nur wer die Mechanismen innerhalb einer Volkswirtschaft kennt, kann in etwa abschätzen, wann ein guter Zeitpunkt gekommen ist, um einzusteigen oder seine Aktien besser zu verkaufen.

An der Börse wird nicht die Gegenwart, sondern die Zukunft gehandelt. In jeder Anlageentscheidung drücken sich Erwartungen hinsichtlich der weiteren Wirtschaftsentwicklung und damit der Erfolgsaussichten von Aktien aus. Wer heute kauft, geht davon aus, dass die nahe Zukunft bessere Zeiten und damit höhere Kurse bringen wird – und umgekehrt. Die Folge ist, dass die Entwicklung der Aktienbörsen der Realität um sechs bis zwölf Monate vorauseilt. Um einigermaßen sicher zu sein, dass der Kurstrend von harten Fakten untermauert wird, achten die Börsianer mit Argusaugen auf eine Reihe von Indikatoren, von denen sie sich Aufschluss über die weitere Wirtschaftsentwicklung erhoffen.

Konjunktur: Der Pulsschlag der Wirtschaft

An der Aktienbörse gibt die Konjunktur den Takt vor. Läuft die Wirtschaft rund, beflügelt das die Aktienkurse. Droht sie heißzulaufen und geht ihr dann die Puste aus, legen die Notierungen den Rückwärtsgang ein. Was die ganze Sache vermeintlich kalkulierbar macht, ist die Tatsache, dass die Wirtschaftsentwicklung in den meisten Industrieländern in Schwingungen verläuft. Auf mehr oder minder ausgeprägte Aufschwungphasen folgen Perioden, in denen sich das wirtschaftliche Klima abkühlt. Mitunter schrumpft in diesen Fällen die Wirtschaftsentwicklung sogar, was Fachleute als Rezession bezeichnen. Kein noch so renommierter Wirtschaftsexperte kann allerdings mit Sicherheit sagen, wie lange die einzelnen Phasen dauern, wie stark sie ausfallen und vor allem, wann eine Trendwende ansteht.

Frühindikatoren: Dem Trend voraus

Das Hauptaugenmerk vieler Börsianer liegt deshalb auf einer Reihe von konjunkturellen Frühindikatoren, die solche Richtungswechsel möglichst frühzeitig anzuzeigen versuchen. Wie sich die Konjunktur in Form des **Bruttoinlandsprodukts** (BIP) tatsächlich entwickelt, genießt dagegen bei ihnen nur eine vergleichsweise geringe Aufmerksamkeit.

Bruttoinlandsprodukt: *Unter dieser Kennzahl verstehen Experten die Summe aller produzierten Waren und Dienstleistungen innerhalb einer Volkswirtschaft in einer bestimmten Periode.*

Zu den Frühindikatoren gehören beispielsweise regelmäßig durchgeführte Stimmungsumfragen bei Unternehmen und Verbrauchern (→ Kasten, Seite 73). Einige dieser Demoskopien haben sich dabei den Ruf erworben, sehr zuverlässige Vorboten der Konjunktur zu sein, da sie den Trend für die Dauer von rund einem halben Jahr im Voraus mit relativ hoher Genauigkeit vorhersagen.

Der Grund dafür liegt darin, dass beispielsweise die befragten Manager nicht nur relativ gut über die Situation im eigenen Unternehmen, sondern auch über die bei Zulieferern, Unternehmenskunden und Konkurrenten informiert sind. Zudem muss die eigene Produktion bereits einige Monate vorher kalkuliert und müssen Vorprodukte bestellt werden.

Auftragseingänge: Die Produktion von morgen

Aber es gibt auch Frühindikatoren, die auf harten Zahlen beruhen, wie die Auftragseingänge und -bestände der Unternehmen, vor allem wenn sie frühzyklische Branchen (→ Seite 171) betreffen. Dabei gilt: Steigende Orders sind gut für steigende Kurse. Dem liegt die Logik zugrunde, dass die heutigen Bestellungen die Produktion von morgen darstellen. Die Auftragseingänge von langlebigen Investitionsgütern sind dabei ein wichtiger Teilaspekt. Sie spiegeln das Vertrauen der Unternehmen in die Zukunft wider, denn nur wer längerfristig optimistisch ist, führt größere Investitionsvorhaben durch, die sich üblicherweise erst über mehrere Jahre hinweg amortisieren.

Arbeitslosenquote: Indikator mit Beigeschmack

Die Arbeitslosenquote gilt dagegen als Nachzügler unter den Wirtschaftsindikatoren, denn erst, wenn der Aufschwung bereits relativ weit vorangeschritten ist, steigt in der Regel die Zahl der neugeschaffenen Stellen und sinkt dementsprechend die Arbeitslosenquote. Der Grund: Die Unternehmen stellen erst dann neue Mitarbeiter ein, wenn sich der Aufschwung als stabil erweist – so wie das ab dem Jahr 2006 zu beobachten ist, wobei auch die politischen Rahmenbedingungen eine Rolle spielen. Ein dauerhafter und starker Rückgang der Arbeitslosenquote gilt deshalb – so paradox es auf den ersten Blick auch klingt – am deutschen Aktienmarkt eher als Warnzeichen, weil dies darauf hindeutet, dass die Produktivitätsreserven (Rationalisierungsinvestitionen, Kapazitätsauslastung etc.) der Unternehmen ausgeschöpft sind. Umgekehrt galt eine Erhöhung der Arbeitslosenzahl für die Börsianer lange Zeit als positives Signal – zum Leidwesen der Betroffenen. Dies wird als Zeichen dafür interpretiert, dass sich die Unternehmen „gesundschrumpfen“. Also: Die wirtschaftliche Talsohle ist bald oder bereits erreicht.

In den USA, wo es so gut wie keine Kündigungsschutzregeln gibt und es für die Unternehmen wesentlich einfacher ist, neue Mitarbeiter einzustellen und zu entlassen, bewegen sich Arbeitslosenquote und Konjunktur dagegen nahezu im Gleichschritt. An den US-Börsen gelten aktuelle Arbeitsmarktdaten daher als wegweisendes Top-Ereignis.

Konsum: Beweis für den Aufwärtstrend

Eine wirtschaftliche Größe, die eng mit der Arbeitslosenquote verbunden ist, ist die Konsumneigung der privaten Haushalte. Sie gilt als wichtige Konjunkturstütze. Es liegt auf der Hand, dass ein steigender Anteil von Arbeitslosen in einer Volkswirtschaft den privaten Konsum der Bevölkerung drosselt. Sitzt dagegen das Geld bei den Verbrauchern locker, spricht das für einen tragfähigen Wirtschaftsaufschwung, der an Stärke gewinnt. Doch Vorsicht: Wenn die Notenbank den Eindruck hat, dass die Verbraucher zu viel des Guten tun, drückt sie auf die Zinsbremse („Schreckgespenst Inflation“ → Seite 71) und die Aktienkurse geraten unter Druck.

Aussagekräftig für den Zustand einer Wirtschaft ist auch der Beginn von Bauvorhaben. Denn was Investitionen für die Unternehmen, sind die eigenen vier Wände für die privaten Haushalte. Nur wer die Zukunft positiv einschätzt, wird sich entschließen, ein Bauvorhaben zu beginnen.

Unternehmensgewinne: Treibstoff für die Aktienkurse
Zu guter Letzt bedeutet ein Konjunkturaufschwung nichts anderes, als dass die Geschäfte der Unternehmen immer besser florieren. Steigende Umsätze schlagen sich wiederum in steigenden Unternehmensgewinnen nieder, wovon die Aktionäre in Form von Kurssteigerungen und höheren Dividenden direkt profitieren. Denn mit jedem Euro, der am Ende des Geschäftsjahrs übrig bleibt, ist ihre Firma – ganz einfach gesagt – mehr wert, was dem Aktienkurs einen Schub nach oben verschafft. Der Unternehmensgewinn, vor allem aber dessen zukünftige Steigerungsraten (an der Börse wird schließlich die Zukunft gehandelt!) gelten daher als zentrale Bewertungsmaßstäbe für Aktien (→ Seite 126).

Im Allgemeinen treten die höchsten Gewinn- und damit Kurssteigerungen im Frühstadium eines Konjunkturaufschwungs auf, um danach immer weiter abzuflachen. Treten die Gewinne schließlich auf der Stelle, gilt das als Anzeichen dafür, dass die Konjunktur ihr zyklisches Hoch erreicht hat und eine Abkühlungsphase bevorsteht.

Ebenfalls beachtet werden die Entwicklung von Produktionskosten, insbesondere die Löhne, und die Kapazitätsauslastung der Unternehmen. Steigende Kosten schmälern schließlich den Gewinn. Andererseits sind anziehende Löhne ein Zeichen, dass die Branche boomt und daher Arbeitskräfte sucht. Auf gesamtwirtschaftlicher Ebene ist die Kapazitätsauslastung ein Merkmal dafür, dass der Aufschwung zunehmend an Fahrt gewinnt, da die vorhandenen Produktionsreserven der Unternehmen ausgeschöpft sind und aufgestockt werden – was wiederum zu steigenden Investitionen führt.

Zinsen: Der Preis für fremdes Kapital

Neben den realwirtschaftlichen Faktoren spielen bei der Bewertung von Aktien auch geldwirtschaftliche Daten eine Rolle – dazu zählt vor allem der Zinssatz für Bankkredite als „Preismaßstab" für Kapital. Viele Börsianer schwören auf den Zinstrend als Frühindikator für einen Kurswechsel am Aktienmarkt. „Steigende Zinsen sind Gift für die Börse", lautet ihr Credo. Grundsätzlich

Zinswaffe der Notenbanken

Zu den stärksten Waffen, die die Zentralbanken zur Verfügung haben, um die Inflation in Schach zu halten, zählen die Leitzinsen. Zu diesen Zinssätzen können, vereinfacht gesagt, die Geschäftsbanken bei der Notenbank Kredite aufnehmen. Steigen die Sätze, geben die Geldhäuser dies fast umgehend an ihre Kunden weiter – beispielsweise in Form höherer Zinsen für Dispositionskredite. Bei der Europäischen Zentralbank (EZB) heißen die Leitzinsen auch Fazilitäten, was sich mit „Kreditlinien" oder „-möglichkeiten" übersetzen lässt. Bei der US-Notenbank Federal Reserve, kurz Fed genannt, gilt vor allem die „Primerate" als Leitzins. Zu diesem Satz verleiht die Fed an erstklassige Geschäftsbanken kurzfristig Geld.

ist diese These nicht von der Hand zu weisen, denn zunächst werden bei einem Zinsanstieg die vergleichsweise sicheren Festzinsanlagen attraktiver gegenüber den schwankungsanfälligen Aktien. Folge: Mit jedem Zinspunkt mehr am Markt für festverzinsliche Wertpapiere verkaufen die Anleger ihre Aktienpakete und schichten ihr Geld in diese sicheren Alternativen um.

Viel entscheidender ist allerdings, dass steigende Zinsen ein Signal dafür sind, dass Kapital knapper wird, weil die Konjunktur immer stärker in Fahrt kommt. Die Unternehmen brauchen frisches Geld, weil sie in neue Anlagen investieren, um die steigende Nachfrage zu bedienen. Höhere Kapitalkosten führen zu höheren Produktions- und Lagerkosten, die die Unternehmen umso eher in Form von Preiserhöhungen weitergeben können, je besser die Geschäfte laufen. Am Ende versuchen sich die Unternehmen an ihren Endkunden, den Privathaushalten, schadlos zu halten. Und diese wiederum reagieren auf die Preissteigerungen mit höheren Lohnforderungen. Folge: Für die Unternehmen steigen erneut die Kosten. Neben der Konjunkturentwicklung gibt es auch externe Faktoren, die diese Preisspirale in Gang bringen können – etwa ein steigender Ölpreis, der die Energiekosten nach oben schnellen lässt.

Schreckgespenst Inflation

Droht das Tempo der Geldentwertung aus dem Ruder zu laufen, ruft das die Notenbank auf den Plan. Für die Währungshüter hat die Bekämpfung der Inflation absolute Priorität, damit das Vertrauen in die eigene Währung nicht erschüttert wird. Kommen die Preise auf Trab, schreiten die Banker daher frühzeitig ein: Sie erhöhen umgehend die Leitzinsen (→ Kasten oben) und verteuern damit Investitionen. Das bremst das Konjunkturtempo. Auf Leitzinserhöhungen reagieren die Aktienmärkte daher eher negativ.

Umgekehrt versucht die Notenbank in Rezessionsphasen mit niedrigen Zinsen die Wirtschaft wieder anzukurbeln, was nicht selten zu einem Kursfeuerwerk an der Börse führt. Durch niedrigere Zinsen wird die Finanzierung neuer Investitionen für die Unternehmen günstiger. Gleichzeitig wird das Konsumverhalten der privaten Haushalte positiv beeinflusst, da neue Anschaffungen billig auf Pump getätigt werden können. Und auch der Staat nutzt oft das günstige Zinsniveau, um zusätzliche Investitionen – etwa den Bau neuer Straßen und Eisenbahnlinien – über Schulden zu finanzieren.

Die Zinspolitik der Notenbanken genießt an der Börse auch deshalb einen so hohen Stellenwert, weil sie in der Regel sehr langfristig ausgerichtet ist. Das heißt, bei einem Trendwechsel, etwa einer Zinserhöhung nach einer Phase kontinuierlicher Zinssenkungen, können sich die Anleger in der Regel auf weitere Zinsschritte nach oben einstellen.

Unsicherheitsfaktor Wechselkurse

Das von den Börsianern in den vergangenen Jahren viel beachtete Wechselspiel zwischen Euro und Dollar zeigt, dass auch Wechselkursentwicklungen mehr oder weniger stark auf den

- www.bundesbank.de: Unabhängige Berichte zu Konjunktur, Währung, Zinsen und Aktien. In Auszügen deutsche Übersetzungen des EZB-Monatsberichts, umfangreiche Link-Liste
- www.census.gov: Seite des US-amerikanischen Pendants zum Statistischen Bundesamt
- www.dbresearch.com: hauseigenes „Wirtschaftsforschungsinstitut" der Deutschen Bank mit Analysen zu Branchen, Ländern, Zinsen und Kursen
- www.destatis.de: Die Seite des Statistischen Bundesamts bietet Daten zur volkswirtschaftlichen Gesamtrechnung, Produktion, zu Auftragseingängen, Preisen etc.
- www.dismal.com: Aufbereitung und Analyse überwiegend US-amerikanischer, aber auch internationaler Indikatoren, empfehlenswerter Kalender. Eine der umfangreichsten Seiten zu diesem Thema, von Ökonomen gemacht, allerdings nur in englischer Sprache
- www.ecb.int: Seite der Europäischen Zentralbank mit zahlreichen Statistiken und Berichten, nur teilweise in deutscher Sprache
- www.federalreserve.gov: Seite der US-Notenbank Federal Reserve mit vergleichbar umfangreichem Angebot wie die Seite der EZB
- www.markt-daten.de: Umfangreiche deutschsprachige Seite zu fast allen US-Konjunkturdaten mit Veröffentlichungskalender. Empfehlenswert!
- www.diw.de, www.hwwa.de, www.ifo.de, www.iwh.uni-halle.de, www.rwi-essen.de, www.uni-kiel.de/ifw: Internetseiten der sechs führenden Wirtschaftsforschungsinstitute in Deutschland, bekannt vor allem durch die Frühjahrs- und Herbstgutachten zur Konjunktur; jedes Institut setzt eigene Schwerpunkte, daher alle empfehlenswert, jedoch eher für Nutzer mit fortgeschrittenen wirtschaftlichen Kenntnissen geeignet

Die wichtigsten Wirtschaftsindikatoren im Überblick

Name	Inhalt	Termin der Veröffentlichung
Allgemeine Konjunktur		
Auftragseingänge des verarbeitenden Gewerbes (D, USA)	Basiert auf Unternehmensangaben über das Volumen neuer Aufträge, Teilaspekt: langlebige Wirtschaftsgüter	Monatlich, USA: Ende des Monats, D: Anfang des Folgemonats
Bruttoinlandsprodukt (D, USA)	Summe aller produzierten Waren und Dienstleistungen innerhalb einer Volkswirtschaft	Quartalsweise, D: Zweite Woche des ersten Monats des Folgequartals, USA: mehrere Termine, da vorläufige, revidierte und endgültige Zahlen
Einzelhandelsumsätze (D, USA)	Befragung von Einzelhändlern	Monatlich zur Monatsmitte
Industrieproduktion (D, USA), Kapazitätsauslastung (USA)	Basiert auf Unternehmensangaben zu Menge und Wert der Produktion	Monatlich zur Monatsmitte
Stimmungsumfragen/Frühindikatoren		
Ifo-Geschäftsklima-Index	Umfrage unter 7 000 Managern zur wirtschaftlichen Lage	Monatlich, vierte Woche des Monats
Index zur Verbraucherstimmung der Universität Michigan	Umfrage unter 500 US-Haushalten, wichtiger als der allgemeine US-Index zum Verbrauchervertrauen, da dieser später veröffentlicht wird	Monatlich zum Monatsende
Nationaler Einkaufsmanager-Index (USA)	Befragung unter 400 Managern des verarbeitenden Gewerbes	Monatlich am ersten Tag des Monats
Reuters-Einkaufsmanager-Index (EU)	Umfrage bei rund 300 Unternehmen zur eigenen wirtschaftlichen Lage	Monatlich, Mitte des Monats
Zinsen und Preise		
Monatsbericht der EZB	Umfangreicher Bericht der Europäischen Zentralbank zur Geldmengen-, Währungs- und Wirtschaftsentwicklung in der EU	Monatlich, Mitte des Monats
Sitzung des Offenmarktausschusses der US-Notenbank (USA)	Überprüfung der geld- und zinspolitischen Strategie	8 Mal im Jahr, Termine werden zum Jahresende für das kommende Jahr festgelegt.
Sitzung des Zentralbankrates der Europäischen Zentralbank (EU)	Überprüfung der geld- und zinspolitischen Strategie	Fast ausnahmslos am ersten Donnerstag jedes Monats
Verbraucherpreis-Index (USA), Preisentwicklung (D)	Misst die prozentuale bzw. indexierte Preisveränderung eines Warenkorbes aus Waren und Dienstleistungen	Monatlich zur Monatsmitte (USA) bzw. zum Monatsende (D)
Arbeitsmarkt		
Arbeitsmarktdaten (USA)	Umfangreiche Daten zu Löhnen, Zahl der Stellen und Arbeitslosen etc.	Monatlich, erster Freitag im Monat für den Vormonat
Arbeitsmarktstatistik (D)	Zahl der Arbeitslosen und der offenen Stellen	Monatlich, meist in der zweiten Woche für den Vormonat

Aktienmarkt durchschlagen. Generell gilt: Je exportabhängiger eine Volkswirtschaft, desto stärker wirkt sich eine Veränderung der Wechselkurse aus, wie das Beispiel Deutschland zeigt. Steigt der Außenwert des Euro, werden deutsche Produkte außerhalb der Eurozone teurer, was die Exporte tendenziell dämpft. Sinkt hingegen der Eurokurs zum Beispiel gegenüber dem Dollar, verbessern sich die Absatzchancen einheimischer Produkte in Übersee. Eine Belebung des Außenhandels wirkt sich in einem zweiten Schritt gerade in wirtschaftlichen Talsohlen oft auch positiv auf die Inlandsnachfrage aus. „Abwertungsbörsen" – also Börsen in einem Land mit fallenden Wechselkursen – gelten daher tendenziell als Einstiegskandidaten.

Die Kehrseite einer schwachen Währung ist allerdings dass sich der Import – zum Beispiel von Rohstoffen – entsprechend verteuert. Darunter leiden vor allem Unternehmen, die einen großen Teil ihrer Vorprodukte und Rohstoffe im Ausland einkaufen.

Der Einfluss der Politik

Eine Börsenregel lautet, dass politisch beeinflusste Börsen kurze Börsen sind. Soll heißen: Der Effekt einzelner politischer Ereignisse, wie zum Beispiel Regierungskrisen oder Wahlen, ist in der Regel nur kurzfristiger Natur. Sogar nach dem Ausbruch von Kriegen, soweit sie nicht in den Industrieländern selbst, sondern in entfernten Erdregionen stattfinden, gehen die Märkte sehr oft schnell wieder zur Tagesordnung über. Oft sogar, so zynisch es klingt, markiert der Beginn der Kriegshandlungen den Beginn eines Kursaufschwungs.

Dennoch darf die Wirkung vor allem ganz alltäglicher politischer Entscheidungsprozesse und Projekte nicht unterschätzt werden. Dazu gehören vor allem fiskalpolitische Maßnahmen wie etwa umfassende Steuerreformen. Steuersenkungen wirken sich auf lange Sicht konjunkturfördernd aus, Steuererhöhungen dämpfen dagegen eher die Wirtschaftsentwicklung. Langfristige positive Effekte ergeben sich in der Regel auch aus politischen Liberalisierungsentscheidungen, das heißt, wenn sich der Staat aus bestimmten Wirtschaftsbereichen zurückzieht und Wettbewerb zulässt. In diesen Branchen kommt es dann oft zu einer Belebung der wirtschaftlichen Aktivität, wie das etwa in der Vergangenheit im deutschen Telekommunikations- und Energiesektor zu beobachten war. Positiv wirken sich auch Deregulierungen aus. Das kann zum Beispiel eine Flexibilisierung des Arbeitsmarkts durch die Lockerung von Kündigungs- und Arbeitszeitvorschriften sein.

Auf der anderen Seite hemmen neugeschaffene Vorschriften und Regeln des Staates erfahrungsgemäß eher die Wirtschaftsdynamik. Gleiches gilt für Subventionen. Mit ihrer Hilfe werden oftmals unrentable Arbeitsplätze aufrechterhalten, was einem Neuanfang und dem damit verbundenen Aufbau rentabler und damit wirklich zukunftsträchtiger Stellen hinderlich ist.

Grau ist alle Theorie

Selten treten die Zusammenhänge zwischen den beschriebenen Wirtschaftsgrößen so klar und eindeutig auf wie hier beschrieben. Einige Faktoren können sich in ihrer Wirkung gegenseitig verstärken, andere wiederum dämpfen. Zudem kommt es zu immer neuen Kombinationen, die jeweils andere Erklärungsmuster erfordern. Folge: Die identische Zahl eines bestimmten Indikators kann, je nach wirtschaftlichem Hintergrund, zu verschiedenen Zeitpunkten ganz andere Kursreaktionen nach sich ziehen. So hat sich beispielsweise die Interpretation der Geld- und Zinspolitik der großen Notenbanken in den vergangenen Jahren gewandelt. Die Börsianer nahmen steigende Leitzinsen zumindest langfristig eher positiv wahr, signalisieren sie doch, dass es etwa der Europäischen Zentralbank (EZB) mit einem stabilen Euro Ernst ist.

Dazu muss auch noch berücksichtigt werden, dass die Bedeutung einzelner Indikatoren nicht in Stein gemeißelt ist, sondern ebenfalls vor dem Hintergrund der wirtschaftlichen Gesamtsituation und mit der Stimmung an der Börse wechselt. Kennzahlen, die die Anleger heute mit Argusaugen verfolgen, interessieren in sechs oder zwölf Monaten unter Umständen kaum noch.

Ein weiterer Unsicherheitsfaktor ist, dass Händler, Banker und Großanleger im Vorfeld wichtiger Daten eine Erwartungshaltung aufbauen, die zu einer eigenen Logik bei der Bewertung führt. Was nach den oben beschriebenen Gesetzmäßigkeiten eigentlich eine „gute" Nachricht ist – zum Beispiel eine Senkung der Leitzinsen –, kann völlig gegensätzlich interpretiert werden – etwa dann, wenn diese Leitzinssenkung schwächer als erwartet ausfällt.

Darüber hinaus darf die Bedeutung einzelner Zahlen nicht überbewertet werden. Gerade Frühindikatoren ändern von Monat zu Monat mitunter sprunghaft ihre Richtung. Fachleute arbeiten zur Interpretation der Daten daher mit Durchschnittswerten, die sie aus den Daten mehrerer Monate bilden und somit „glätten". Viele Frühindikatoren geben außerdem nur die Richtung der Konjunktur vor. Sie sagen beispielsweise aber nicht, wie stark oder schwach ein Aufschwung ausfällt. Gerade dies ist aber dafür entscheidend, wie viel Kurspotenzial der Konjunkturfrühling den Aktien verschafft.

Am Ende darf nicht vergessen werden, dass die Akteure an der Börse versuchen, den zukünftigen Konjunkturtrend zu erahnen und in den Kursen vorwegzunehmen. Dies übt auf viele Börsianer seinen spekulativen Reiz aus. Dennoch sollten Privatanleger nicht versuchen, auf kurzfristige Wirtschaftstrends zu setzen. Zu groß ist das Risiko, dass sich erhoffte Aufschwünge als Strohfeuer erweisen. Als Hilfsmittel beim richtigen Timing für den Einstieg und als Entscheidungsgrundlage für die Auswahl einzelner Aktien (→ Seite 169 ff.) lohnt ein Blick auf die „Wegweiser“ der Konjunktur aber allemal.

Indizes:
Die Fieberkurven der Börse

Wer den Aktienmarkt eine Zeitlang verfolgt, wird schnell feststellen, dass die im vorangegangenen Abschnitt aufgezählten Faktoren die Kurse zwar beeinflussen, dass aber die Kursreaktion der einzelnen Werte mitunter doch sehr unterschiedlich ausfällt. Einige Aktien reagieren sehr sensibel auf Konjunkturnachrichten, andere wiederum lassen sich davon kaum beeindrucken. Warum das so ist, wird in einem anderen Kapitel näher beschrieben (→ Seite 171 ff.). Interessant ist hier zunächst die Frage, wie sich aus den Kursverläufen aller Einzelaktien an einer Börse ein genereller Trend herauslesen lässt. Angesichts Tausender verschiedener Titel allein auf dem Kurszettel der deutschen Börsen sind selbst gestandene Börsenprofis nicht in der Lage, die Kursentwicklung jedes einzelnen Papiers im Auge zu behalten. Gerade sie sind aber daran interessiert, den Überblick zu wahren und einen Maßstab an die Hand zu bekommen, der Antwort auf die Frage gibt, wie sich der Gesamtmarkt über einen Handelstag oder beispielsweise über zwei aufeinander folgende Kalenderjahre hinweg entwickelt hat. Genau solch einen Maßstab bietet ein Index.

Das Konzept eines Indexes

Bereits Ende des 19. Jahrhunderts kamen Börsenexperten in New York auf die Idee, eine Kennzahl zu entwickeln, die kurz und prägnant die allgemeine Tendenz am Aktienmarkt beschreibt. Ihr Grundgedanke war ebenso einfach wie erfolgreich und ist noch heute das konzeptionelle Gerüst jedes modernen Indexes: Eine bestimmte Anzahl von Aktien – in diesem Fall die Kurse der 30 wichtigsten Aktien an der New Yorker Börse – wurden zu einem Korb zusammengestellt. Dann summierten die Fachleute die Einzelkurse der in diesem Korb enthaltenen Papiere auf und errechneten daraus einen Durchschnittskurs: den Indexwert.

Mit diesen systematisch über Tage und Monate hinweg gewonnenen Daten zeichneten sie eine Kurve auf – ähnlich der Fieberkurve auf einem Krankenblatt. Auf diese Weise entstand der Dow-Jones-Index (benannt nach dem US-Börsenblatt *Dow, Jones & Co.*), der auch heute noch, weit über 100 Jahre nach seiner Erfindung, das wichtigste Stimmungsbarometer für US-Aktien ist.

Der besseren Verständlichkeit halber, aber auch weil der Umgang in der Praxis dadurch einfacher wird, bekommt jeder Index in dem Moment, wo er erstmals veröffentlicht wird, einen mathematischen Normwert. Meist sind das 100 oder 1 000 Punkte. Von diesem Ausgangspunkt werden dann alle weiteren Wertveränderungen fortlaufend berechnet. So lässt sich jederzeit die Indexentwicklung für einen beliebigen Zeitraum relativ einfach bestimmen.

Ein Beispiel: Ein Index startet am 1. Januar 2000 mit 100 Punkten, am 1. Januar 2005 liegt er bei 200 Punkten. Das bedeutet, dass sich der Wert aller im Korb enthaltenen Aktien innerhalb dieser fünf Jahre verdoppelt hat. Daraus darf man jedoch nicht schließen, dass sich auch der Wert jeder einzelnen Aktie in diesem Index verdoppelt hat. Der Indexverlauf gibt nur den Durchschnittsgewinn wieder.

Natürlich wurde das Konzept über die Jahre hinweg verfeinert. So ist es heute bei vielen wichtigen Indizes üblich, die Kurse der einzelnen Indexmitglieder in Abhängigkeit von ihrer Größe zu gewichten. Auf diese Weise wird verhindert, dass sich Kursveränderungen bei einem Börsenwinzling in der Indexberechnung genauso stark niederschlagen wie die bei einem viele Milliarden Euro „schweren" Großkonzern.

Funktionen eines Indexes

Der Vorteil des Indexkonzepts ist, dass es universell einsetzbar ist. Für fast alles, was an der Börse gehandelt wird, lassen sich Indizes bilden: Aktien, Anleihen, Edelmetalle, Rohstoffe. Spezielle Branchenindizes etwa messen die Wertentwicklung der Unternehmen mit gleichem Tätigkeitsschwerpunkt – zum Beispiel aller börsennotierten Automobilhersteller eines Landes.

Der Index als Messlatte

Der Vorteil einer solchen Unterteilung ist, dass die Kursentwicklung einer Aktie sowohl mit dem Gesamtmarkt als auch mit unmittelbaren Konkurrenten verglichen werden kann. So lässt sich zum Beispiel herausfinden, welcher Autotitel sich weltweit über einen bestimmten Zeitraum hinweg am besten entwickelt hat. Indizes dienen so als neutraler Vergleichsmaßstab, mit dem sich der Erfolg eines Investments messen lässt – eine **Benchmark**. Jeder Anleger kann die Entwicklung eines Indexes mit der Kursentwicklung der Aktien vergleichen, die in seinem Depot liegen. So kann er etwa am grafischen Verlauf der beiden Kurskurven leicht verfolgen, ob seine Papiere besser oder schlechter abgeschnitten haben. Wichtig dabei ist, nicht Äpfel mit Birnen zu vergleichen. Jeder Index bildet nur einen bestimmten Teilbereich beziehungsweise einen Markt ab. Wer zum Beispiel sein Depot mit deutschen Aktiengesellschaften bunt gemischt hat, muss einen marktbreiten Index als geeigneten Vergleichsmaßstab heranziehen.

Benchmark *(engl.): Richtgröße, aber auch: Zielvorgabe*

Ein solcher Vergleich dient vor allem dazu, die Leistung professioneller Vermögensverwalter wie etwa der Manager von Investmentfonds (→ Seite 148 ff.) zu beurteilen: Schneidet der von ihm verwaltete Fonds in einem Jahr schlechter ab als der vergleichbare Index, hat der Manager keine glückliche Hand bei der Auswahl bewiesen. Gelingt es ihm hingegen, den Benchmark-Index zu schlagen, ist das ein besonderes Gütesiegel für seine Fähigkeiten.

Kurs- versus Performanceindex

Vor allem ältere Kursbarometer wie der Dow-Jones-Index werden als Kurs- oder Preisindizes ermittelt. Das heißt, sie messen bloß die reine Preisveränderung der einbezogenen Aktien, auch wenn diese lediglich auf einer Kursbereinigung etwa infolge einer Ausschüttung beruht (→ Seite 86 ff.). Um den Erfolg der Profis richtig beurteilen zu können, sind neuere Indizes deshalb als Performanceindizes konstruiert. Das heißt: Bei der Berechnung wird so getan, als würden sämtliche Erträge wie Dividenden (→ Seite 86, 92) und Bezugsrechte (→ Seite 96) sofort wieder angelegt – und zwar jeweils in dasselbe Papier, aus dem die Erträge stammen. Auf diese Weise ergibt sich eine Art Zinseszinseffekt. Folge: Performanceindizes entwickeln sich stets besser als vergleichbare Kursindizes. Dies ist auch bei der Auswahl von Indexzertifikaten (→ Seite 157) zu berücksichtigen.

Marktkapitalisierung: *Mit diesem Fachbegriff wird der Börsenwert eines Unternehmens bezeichnet. Die Marktkapitalisierung ergibt sich aus der Zahl der an der Börse zugelassenen Aktien multipliziert mit dem aktuellen Aktienkurs.*

Indizes als Basisinstrument

In den vergangenen Jahren sind Indizes nicht nur als Benchmark immer wichtiger geworden. Sie dienen auch als Bezugsgröße – Basisinstrument genannt – für synthetische Finanzinstrumente, sogenannte **Derivate**. Dazu zählen neben Indexzertifikaten beispielsweise auch Optionsscheine und Hebelzertifikate (→ Seite 161 ff.).

Kleine Index-Weltkunde: Dax, Dow & Co.

An Indizes, die als Basisinstrument dienen könnten, herrscht kein Mangel: Ein Streifzug durch die Weltbörsen zeigt, dass jeder Handelsplatz sein eigenes Marktbarometer besitzt. An den großen Aktienmärkten gibt es oft sogar mehrere. Meist setzt sich jedoch einer als allgemein bekannter und beachteter Leitindex durch.

Tüv für den Dax

Die Absicht des Dax ist es, ein aktuelles und zugleich repräsentatives Bild des heimischen Aktienmarkts zu zeigen. Um dieses Ziel zu erreichen, wird die Auswahl der 30 Indexmitglieder nach zwei klaren Kriterien vorgenommen: der **Marktkapitalisierung** und dem **Börsenumsatz**.

Dabei gilt die eindeutige Regel, dass ein Wert in den Index aufgenommen wird, wenn er auf der von der Deutschen Börse monatlich erstellten Rangliste in puncto Marktkapitalisierung Rang 30 oder besser erreicht und gleichzeitig ein Indexmitglied bei mindestens einem Kriterium schlechter als Rang 35 steht. Da die Indexwerte eine Vorbildfunktion haben, kommen für das deutsche Kursbarometer allerdings nur Unternehmen infrage, die die Kriterien des Prime-Standards erfüllen (→ Seite 110 ff.).

Der Nachteil des Dax-Konzepts ist, dass sich sowohl Umsatz als auch Marktkapitalisierung mit dem Auf und Ab der Kurse verschieben. Daher überprüft die Börse – im Allgemeinen einmal pro Jahr –, ob die Zusammensetzung des Dax noch den tatsächlichen Marktverhältnissen entspricht.

Unabhängig von der turnusmäßigen Anpassung im September jeden Jahres wird bei besonderen Ereignissen eine außerplanmäßige Indexumstellung vorgenommen – etwa bei Fusionen, Übernahmen (→ Seite 111 ff.) und Börsengängen von Unternehmen

Börsenumsatz: *Der Börsenumsatz ergibt sich aus der Zahl der an einem Tag oder innerhalb eines Monats umgesetzten Aktien an einer Börse multipliziert mit dem jeweils abgerechneten Kurs. Fachleute unterscheiden dabei nach Einfach- und Doppelzählung, denn jede verkaufte Aktie ist gleichzeitig eine gekaufte, sonst wäre das Geschäft ja nicht zustande gekommen.*

Bei den deutschen Dividendentiteln hat sich der **Deutsche Aktienindex**, kurz **Dax** genannt, diesen Ruf erobert, seit er Ende 1987 von der Deutschen Börse aus der Taufe gehoben wurde. Er fasst die 30 größten und wichtigsten Aktien am deutschen Markt zusammen, die etwa 70 Prozent des gesamten Börsenwerts aller deutschen Aktien repräsentieren und auf die etwa 80 Prozent des gesamten Handelsvolumens entfallen.

Der Dax wird während der Handelszeit im Sekundentakt berechnet. Dadurch dokumentiert er das Börsengeschehen über den gesamten Tagesverlauf hinweg, in der Fachsprache „intraday“ genannt. Dabei wird er sowohl als Performance- als auch als Kursindex ermittelt. Allgemeine Bedeutung hat aber nur die Performance-Variante. Der aktuelle Dax-Stand wird abends beispielsweise in der Tagesschau ebenso veröffentlicht wie auf den Titelseiten der überregionalen Tages- und Wirtschaftszeitungen.

Seit Juni 1999 wird der Index wie alle anderen Mitglieder der Dax-Familie (→ nachfolgender Abschnitt) auf Basis der Xetra-Kurse (→ Seite 38) ermittelt. Da jedoch der Xetra-Handel bereits um 17.30 Uhr endet, der Parketthandel in Frankfurt aber noch bis 20 Uhr läuft, wird in diesen zweieinhalb Stunden der **LDax** (für Late-Dax) auf Basis des Parkettkurses als Ersatzmaßstab und Stimmungsindikator für den Abendhandel berechnet. Genauso

(→ Seite 101 ff.), die sich in puncto Größe und Marktbedeutung auf Anhieb in der jeweiligen Rangliste auf Platz 25 oder besser platzieren. In der Fachsprache wird dies auch als Fast-Entry-Regel bezeichnet.

Das Herannahen des Umstellungstermins im September bewegt regelmäßig die Kurse – und dies nicht unbeachtlich. Denn die potenziellen Neulinge, über die im Vorfeld mitunter heftig diskutiert und spekuliert wird, rücken unweigerlich in das Rampenlicht der Finanzmärkte. Der Grund: Großinvestoren, die ihre Depots am Dax ausrichten, müssen bei einer Auswechslung den neuen Wert kaufen – ob sie wollen oder nicht. Dagegen stürzt der Absteiger nicht selten ab, weil seine Aktien von den Anlegern in großem Stil auf den Markt geworfen werden. Diese Kurskapriolen sind deswegen so erstaunlich, weil sich ja an den für die Börsenbewertung relevanten Daten wie Umsatz und Ertrag (→ Seite 120 ff.) kurzfristig nichts geändert hat.

Kapitalmarktwissenschaftler haben allerdings herausgefunden, dass die Kurseffekte der Indexumstellung nur für kurze Zeit anhalten. Danach tritt wieder die Geschäftsentwicklung des jeweiligen Unternehmens in den Vordergrund. Fazit: Indexspekulationen haben ein kurzes Leben. Niemand sollte in Panik geraten und eine Aktie aus seinem Depot überstürzt verkaufen, nur weil der Rauswurf aus dem Auswahlindex droht.

Freefloat: *Anteil der Aktien, die nicht in Händen eines Großaktionärs liegen. Mitunter auch als „Streubesitz" bezeichnet.*

wird bei den kleineren „Brüdern" des Dax verfahren. Die Gewichtung der einzelnen Dax-Werte wird nach einem relativ komplizierten Verfahren täglich neu berechnet. Grundsätzlich entscheidend dafür ist die Marktkapitalisierung, wobei dort nur der Teil des Aktienkapitals zählt, der tatsächlich frei verfügbar ist – der **Freefloat**.

Bei Aktiengesellschaften, die sowohl Stamm- als auch Vorzugsaktien (→ Seite 88) ausgegeben haben, wird nur die umsatzstärkste Aktiengattung berücksichtigt. Das Gewicht eines einzelnen Indexwerts, so hat es die Börse festgelegt, darf außerdem 10 Prozent des Gesamtkorbs nicht übersteigen. Eine darüber hinausgehende Kapitalisierung wird bei der Indexberechnung nicht berücksichtigt. Auf diese Weise soll die Dominanz einzelner Titel verhindert werden.

Der Dax nach Teilnehmern und Gewicht

Aktie	Marktkapitalisierung (in Mio. Euro)	Gewichtung per 30. 3. 2007
Adidas	8.332	1,15 %
Allianz	66.426	9,18 %
Altana	3.407	0,47 %
BASF	42.271	5,84 %
BMW	14.199	1,96 %
Bayer	36.566	5,05 %
Commerzbank	19.883	2,75 %
Continental	14.179	1,96 %
DaimlerChrysler	58.710	8,10 %
Deutsche Bank	50.329	6,95 %
Deutsche Börse	17.493	2,42 %
Deutsche Post	18.931	2,62 %
Deutsche Postbank	5.352	0,74 %
Deutsche Telekom	34.500	4,77 %
Eon	70.432	9,73 %
Fresenius Med. Care	6.711	0,92 %
Henkel Vz. Akt.	6.572	0,91 %
Hypo Real Estate	6.401	0,88 %
Infineon	8.723	1,20 %
Linde	9.467	1,31 %
Lufthansa	9.310	1,29 %
MAN	8.607	1,19 %
Metro	8.553	1,18 %
Münchner Rück	29.067	4,02 %
RWE	36.848	5,08 %
SAP	29.604	4,09 %
Siemens	67.707	9,35 %
Thyssen	14.273	1,97 %
Tui	4.177	0,58 %
VW	16.911	2,34 %
Summe	**723.941**	**100,00 %**

Quelle: Deutsche Börse , Stand: 30. 3. 2007

Die gesamte Dax-Familie

Der Dax hat in den vergangenen Jahren eine ganze Index-Familie zur Seite gestellt bekommen. Der **MDax** ist der wichtigste Bruder des Dax. Er ist nach demselben Konzept aufgebaut und misst den Kursverlauf von 50 Werten aus der „zweiten Reihe", also den Unternehmen, die nach Börsenbewertung und Liquidität den 30 größten Werten folgen. Aufgrund der größeren Teilnehmerzahl wird seine Zusammensetzung nicht einmal, sondern zweimal pro Jahr – im März und September – an die aktuellen Marktverhältnisse angepasst.

Die 50 größten Aktien nach Dax und MDax finden sich

Deutsche Aktien nach Branchenindizes

- Prime Automobile
- Prime Banks (Banken)
- Prime Basic Resources (Roh- und Basisstoffe)
- Prime Chemicals (Chemie)
- Prime Construction (Bau)
- Prime Consumer Cyclical (Konsumwerte)
- Prime Financial Services (Finanzdienstleistungen)
- Prime Food & Beverages (Nahrungsmittel & Getränke)
- Prime Industrial (Industriewerte)
- Prime Insurance (Versicherungen)
- Prime Media (Medien)
- Prime Pharma & Healthcare (Pharma und Gesundheit)
- Prime Retail (Handel)
- Prime Software (Computer-Software)
- Prime Technology (Technologie)
- Prime Telecommunication (Telekommunikation)
- Prime Transportation & Logistics (Transport & Logistik)
- Prime Utilities (Versorger)

dann im **SDax**. Im **TecDax** schließlich sind nach den gleichen Kriterien wie beim Dax und MDax die 30 wichtigsten Technologieaktien gelistet. Der Composite Dax – kurz **CDax** genannt – ist ein marktbreit ausgelegter Index, der die Entwicklung aller rund 800 deutschen Titel abbildet, die an der Frankfurter Wertpapierbörse im Prime-Standard und General-Standard gelistet sind. Dazu kommen noch 18 separate Branchenindizes, die zum Beispiel jeweils alle Automobilaktien oder Maschinenbauunternehmen enthalten (→ Tabelle oben).

Diese Index-Familie wurde Anfang Juni 2007 um den Öko-Dax erweitert (→ Seite 177).

Neue Regeln für Dax & Co.

Im Herbst 2006 hat die Deutsche Börse die Regel für ihre Dax-Familie an den gemeinsamen Kapitalmarkt innerhalb der Europäischen Gemeinschaft angepasst. Seit diesem Zeitpunkt werden bei der Auswahl der Indexwerte für den Dax wie zuvor schon auch beim MDax, TecDax und SDax ausländische Aktien berücksichtigt. Voraussetzung ist allerdings, dass sie im Prime-Standard (→ Seite 110) der Frankfurter Börse gelistet sind, ihren juristischen Sitz innerhalb der EU haben und die betreffenden Aktien schwerpunktmäßig in Frankfurt gehandelt werden.

Internationales Parkett

Ein Klassiker und Urgestein auf internationalem Parkett ist, wie erwähnt, der **Dow-Jones**-Industrial-Average-Index – wie er ausführlich heißt. Deutlich breiter orientiert ist der **Standard-&-Poor's-500**-Index, der 500 an der New Yorker Börse gelistete Aktien enthält und rund 80 Prozent des US-amerikanischen Aktienmarkts widerspiegelt.

Was der Dow-Jones-Index für die New Yorker Börse, ist der **Nikkei-Index** für den Aktienmarkt in Tokio. Der Nikkei-Index enthält in der ersten Sektion (vergleichbar mit dem amtlichen Handel an den deutschen Börsen,

Die Deutsche Börse veröffentlicht jeweils zum Monatsende für alle Mitglieder in den **Dax-Indizes** eine Rangliste nach Umsatz und Marktkapitalisierung: www.deutsche-boerse.com, Menüpunkt „Market Data & Analytics", Unterpunkt „Indizes", Auswahl „Indexlizenzen".

→ Seite 109) 225 gelistete Aktien. In Europa hat es neben dem Dax vor allem der an der Londoner Börse für britische Titel berechnete **FTSE-Index** zu Bedeutung in der Finanzgemeinde gebracht.

Als wichtigste Kursmaßstäbe für die Aktienkursentwicklung in ganz Euroland, also als regionale Indizes, gelten die **Stoxx-Indizes**. Der Euro Stoxx 50 fasst die 50 wichtigsten Gesellschaften aus der Euroregion zusammen – als Performance- und als Kursindex. Der Stoxx-50-Index ist nach demselben Konzept aufgebaut, berücksichtigt aber die Aktien aller großen europäischen Industriestaaten – er enthält somit beispielsweise auch schweizerische und britische Unternehmen.

Einführung für angehende Aktionäre

Aktien sind die Anlageform, die das Geschehen an den Finanzmärkten dominiert. Denn Dividendentitel, wie sie auch genannt werden, bieten den Stoff, aus dem Anlegerträume sind. Wer zum richtigen Zeitpunkt in die richtigen Unternehmen einsteigt und zu einem geeigneten Zeitpunkt wieder aussteigt, hat gute Chancen, dass sich sein Investment als überdurchschnittlich erfolgreich erweist. Damit dieses Vorhaben gelingt, ist es allerdings wichtig, sich mit den Eigenheiten der Aktienanlage auszukennen. Vor allem muss sich der Anleger darauf besinnen, dass er mit einer Aktie zum Miteigentümer an einem Unternehmen wird – und aus diesem Blickwinkel seine Anlageentscheidung treffen.

Vom Anleger zum (Mit-)Unternehmer

Im Gegensatz etwa zu einer Sparanlage, bei der der Anleger Gläubiger seiner Bank wird, sind Aktien Beteiligungspapiere. „Beteiligung" deshalb, weil sie einen Anteil am Grundkapital, also dem Eigenkapital einer Aktiengesellschaft (AG) verbriefen. Mit dem Kauf beteiligt sich der Anleger somit rein rechtlich an einem Unternehmen und nimmt fortan als Miteigentümer an dessen wirtschaftlicher Entwicklung teil – und zwar in zweierlei Hinsicht. Zum einen dadurch, dass seine Anteile an der Börse im Wert steigen oder fallen. Zum anderen, indem er unmittelbar am Gewinn, im ungünstigsten Fall aber auch an einem etwaigen Verlust „seines" Unternehmens beteiligt ist.

Als Aktionär hat der Anleger keinen Anspruch auf eine regelmäßige und feste Verzinsung seines Kapitals wie beispielsweise bei einer Anleihe. Wenn das Unternehmen in schlechten Jahren Verluste schreibt, muss er davon ausgehen, dass die Gewinnausschüttung, Dividende genannt, ausbleibt. Allerdings kauft kaum ein Anleger Aktien nur wegen der Dividende, sondern in der Hoffnung auf möglichst hohe Kursgewinne. Die Aktiennotierungen reagieren nämlich sehr sensibel auf jede unternehmerische Meldung und wirtschaftliche Trends (→ Seite 68 ff.). Dazu ist der Aktienmarkt insgesamt empfänglich für Stimmungen. Beide Faktoren zusammengenommen führen zu starken Kursschwankungen. Wer sich dies vor dem Einstieg vergegenwärtigt, erspart sich spätere Enttäuschungen und bleibt realistisch.

Nennwert ist nicht gleich Kurswert

In welcher Höhe ein Anleger am Geschäftserfolg beteiligt wird, hängt davon ab, welchen Anteil er mit seinem Aktienpaket am Grundkapital des Unternehmens hält. Der Nennwert oder Nominalwert einer Aktie ist dabei eine buchhalterische Größe, die sich aus der Einteilung des Grundkapitals in nominelle Einheiten ergibt. Dieser wertmäßige Anteil, den jede Aktie am Grundkapital repräsentiert, war früher als Geldbetrag auf der effektiven Aktienurkunde aufgedruckt – beispielsweise „Fünf D-Mark".

Im Zuge der Euroumstellung haben viele deutsche Aktiengesellschaften ihr Grundkapital von Nennwert- auf nennwertlose Stückaktien umgestellt. Der Unterschied ist, dass Letztere nicht einen festen Geldbetrag am Grundkapital verkörpern, sondern eine bestimmte Quote.

Ein Beispiel: Das Grundkapital einer Gesellschaft in Höhe von 10 Millionen Euro wird umgewandelt von 10 Millionen Ein-Euro-Aktien in 10 Millionen Stückaktien. Faktisch entspricht damit der

Nennwert unverändert ein Euro pro Aktie – nur dass dieser Wert nicht mehr auf der Urkunde steht. In beiden Fällen ist der Aktionär jedoch zu einem Zehnmillionstel am Grundkapital beteiligt.

Nennwert begrenzt Haftung des Aktionärs

Der Nennwert definiert gleichzeitig das Haftungsrisiko des Anlegers für die Verbindlichkeiten „seines" Unternehmens. Sollte die Gesellschaft im schlechtesten Fall Konkurs anmelden müssen, haften die Aktionäre nur bis zur Höhe des eingezahlten Nennwerts. Das heißt, ist das Vermögen der Gesellschaft vollständig aufgebraucht, haben die Gläubiger keine Möglichkeit, ihre offenen Forderungen bei den Aktionären direkt einzufordern.

Mit dem Kurswert einer Aktie hat der Nennwert allerdings nichts zu tun. An der Börse wird in der Regel wesentlich mehr für eine Aktie gezahlt, als die Urkunde nominell repräsentiert. Das liegt daran, dass der Börsenkurs den Marktwert einer Gesellschaft widerspiegelt – und dieser liegt bei einem erfolgreichen Unternehmen üblicherweise deutlich über dem Wert des Grundkapitals. Denn zum Börsenkurs werden beispielsweise auch die Rücklagen (→ Seite 120 ff.), stille Reserven (→ Seite 52 ff.), Marktposition und die Gewinnaussichten der Gesellschaft hinzugerechnet.

Dennoch kommt es vor, dass eine Aktie weniger kostet als den rechnerischen oder den auf der Urkunde aufgedruckten Betrag – nämlich dann, wenn das Unternehmen in ernsten finanziellen Schwierigkeiten steckt und in seiner Substanz gefährdet ist. Auch wenn der Nennwert nicht unmittelbar etwas mit dem Marktwert zu tun hat, geht in diesem Fall doch eine gewisse Signalwirkung von ihm aus, denn offensichtlich ist das Unternehmen nicht mehr den Betrag wert, den es entsprechend der Bilanz (→ Seite 52 ff.) repräsentiert.

Aktie ist nicht gleich Aktie

Aktien unterscheiden sich nicht nur hinsichtlich ihres Nennwerts beziehungsweise ihrer Stückelung. Das deutsche Aktienrecht erlaubt auch eine Reihe unterschiedlicher Aktiengattungen, die sich in puncto Handelbarkeit und der Rechte, die sie verbriefen, voneinander abgrenzen lassen.

Keine Gesellschaft ohne Stammaktien

Keine Gesellschaft kommt ohne Stammaktien aus. Die Besitzer dieser Papiere genießen alle gesetzlichen und satzungsmäßigen Rechte als Anteilseigner eines Unternehmens. Dazu gehören vor allem das Teilnahme-, Rede- und Stimmrecht auf der Hauptversammlung (→ Seite 92).

Viele Gesellschaften haben ihre „Stämme“, wie sie in der Börsensprache kurz genannt werden, als Inhaberpapiere aufgelegt. Das heißt, die Rechte, die mit der Aktie verbunden sind, können von jedem Anleger geltend gemacht werden, der sie gerade besitzt. Eine Übertragung dieser Papiere ist formlos und damit relativ einfach möglich – was wichtig ist im schnellen Börsengeschäft.

Aktionäre mit Namen und Adresse

Das Gegenstück zu den Inhaberaktien sind die Namensaktien: Die Gesellschaft führt ein Aktienbuch, in dem alle Aktionäre mit Namen, Adresse und Stückzahl der gehaltenen Aktien aufgelistet sind. Die Aktionäre haben ein Einsichtsrecht in das Buch. Aus Datenschutzgründen ist dieses allerdings auf die jeweils eigenen Daten beschränkt. Wer in dem Register gar nicht erscheinen will, kann seine Depotbank anstelle der eigenen Person in das Aktienbuch eintragen lassen. Er muss sich dann aber für seine Papiere eine – eventuell kostenpflichtige – Vollmacht ausstellen lassen, wenn er die Hauptversammlung besuchen will.

Die Vorteile für die Emittenten

Namensaktien sind bei deutschen Konzernen mittlerweile Standard. Siemens, die Deutsche Telekom und DaimlerChrysler sind nur einige der bekannten Gesellschaften, die ihre Inhaberpapiere auf Namensurkunden umgestellt haben, um auf dem internationalen Börsenparkett mithalten zu können. Denn in vielen Ländern ist diese Form längst üblich – in den USA sogar Pflicht. Wenn ein deutsches Unternehmen seine Aktien an internationalen Börsen listen lassen möchte, führt deshalb an dieser Aktiengattung kaum ein Weg vorbei.

Es gibt dazu eine Reihe positiver Nebenaspekte für das Unternehmen. So bekommt die Verwaltung einen regelmäßigen und vollständigen Einblick in die Aktionärsstruktur und kann die Anteilseigner gezielt ansprechen, beispielsweise mit Aktionärsbriefen, Jahres- und Quartalsberichten. Nicht zuletzt bieten Namensaktien Schutz vor einer unerwünschten Übernahme durch ein anderes Unternehmen (→ Seite 111 ff.) – vor allem, wenn die Namensaktien zusätzlich noch **vinkuliert** sind.

> **Vinkulierte Namensaktien:** *Diese Aktien können nur mit Zustimmung des Vorstands der AG übertragen werden. Wenn ein Aktionär verkauft, ohne die Einwilligung einzuholen, und sie ihm nachträglich verweigert wird, ist die ganze Transaktion nichtig.*

Zweifelhafter Charme der Vorzüge

Neben den Stammaktien haben die Gesellschaften die Möglichkeit, Vorzugsaktien auszugeben. Der Vorteil dieser Aktiengattung liegt fast immer in der Dividende. Kumulative Vorzugsaktien gewähren gegenüber den Stammaktien eine Mindestdividende und/oder Mehrdividende. Bei einer Mehrdividende besteht der

Aufschlag in einem festen Betrag oder in einem prozentualen Aufschlag zur Dividende, der an die Stammaktionäre ausgezahlt wird. Mindestdividende heißt, dass die Anteilseigner unter Umständen auch dann eine Ausschüttung erhalten, wenn die Stammaktionäre nichts bekommen. Teilweise gewähren die Vorzugsaktien auch Anspruch auf eine Ausschüttung, bevor die Stammaktionäre bedient werden. In diesem Fall sprechen Fachleute von Prioritätsaktien.

An der Börse gibt es natürlich nichts ohne Gegenleistung. Vorzugsaktionäre besitzen für die Besserstellung bei der Dividende üblicherweise kein Stimmrecht auf der Hauptversammlung. Das ist nach dem deutschen Aktienrecht allerdings nur dann zulässig, wenn der Vorzug bei einem völligen Ausfall der Dividende in den Folgejahren nachgezahlt wird – deshalb auch die Bezeichnung kumulative Dividende. Darüber hinaus lebt das Stimmrecht der Vorzüge auf, wenn die ausgefallene (Mehr-)Dividende im darauffolgenden Jahr nicht oder nur teilweise aufgeholt wird.

Vorzüge oder Stämme?

Für den Anleger stellt sich bei einem Unternehmen, von dem es sowohl Stamm- als auch Vorzugsaktien gibt, die Frage, zu welcher Gattung er greifen soll? An der Börse gibt es dazu oftmals eine eindeutige Antwort: zu Stammaktien – zumindest dann, wenn es um die langfristige Anlage geht. Vorzüge werden nämlich meist mit einem Abschlag gehandelt, der nicht selten mehr als 30 Prozent ausmacht. Einige Cent mehr Dividende gleichen diesen Nachteil in der Regel kaum aus.

Der Grund für die vielfach unterdurchschnittliche Entwicklung der Vorzüge ist, dass institutionelle Anleger wie Versicherungen und Investmentfonds fast ausnahmslos Stammaktien kaufen. Als

Vorzugsaktionäre: Anteilseigner zweiter Klasse

Dass Vorzugsaktien im entscheidenden Fall keine besonders gute Wahl sind, zeigt das Beispiel Wella. Für die Anteile des deutschen Kosmetikherstellers hatte der US-Konkurrent Procter & Gamble im Jahre 2003 ein Übernahmeangebot (→ Seite 111 ff.) gemacht: Doch während für die „Stämme" 92,25 Euro geboten wurden, sollten sich die Vorzugsaktionäre mit 65 Euro bescheiden – und das, obwohl die Börsenkurse beider Aktiengattungen bis zu dem Zeitpunkt, an dem die Übernahmespekulationen an der Börse aufkamen, nur mit einem geringen Abstand voneinander notierten. Erst nach heftigen Protesten der betroffenen Anteilseigner besserte der US-Konzern sein Angebot nach.

Anteilseigner mit einem zum Teil erheblichen Aktienpaket wollen sie schließlich Druck auf das Management ausüben können, wenn die geschäftliche Entwicklung nicht wie erhofft verläuft. Auch von Übernahmespekulationen und Bietergefechten (→ Seite 112 ff.) profitieren Vorzugsaktionäre nicht (→ Kasten, Seite 89). Denn wer die Kontrolle über das Unternehmen bekommen will, dem reicht es, wenn er sich die Mehrheit an den Stammaktien sichert.

Mittlerweile wandeln allerdings immer mehr große deutsche Aktiengesellschaften ihre Vorzugs- in Stammaktien um. Grund: Da bei den wichtigen Aktienindizes wie dem Dax oder dem Euro Stoxx 50 nur noch die liquidere Gattung in die Berechnungsgrundlage für das Gewicht im Index eingeht (→ Seite 82), wollen sie verhindern, dass ihre Bedeutung in den Kursbarometern sinkt. Vorzugsanteile sind zudem bei großen, internationalen Anlegern nicht gefragt. Das senkt die Attraktivität eines Unternehmens.

Sonderformen auf internationalem Parkett

An den internationalen Finanzmärkten gibt es noch weitere Aktientypen. Bei einem Gang an eine US-amerikanische Börse entscheiden sich beispielsweise viele ausländische Unternehmen für spezielle Zertifikate, sogenannte American Depositary Receipts (ADR). Dabei hinterlegt die Gesellschaft ein größeres Aktienpaket bei US-amerikanischen Treuhänderbanken, die dann einen Herausgabeanspruch auf die Originalaktien in einem Zertifikat verbriefen – dem ADR. In vielen Fällen verkörpern dann 10 ADRs den Anspruch auf eine Aktie. Rein rechtlich gelten ADRs als Namensaktien, auch wenn die dem Zertifikat zugrundeliegende Aktie ein Inhaberpapier ist.

Neben den ADRs gibt es in einigen Fällen auch eine Unterscheidung in A- und B-Aktien – etwa bei chinesischen und norwegischen Unternehmen. Ausländische Anleger dürfen dort in der Regel nur die B-Aktien kaufen, die nicht selten ein eingeschränktes Stimmrecht besitzen und/oder kontingentiert sind. Mit dieser Beschränkung will das entsprechende Unternehmen beziehungsweise der Heimatstaat einen zu starken Einfluss externer Kapitalgeber verhindern.

Aktionärsrechte: „Grundgesetz“ der Miteigentümer

Aktuelle Termine und Informationen unter www.hauptversammlung.de

Es war ein triumphaler Augenblick, als Anfang April 2004 der umstrittene französische Börsenbriefverleger Nicolas Miguet seine Finger mit dem V-Zeichen gen Himmel reckte und ihm über 2 000 Menschen zujubelten. Was war passiert? Zwei Stunden lang hatten die Kleinaktionäre des britisch-französischen Unternehmens Eurotunnel ihrem Ärger Luft verschafft. Seit Jahren schrieb die Gesellschaft, die die Röhren zwischen der britischen Insel und dem europäischen Festland betreibt, tiefrote Zahlen und stand bereits mehrfach vor der Pleite. Doch trotz der Misere, so der Vorwurf der Anteilseigner, genehmige sich das Management üppige Vergütungen und hohe Bonuszahlungen, ohne den Nachweis zu erbringen, einen Weg aus der Krise zu finden. Am Ende der Debatte war der Zeitpunkt der Abrechnung gekommen. Angeführt von Miguet stürzten die Anteilseigner die Unternehmensführung und wählten sogleich ihre Wunschkandidaten. Eine kleine Revolution, denn erstmals hatten damit nicht einfach

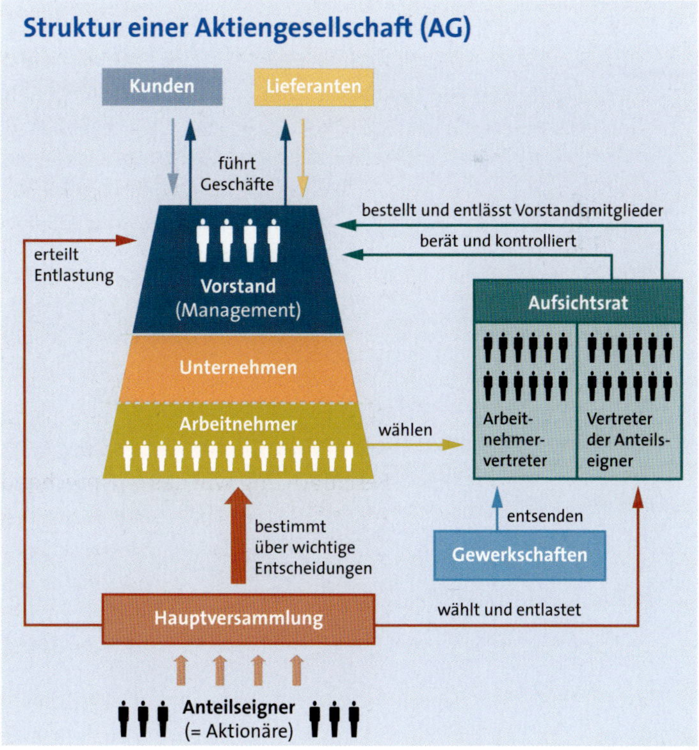

wenige Großaktionäre, sondern das „breite Anlegervolk“ das Steuer bei einem Unternehmen in die Hand genommen und herumgerissen.

Solche Sternstunden der Aktionärsdemokratie sind rückblickend die Ausnahme, doch sie zeigen, dass Aktienanleger als Miteigentümer eines Unternehmens bei einer Reihe wichtiger Entscheidungen mitbestimmen können. Die Institution, die nach dem deutschen Aktiengesetz dafür vorgesehen ist, ist die Hauptversammlung (HV), die einmal jährlich stattfindet.

Wofür die Hand heben?

Auch wenn die Tagesordnung von Hauptversammlung zu Hauptversammlung variiert – eine Reihe von Abstimmungspunkten gehört zum Standard. Das sind die wichtigsten:

- **Vorlage des festgestellten Jahresabschlusses nebst Lagebericht.** Bevor es zur Abstimmung kommt, haben die Aktionäre ein Recht zu erfahren, wie das abgeschlossene Geschäftsjahr verlaufen ist. Vorstand und Aufsichtsrat – der im Interesse der Anteilseigner den Vorstand berät, aber auch kontrolliert (→ Grafik, Seite 91) – geben einen Überblick über ihre Arbeit.
- **Beschlussfassung über die Verwendung des Bilanzgewinns.** In der Regel der erfreulichste, aber nicht selten auch strittigste Punkt der HV: Die Hälfte des Bilanzgewinns darf die Verwaltung vorab den Rücklagen zuführen. Über den Rest stimmen die Aktionäre ab. Wenn nach dem Willen der Verwaltung auch davon noch ein erheblicher Teil in die Unternehmensreserven fließen soll, verlangen die Aktionäre häufig eine Dividendenerhöhung. Die Verwaltung setzt sich aber in der Regel durch.
- **Beschlussfassung über die Entlastung von Vorstand und Aufsichtsrat.** Die Aktionäre erklären mit ihrer Zustimmung, dass die Arbeit des Managements und des Aufsichtsrats aus ihrer Sicht nicht zu beanstanden war. Verweigern sie die Entlastung, heißt das nicht, dass die betroffenen Personen entlassen werden. Es wird lediglich ein Vertrauensentzug dokumentiert.
- **Wahl der Aufsichtsratmitglieder.** Vorstände bestellen und abberufen kann nur der Aufsichtsrat. Dessen Mitglieder werden regulär alle vier Jahre von den Anteilseignern (zum anderen Teil von den Arbeitnehmern) einzeln gewählt.
- **Beschlussfassung über die Erhöhung des Grundkapitals.** Wenn der Vorstand neue Aktien (→ Seite 96) ausgeben will, braucht er stets die Zustimmung der Anteilseigner. Er kann sich allerdings einen Vorratsbeschluss (→ Seite 99) erteilen lassen.
- **Beschlussfassung über die Ermächtigung zum Erwerb eigener Aktien.** Unter bestimmten Voraussetzungen kann die Verwaltung Aktien des eigenen Unternehmens zurückkaufen. Dazu braucht sie jedoch die Zustimmung der Anteilseigner.

Jeder Aktionär hat Rede- und Auskunftsrecht

Auf der HV hat jeder Aktionär ein Auskunftsrecht und somit die Möglichkeit, Fragen zu stellen. Dabei spielt es keine Rolle, wie viele Aktien er besitzt. Schon ein einziger Anteil genügt. Damit diese Aussprache allerdings nicht in eine endlose Debatte ausartet, kann der Versammlungsleiter die Redezeit jedes Aktionärs beschränken. Die Verwaltung muss alle Fragen ausführlich und nach bestem Wissen beantworten. Wenn es dem Unternehmen Nachteile bringt, kann sich der Vorstand allerdings auf ein Auskunftsverweigerungsrecht berufen. Die Vorstände sind aber im Gegensatz zu früheren Jahren bemüht, die geforderten Informationen zu liefern, denn sie müssen sich internationalen Maßstäben anpassen – und dort ist Offenheit gegenüber den Anteilseignern oberstes Gebot.

TIPP

Wenn Ihnen die Zeit für die weite An- und Abreise fehlt, können Sie auf die Möglichkeiten der modernen Technik zurückgreifen. Immer mehr große Aktiengesellschaften ermöglichen es ihren Aktionären, die **HV per Internet** verfolgen zu können. Wenn Sie sich im Vorfeld registrieren lassen, können Sie vielfach sogar per Mausklick abstimmen. Nähere Informationen dazu bekommen Sie im Einzelfall bei der Investor-relations-Abteilung der jeweiligen Gesellschaft.

Der Nutzen der HV für den Anleger

Bei der Abstimmung der Beschlusspunkte am Ende der HV zeigt sich dann allerdings oft der begrenzte Einfluss eines einzelnen Privatanlegers. Da sich Großaktionäre und Banken in aller Regel einig sind, sind Zustimmungen zu den anstehenden Entscheidungen von 98 Prozent und mehr die Regel. Dennoch sollte es kein Aktienkäufer versäumen, einmal eine HV eines Unternehmens zu besuchen, dessen Anteile er im Depot hat. So hat er die Möglichkeit, den Vorstand zu einzelnen Punkten direkt zu befragen, die Verantwortlichen „hautnah" zu erleben und zu sehen, wie souverän und kompetent sie auf einzelne Redebeiträge reagieren und antworten.

Aktionäre bekommen eine Einladung

Bedenken, den Termin zu verpassen, muss kein Aktienbesitzer haben. Entweder die Depotbanken oder die Unternehmen selbst verschicken die Einladungen zur HV inklusive Tagesordnung rechtzeitig per Post. Damit auf der Veranstaltung klar ist, wer wie viele Stimmen besitzt, müssen Anleger, die zur HV gehen, einige Tage vorher über ihre Bank eine Eintrittskarte bestellen. Mit ihr bekommt der Aktionär nicht nur Zutritt zu der Veranstaltung, sie dient meist auch als Nachweis seiner Stimmrechte. Wichtig: Bei Inhaberaktien stellt die Depotbank eine Besitzbescheinigung aus, die sich immer auf den Bestand des 21. Tages vor der Hauptversammlung bezieht. Nur wer an diesem „Record Day" Aktionär ist, kann auf dem Aktionärstreffen mitstimmen, auch wenn er seine Papiere bis dahin verkauft hat. Für Namensaktien gilt der Record Day nicht, da in diesem Fall die Anteilseigner im Aktienregister des Unternehmens aufgeführt sind.

Auf der HV vertreten lassen

Jeder Aktionär, der keine Zeit und Lust hat, die Hauptversammlungen zu besuchen, kann seine Stimmen übertragen und sich vertreten lassen.

Dazu reicht eine einfache Vollmacht, die meist schon bei der Eintrittskarte mit dabei ist. Mitunter bietet die eigene Depotbank diesen Service an. Aber: Wenn dem Mitarbeiter der Bank keine ausdrücklichen Weisungen der Vollmachtgeber vorliegen, stimmt er stets für die Vorschläge der Verwaltung ab. Fragen an den Vorstand stellt er grundsätzlich nicht.

Aktionärsvereinigungen: *Die beiden wichtigsten und größten in Deutschland sind die Schutzgemeinschaft der Kapitalanleger (SdK) und die Deutsche Schutzgemeinschaft für Wertpapierbesitz (DSW, Adressen* *→ Seite 186).*
www.dsw-info.de
www.sdk.org

Alternative: Aktionärsvereinigungen beauftragen

Die Alternative zur Hausbank ist, eine der **Aktionärsvereinigungen** mit der Stimmvertretung zu beauftragen. Diese Vereinigungen verstehen sich als Interessenvertretungen für private Aktionäre. Im Gegensatz zu den Bankvertretern stellen sie auf den HV,

Gesetzgeber wahrt Aktionärsrechte

Mit dem Gesetz zur Unternehmensintegrität und Modernisierung des Anfechtungsrechts (UMAG) sind die Klagemöglichkeiten der Aktionäre gegen **Hauptversammlungs(HV)-Beschlüsse** oder das Management ihres Unternehmens deutlich verbessert worden. So reicht nunmehr der Besitz von einem Prozent am Grundkapital einer Gesellschaft oder, was viel eher zu erfüllen ist, Anteilen in einem Börsenwert von 100 000 Euro, damit eine Haftungsklage gegen den Vorstand und/oder Aufsichtsrat angestrengt werden kann – beispielsweise wegen des Verdachts auf Untreue oder Kursmanipulation aufgrund der Veröffentlichung einer gefälschten Ad-hoc-Mitteilung (→ Seite 56). Der Clou dabei: Betroffene Aktionäre können sich im Rahmen der Klage mit ihren Anteilen zusammenschließen, um so das geforderte Quorum, wie die Voraussetzungen in der Fachsprache der Juristen auch genannt werden, zu erfüllen. Ein spezielles Forum im elektronischen **Bundesanzeiger** hilft dabei.

Die vereinfachte Klagemöglichkeit gilt auch für Sonderprüfungen. Bei diesem Kontrollinstrument wird auf Antrag der HV ein Wirtschaftsprüfer damit beauftragt zu klären, ob die Aktionäre durch bestimmte Vorgänge im Unternehmen oder Entscheidungen des Managements geschädigt wurden und wer genau dafür verantwortlich ist, um gegebenenfalls gegen mögliche Pflichtverletzungen von Vorstand und/oder Aufsichtsrat zu klagen.

Bundesanzeiger: *Ursprünglich eine Art Tageszeitung, in der amtliche Bekanntmachungen der Bundesregierung, aber auch gesetzlich vorgeschriebene Bekanntmachungen von Unternehmen veröffentlicht werden. Der Bundesanzeiger wird heute nur noch im Internet veröffentlicht:* www.ebundesanzeiger.de.

die sie für ihre Mitglieder besuchen, regelmäßig Gegenanträge, greifen Missstände auf und gehen auch vor Gericht, um etwa die Rechtmäßigkeit einer verweigerten Auskunft der Aktiengesellschaft überprüfen zu lassen.

Für welche Möglichkeit sich ein Aktionär auch entscheidet – er sollte auf keinen Fall darauf verzichten, seine Stimmrechte ausüben zu lassen. Die Tatsache, dass die Teilnehmer vieler Hauptversammlungen mit ihren Stimmrechtsanteilen nur einen Bruchteil des Grundkapitals repräsentieren, kann dazu führen, dass einzelne Aktionäre ihre Interessen auf der HV auch dann durchsetzen können, wenn sie über viel weniger als 50 Prozent aller Anteile, also der einfachen Mehrheit, verfügen – denn bei der Abstimmung zählen nur die tatsächlich auf der Versammlung anwesenden Stimmen. Dann darf sich kein Aktionär wundern, wenn Entscheidungen getroffen werden, die unter Umständen zu seinen Lasten und zulasten des jeweiligen Unternehmens gehen. Viele große Konzerne denken daher darüber nach, die HV-Präsenz zu erhöhen, indem sie diejenigen Aktionäre, die die HV besuchen, mit einem zusätzlichen Dividendenbonus „belohnen“. Doch Details einer solchen Regelung und vor allem die gesetzliche Genehmigung stehen noch aus.

Im Zusammenhang mit dem Ablauf der Hauptversammlung und den damit verbundenen Aktionärsrechten hat das UMAG jedoch einige nachteilige Regelungen vor allem für Kleinaktionäre gebracht. So hat der Versammlungsleiter der HV das Recht, nicht nur das Rederecht jedes einzelnen Aktionärs ebenso wie die gesamte Fragezeit „auf ein sinnvolles Maß“, wie es in den Satzungen vieler Großkonzerne mittlerweile heißt, zu beschränken. Ausufernde HVs, die sich mitunter über Stunden hinweg bis in den Abend ziehen, sollen so verhindert werden. Zudem hat die Verwaltung die Möglichkeit, schriftliche Fragen zuzulassen. Diese müssen dann nicht mehr auf der HV selbst, sondern können – so schnell wie möglich – auf der unternehmenseigenen Internetseite beantwortet werden.

Aktionäre, die mit einzelnen HV-Beschlüssen nicht einverstanden sind, können vor Gericht ziehen und diese Entscheidungen anfechten. Mit dem Inkrafttreten des UMAG verhindert eine solche Anfechtungsklage das Wirksamwerden des Beschlusses allerdings nur um einige Monate.

Wird er durch die Eintragung in das Handelsregister dann rechtlich vollzogen, ohne dass das Gericht bis dahin ein Urteil gefällt hat, kann der Aktionär nur noch auf Schadenersatz hoffen, sollte er vor Gericht recht bekommen. Dazu muss er allerdings nachweisen, dass er genau durch diesen Vorgang auch geschädigt wurde. Eine Revision des Beschlusses ist beim Erfolg der Klage auf keinen Fall mehr möglich.

Einheitliche HV-Regeln in Euroland

Ihre Aktionärsrechte im Ausland wahrzunehmen, war für deutsche Anleger bislang schwierig und mit hohen Kosten verbunden. Das soll sich nach dem Willen der Europäischen Union innerhalb der Mitgliedsstaaten ändern. Mithilfe einer Richtlinie, die das EU-Parlament im ersten Halbjahr 2007 beschließen will, sollen Aktionäre im gemeinsamen Binnenmarkt ihre grenzüberschreitenden Eigentümerrechte einfacher und schneller ausüben können. Demnach sollen sich beispielsweise deutsche Anteilseigner eines französischen Konzerns wie bereits im Inland vor Ort vertreten lassen, um sich so die Reise zum Tagungsort zu sparen. Das Stimmrecht kann auch per Brief ausgeübt werden und sogar die Vertretung am Computer bei einer Online-Abstimmung (→ Kasten, Seite 93) soll möglich werden. Die EU verlangt allerdings, dass offengelegt wird, wer wen vertritt, um Mauscheleien vorzubeugen. Damit alle Briefe und Onlineanmeldungen fristgerecht zum HV-Termin vorliegen, sollen die Unternehmen verpflichtet werden, ihren Anteilseignern die Einladung und alle anderen Unterlagen unabhängig von Wohnsitz und Zahl der Anteile mindestens drei Wochen vorher zukommen zu lassen. Allerdings muss die Richtlinie von den Mitgliedsstaaten erst noch in nationales Recht umgesetzt werden.

Kapitalerhöhung: Wenn Aktien Junge kriegen

Es ist eine betriebswirtschaftliche Binsenweisheit, dass jedes Unternehmen investieren muss, wenn es erfolgreich wirtschaften will. Das kann zum Beispiel die Anschaffung einer modernen, kostensparenden Produktionsanlage sein oder auch der Kauf eines Konkurrenzunternehmens. Solche Vorhaben verschlingen nicht selten Milliardenbeträge, die nicht ausschließlich über einen Bankkredit finanziert werden können. Die Aktionäre als Eigentümer des Unternehmens werden dann aufgefordert, frisches (Eigen-)Kapital zur Verfügung zu stellen. Dazu führt die Aktiengesellschaft eine Kapitalerhöhung durch, bei der nach einem bestimmten Verfahren neue Aktien gegen Bargeld ausgegeben werden.

Üblich ist dabei, dass das Unternehmen die neuen Aktien nicht zum rechnerischen Nennwert (→ Seite 86), sondern zu einem höheren Preis verkauft. Der über dem Nennwert liegende Betrag wird auch als Agio oder Aufgeld bezeichnet, der in die Rücklagen der Gesellschaft wandert. Mithilfe von Banken werden die Anteile dann an und außerhalb der Börse bei interessierten Anlegern platziert, wie es in der Fachsprache heißt.

So wird bei einer Kapitalerhöhung gerechnet

Angenommen, das Grundkapital einer Aktiengesellschaft besteht aus fünf Millionen Stückaktien im rechnerischen Nennwert von einem Euro. Der Vorstand beschließt, das Grundkapital auf sechs Millionen Aktien zu erhöhen. Daraus ergibt sich ein Bezugsverhältnis von 5 : 1. Der Kurs der jungen Aktien wird auf 30 Euro festgelegt. Der aktuelle Börsenkurs liegt bei 60 Euro.

Ein Aktionär, der 1 000 Aktien besitzt – das entspricht 0,02 Prozent vom Grundkapital – kann nun 200 neue Aktien beziehen, um seinen relativen Eigentumsanteil an der Aktiengesellschaft im Zuge der Kapitalmaßnahme konstant zu halten:

1 200 : 6 000 000 = 0,0002
0,0002 × 100 = 0,02 %.

Möglich ist auch, dass er beispielsweise 500 Bezugsrechte verkauft und den Erlös dazu verwendet, den Preis für die 100 neuen Aktien, die er dann übernimmt, teilzufinanzieren. Der rechnerische Wert des einzelnen Bezugsrechts lässt sich anhand dieser Formel abschätzen:

$$\frac{\text{Börsenkurs} - [\text{Emissionskurs (+ eventueller Dividendennachteil)}]}{\text{Bezugsverhältnis} + 1}$$

Für das Beispiel ergibt sich folgende Rechnung, wenn die Aktien in puncto Dividende den Altaktien gleichgestellt sind:

$$\frac{60\text{ Euro} - (30\text{ Euro} + 0)}{5:1+1} = 5\text{ Euro}$$

Der rechnerische Bezugswert liegt damit bei 5 Euro. Daraus folgt: Verkauft der Anleger seine Bezugsrechte komplett und verzichtet darauf, die Kapitalmaßnahme in vollem Umfang mitzumachen, erzielt er einen Erlös von 1 000 × 5 Euro = 5 000 Euro.

Allerdings: Da am ersten Tag des Bezugsrechtshandels das Bezugsrecht vom Aktienkurs abgeschlagen wird, sinkt auf der anderen Seite auch der Wert seines Aktienpakets um etwa denselben Betrag. Er hat unter dem Strich also nichts gewonnen.

Macht er dagegen die Maßnahme voll mit, muss er für die neuen Aktien
200 × 30 Euro = 6 000 Euro
bezahlen, die er faktisch neu in das Unternehmen investiert. Die Aktien zum günstigen Preis zu kaufen, sieht auf den ersten Blick vorteilhaft aus. Dennoch: Auch in diesem Fall ändert sich der Wert seines Aktienpakets **nach** der Kapitalmaßnahme (ursprünglicher Kurswert plus neu eingezahltes Kapital) nicht:
1 200 × 55 Euro = 66 000 Euro!

Wie sich der Anleger in dieser Situation verhält, ist nicht zuletzt eine Frage seines Geldbeutels. Zieht er nicht mit, steigen zwar zunächst seine Barmittel, was nicht nachteilig erscheint. Das heißt aber auch, dass seine Beteiligungsquote an dem betreffenden Unternehmen sinkt
(1 000 : 6 000 000 × 100 = 0,017 %).

Folge: Auf der Hauptversammlung haben seine Stimmanteile künftig weniger Gewicht und sein Anspruch auf Beteiligung am Gewinn sinkt.

Das Bezugsrecht der Alt-Aktionäre

In vielen Fällen wird der Preis für die neuen Aktien in der Nähe des aktuellen Börsenkurses festgelegt. Natürlich kann die Unternehmensverwaltung den Preis auch deutlich darunter festsetzen. In diesem Fall steht den Alt-Aktionären aber eine Art gesetzliches Vorkaufsrecht zu: das Bezugsrecht. Grund: Die Alt-Aktionäre würden vermögensrechtlich benachteiligt, wenn sich neue Geldgeber über die Kapitalerhöhung billiger als über die Börse in das Unternehmen einkaufen könnten.

Das Bezugsrecht stellt einen Ausgleich für dieses Problem dar. Mit dem Bezugsangebot für die neuen Aktien, das über die Depotbanken an die Anteilseigner verteilt wird, haben die Alt-Aktionäre die Möglichkeit, ihre Beteiligungsquote zu halten, wenn sie es in vollem Umfang wahrnehmen. Im Angebot ist das Bezugsverhältnis aufgeführt. Es besagt, wie viele alte Aktien der Aktionär besitzen muss, um eine neue Aktie erwerben zu können. Im Angebot steht auch, wie viel die neuen Aktien kosten, wann der Kaufpreis fällig wird und wie lange der sogenannte Bezugsrechthandel (→ Seite 97) läuft.

Mitmachen oder verkaufen?

Der Aktionär hat, wenn er das Bezugsangebot über seine Bank zugeschickt bekommt, mindestens zwei Wochen Zeit, sich zu entscheiden, ob er bei der Kapitalerhöhung mitzieht oder verzichtet und seine Bezugsrechte über die Börse verkauft, wo sie für kurze Zeit gesondert gehandelt werden. Dabei sollten sich Privatanleger, die ihr Geld langfristig in Aktien investieren, nicht davon beeindrucken lassen, dass die Ankündigung einer Kapitalerhöhung zunächst einmal auf den Kurs drückt. Dahinter steckt die Befürchtung der Investoren, dass der Gewinn des Unternehmens „verwässert“ wird. Damit ist gemeint, dass sich der Jahresgewinn nach der Kapitalerhöhung zwangsläufig auf eine größere Anzahl von Aktien verteilt, was zumindest kurzfristig dazu führt, dass der Gewinn pro Aktie (→ Seite 124 ff.) sinkt. Ob diese Negativwirkung allerdings auf Dauer anhält, hängt vor allem von der Verwendung der neuen Finanzmittel ab. Erwirtschaftet das Management damit die gleiche Rendite wie mit dem bereits im Unternehmen arbeitenden Kapital, ist kein Verwässerungseffekt mehr vorhanden.

Als betroffener Aktionär sollte man sich daher sehr genau darüber informieren, welche Projekte mit dem frischen Kapital finanziert werden, wie deren Erfolgsaussichten einzuschätzen sind und welche Rendite sie erwarten lassen. In der Regel gibt der Vorstand bei der Ankündigung der Maßnahme eine entsprechende Stellungnahme ab, etwa auf der unternehmenseigenen Internetseite oder in der Einladung zur HV, auf der die Anteilseigner über die Kapitalmaßnahme entscheiden sollen. Auch die aktuelle Einschätzung von Analysten (→ Seite 60 ff.) gibt Aufschluss darüber, ob das Angebot attraktiv ist.

Unabhängig davon muss der Anleger für sich klären, ob er die notwendigen Mittel zum Kauf der neuen Aktien hat und ob eine Aufstockung des entsprechenden Titels vertretbar ist, ohne dass die Risikostreuung innerhalb seines Depots (→ Seite 169 ff.) ins Wanken gerät.

Nach Ende der Bezugsfrist werden die neuen Anteile als „junge" Aktien gesondert notiert, solange sie nicht oder nicht in voller Höhe für das laufende oder bereits abgeschlossene Geschäftsjahr dividendenberechtigt sind. Erst wenn es beim Dividendenanspruch keinen Unterschied mehr gibt, werden sie den alten Anteilen gleichgestellt.

Der Ausschluss des Bezugsrechts ist möglich

Eine Kapitalerhöhung ist eine kostspielige, aufwendige und zeitraubende Prozedur. Viele Vorstände wollen aber schnell reagieren können und lassen sich deshalb auf der Hauptversammlung von den Aktionären einen Vorratsbeschluss zur Erhöhung des Kapitals durch Ausgabe neuer Aktien genehmigen. Im entsprechenden Tagesordnungspunkt steht dann oft auch, dass die Anteilseigner mit der Zustimmung zugleich auf ihr Vorkaufsrecht verzichten sollen, damit der Vorstand die Maßnahme auch kurzfristig durchführen kann. Solche Vorratsbeschlüsse sind erlaubt. Allerdings sind den Managern hinsichtlich des Umfangs dieser vorab „abgesegneten" Kapitalmaßnahmen klare Grenzen bezüglich Umfang und Gültigkeitszeitraum gesetzt. So darf das Volumen des „genehmigten Kapitals", so der Fachausdruck, nicht größer als 50 Prozent des Grundkapitals sein. Wird das Bezugsrecht ausgeschlossen, sind vom Gesetzgeber sogar nur maximal 10 Prozent erlaubt. Außerdem darf der Ausgabekurs der neuen Aktien dann nicht wesentlich unter dem aktuellen Börsenkurs liegen. In beiden Fällen gilt die Genehmigung jedoch für längstens fünf Jahre.

Die Kapitalerhöhung aus Gesellschaftsmitteln

Eine für Aktionäre erfreulichere Variante der Kapitalerhöhung ist die aus Gesellschaftsmitteln. Sie wird durchgeführt, wenn ein Unternehmen in den zurückliegenden Jahren besonders gut gewirtschaftet hat und die Gewinnrücklagen stark angestiegen sind. Der Vorstand kann dann beschließen, dass die Aktionäre über die Dividende hinaus nachträglich daran teilhaben sollen. Dazu werden Gewinnrücklagen in Aktienkapital umgewandelt. Das Besondere daran: Die neuen Aktien erhalten die Anteilseigner ohne Zuzahlung, weshalb man auch von Berichtigungs- oder Gratisaktien spricht. Dieser Begriff ist etwas irreführend, denn rein rechnerisch ändert sich für die jeweiligen Aktionäre durch die Kapitalmaßnahme nichts. Die gesamte Transaktion entspricht lediglich einer Umbuchung in der Bilanz. Der Unterschied ist allerdings, dass der Aktionär für seine neuen Aktien in Zukunft einen Dividendenanspruch geltend machen kann.

In der Praxis wird – ähnlich wie bei der gewöhnlichen Kapitalerhöhung – ein Abschlag auf den Börsenkurs vorgenommen, der dazu führt, dass der Wert eines Aktienpakets vor und nach der Ausgabe der Berichtigungsaktien gleich ist. Auch sonst hat die Kapitalerhöhung aus Gesellschaftsmitteln vom Ablauf her viel mit der „normalen“ Kapitalerhöhung gemein, nur dass der Gesellschaft keine neuen Barmittel zufließen. Der Vorstand legt ebenfalls ein Bezugsverhältnis fest, sodass sich der Anleger, wenn sein Aktienposten keine Zuteilung einer ganzen Zahl neuer Anteile zulässt, entscheiden muss, ob er Teilrechte, wie es bei den Berichtigungsaktien heißt, zukauft oder abgibt.

Aktiensplit: Reine Kurskosmetik

Eine andere Möglichkeit, die Zahl der Aktien zu erhöhen, ohne dass die Aktionäre frisches Kapital einzahlen müssen oder dass sich ihre Vermögensposition ändert, ist die Durchführung eines Aktiensplits. Dabei wird die Zahl der Aktien um ein bestimmtes Vielfaches erhöht, ohne dass jedoch das Grundkapital erhöht wird. Das ist in etwa so, als wenn man einen Hundert-Euro-Schein in zwei Fünfziger wechselt. Während in den USA Aktiensplits seit Jahren praktiziert werden, wurden sie in Deutschland erst nach den rasanten Kurssteigerungen Ende der 1990er-Jahre in größerem Umfang angewendet. Das hatte seinen Grund: Zu diesem Zeitpunkt nämlich war der Kurs einer SAP-Aktie über 1 000, der eines Porsche-Anteils gar auf 4 500 Euro geklettert. Zwar sind Kurssteigerungen an sich nichts, was Anleger nicht zu schätzen wüssten. Die Kehrseite der Medaille war in diesem Fall jedoch, dass sich Privatanleger nur noch in seltenen Fällen solche Aktien „leisten“ konnten. Und selbst professionellen Anlegern mit mehreren Millionen Euro Anlagekapital im Rücken bereiteten die „sperrigen“ Preise Probleme, weil sie so die entsprechende Aktie nicht mehr in jeder beliebigen Gewichtung in ihrem Gesamtdepot darstellen konnten – was zum Beispiel bei passiven Indexstrategien (→ Seite 178 ff.) von Bedeutung ist.

Splits haben psychologische Wirkungen

Um dies zu verhindern, kann das betroffene Unternehmen per Hauptversammlungsbeschluss einen Aktiensplit durchführen, um den Aktienkurs „leichter" zu machen und dadurch die Liquidität zu verbessern. In der Praxis hat das oft kuriose Folgen. Zwischen der Ankündigung der Maßnahme und der Durchführung entwickelt sich der Kurs des jeweiligen Unternehmens vielfach besser als der Marktdurchschnitt. Danach kehrt er allerdings wieder zum Alltagsniveau zurück. Ökonomisch ist dieser Effekt kaum zu erklären, schließlich bleibt alles beim Alten. Und dass der Aktienkurs in absoluten Zahlen nichts über den Wert eines Unternehmens sagt oder darüber, ob eine Aktie hoch oder niedrig bewertet ist (→ Seite 120 ff.), vermag offensichtlich wenig an diesem Phänomen zu ändern. Oft, so vermuten Experten, kaufen die Anleger allein deshalb, weil sie auf das beschriebene Kursmuster spekulieren – und treiben so selbst den Kurs nach oben. Ein Split wird darüber hinaus als Signal des Managements an die Aktionäre verstanden, dass die Geschäftsaussichten positiv beurteilt werden.

Schließlich macht die künstliche Korrektur kaum Sinn, wenn mit Kursrückgängen gerechnet wird. Studien kommen auch zu dem Ergebnis, dass Aktien, die regelmäßig Splits durchführen, sehr oft besser abschneiden als der Gesamtmarkt.

Die Nachteile von Splits

Eine hohe Zahl von Kapitalberichtigungen und Splits hat aber auch Nachteile: Der Anleger droht den Überblick über die tatsächliche Wertentwicklung der jeweiligen Aktie zu verlieren. Und: Am Tag des Preisabschlags kann er nur seinen Altbestand verkaufen – und zwar zum neuen, niedrigen Kurs. Bis die zusätzlichen Papiere eingebucht worden sind, muss er mitunter drei bis vier Börsentage warten.

Neuemissionen: Nachschub für den Kurszettel

Kein Unternehmen landet mit seiner Gründung gleich auf dem Kurszettel der Börse. Meist wird es von den Gründern über Jahre oder Jahrzehnte hinweg aufgebaut, und erst wenn es erfolgreich arbeitet und eine bestimmte Größe erreicht hat, ist es überhaupt „reif" für den Sprung an den Kapitalmarkt. Wenn sich die Eigentümer dann dazu entschließen, ihre Gesellschaft an die Börse zu bringen und sie für einen breiten Anlegerkreis zu öffnen, sprechen Fachleute von einem „Going public" oder kurz **IPO**.

IPO: *Initial Public Offering (engl.): öffentliches Zeichnungsangebot*

Riskanter Reiz des Neuen

Neuemissionen wecken regelmäßig das Interesse sowohl von Großinvestoren als auch von breiten Anlegerschichten, und nicht selten kommen Einsteiger erst durch den Kauf eines Neulings erstmals in Kontakt mit Aktien und der Börse. Denn der Charme der neuen Papiere liegt vor allem darin, dass sie oft die Möglichkeit zu einem Investment abseits der ausgetretenen Pfade bieten – etwa in neue, zukunftsträchtige Branchen wie das Internet. Dazu haftet den Börsenneulingen vielfach der Reiz einer heißen Spekulation an, denn in der Vergangenheit ließen sich damit immer wieder innerhalb kürzester Zeit hohe Wertsteigerungen erzielen. Spektakuläre **Zeichnungsgewinne** von 300 oder 400 Prozent während des Börsenbooms vor ein paar Jahren waren zwar die Ausnahme, doch auch in ruhigeren Zeiten sind kurzfristige Kurssteigerungen im zweistelligen Prozentbereich durchaus im Bereich des Möglichen.

Zeichnungsgewinn: *Damit bezeichnen Fachleute das Plus zwischen Ausgabekurs und erstem Börsenpreis.*

Dass bei vielen Börsendebüts die Nachfrage das Angebot übersteigt, ist daher fast die Regel. Viele Anleger wollen von den Chancen, die eine neu an die Börse kommende Aktie bietet, profitieren und das Papier nach den ersten Handelstagen mit Gewinn verkaufen. Häufig jedoch verleitet die Aussicht auf den schnellen Profit Interessenten zu übereiltem und unüberlegtem Handeln: Um auch einmal Glück bei der „Emissionslotterie" zu haben, machen sie bei einem Börsengang mit, ohne sich vorher über den Neuling, seine Aussichten und die Angemessenheit des Preises ausführlich zu informieren. Wer dann, um seine Zuteilungschan-

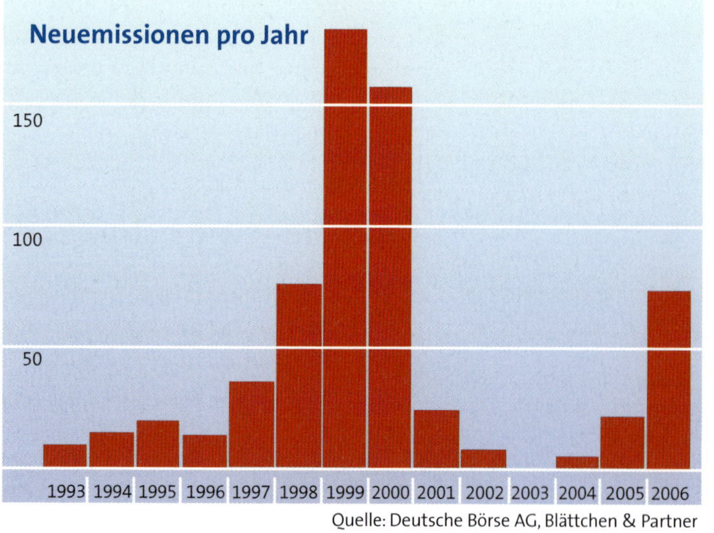

Quelle: Deutsche Börse AG, Blättchen & Partner

cen zu erhöhen, bereit ist, viel mehr Stücke zu ordern, als er eigentlich kaufen will, läuft Gefahr, am Ende auf einem Aktienposten zu sitzen, dessen Wert unter ungünstigen Umständen entgegen dem Kalkül rasch unter den Einstandspreis fällt.

Reifeprüfung für die Neulinge

Doch selbst wenn der Start ins Börsenleben glückt, fangen die Probleme für die Anleger, die ihre Anteile längerfristig halten wollen, streng genommen erst an: Die anfänglichen Kurssteigerungen des Debütanten stellen schließlich eine Art Wechsel auf die Zukunft dar, den das Management früher oder später einlö-

Spin-offs: Wenn Konzerntöchter flügge werden

Viele deutsche Großkonzerne galten lange Zeit als unübersichtliche Gemischtwarenläden. Doch die Investoren verlangen heutzutage eine Konzentration auf die profitablen Kernbereiche eines Unternehmens. In vielen Fällen schreitet das Management daher zum großen Aufräumen, und eine spezielle Art der Neuemission wird dabei häufig genutzt: ein Spin-off. Dabei verselbstständigt ein großer Konzern einen Unternehmensbereich, spaltet ihn ab und bringt ihn an die Börse. Bei diesem Vorgang gibt es klassischerweise kein Bookbuilding-Verfahren (→ Seite 105) und keine Zuteilungsprozedur. Es fließt auch kein Geld. Die Anteilseigner des Altunternehmens, die ja Eigentümer von Mutter- und Tochtergesellschaft sind, erhalten die neuen Papiere ohne Einsatz eigener Mittel – ähnlich wie Berichtigungsaktien (→ Seite 100). Vorteil: Sie haben fortan Anteile von zwei Unternehmen im Depot und können frei darüber entscheiden, ob und wann sie welche Aktien verkaufen.

Experten haben in mehreren Untersuchungen herausgefunden, dass die Kursentwicklung der jungen Unternehmen zumindest kurzfristig vielfach überdurchschnittlich gut ausfällt. Denn die abgespaltene Aktiengesellschaft kann – befreit von Konzerninteressen – flexibel am Markt operieren und dabei ihre Stärken voll ausspielen. Oft lohnt es sich deshalb für die Anteilseigner, die neuen Aktien zunächst im Depot zu halten und die Entwicklung sorgfältig zu beobachten.

Wenn Konzerne ihre Töchter abspalten, führt das jedoch nicht immer zu einem Spin-off. Es geht auch anders. Im Herbst 1999 hat zum Beispiel der Elektrokonzern Siemens seine Bauelementsparte Epcos und ein halbes Jahr später den Chip-Bereich Infineon per IPO an die Börse gebracht. Andere Unternehmen folgten diesem Beispiel. So brachte im Jahr 2004 die Deutsche Post ihre Tochter Postbank an den Markt. In allen Fällen blieben die Aktionäre des Mutterkonzerns bei der Transaktion außen vor. Sie profitierten dennoch davon, denn beim Börsengang zeigte sich der Wert der Töchter, die bis dato nur mit einem Bruchteil in der Bilanz (der Mutter) standen. Und der Verkaufserlös wanderte zu einem großen Teil in die Kassen „ihres“ Unternehmens, sodass damit andere Investitionsprojekte finanziert werden konnten.

sen muss. Nur wenn der Vorstand das Kapital, das der Börsengang in die Kasse des Neulings spült, sinnvoll investiert, profitieren die Aktionäre durch steigende Kurse und gegebenenfalls eine hohe Dividende. Nicht selten offenbaren die Unternehmenslenker einer Neuemission dabei jedoch eklatante Schwächen, indem sie das Geld für aufwendige Werbefeldzüge, teure Unternehmenseinkäufe oder erfolglose Expansionen ins Ausland verwenden. Folge: Schon bald verfehlen sie ihre zum Börsengang gemachten Umsatz- und Gewinnprognosen, und die Hoffnungen auf einen Kurshöhenflug enden mit einem jähen Absturz. Freilich ist auch das Gegenteil möglich: Das Management investiert in die zugeflossenen Gelder besonders klug, sodass die Gewinne kräftiger steigen als prognostiziert. Das verleiht dem Aktienkurs zusätzlichen Rückenwind.

Gemischte Bilanz der Neuemissionen

Obwohl die Börsen in den vergangenen Jahren insgesamt sehr positiv verliefen, stellt sich die Bilanz der Neuemissionen, die in dieser Zeit an den Markt gekommen sind, gemischt dar. Je nach Betrachtungszeitraum notiert jedes zweite bis dritte Unternehmen im Vergleich zum Emissionskurs im Minus. Andererseits überzeugen andere Aktien mit überdurchschnittlich hohen Kursgewinnen im dreistelligen Prozentbereich. Das zeigt, dass Neuemissionen nicht unbedingt ein Versprechen auf sichere Gewinne darstellen, sondern ihre Chancen und Risiken im Gegenteil eher unkalkulierbar sind. In der Summe schneiden sie auf keinen Fall deutlich besser ab als die etablierten Titel.

Das Emissionsverfahren: Aktie sucht Anleger

Um bei einer Neuemission überhaupt zum Zuge zu kommen, muss man wissen, wie die erstmalig angebotenen Aktien auf die interessierten Investoren verteilt werden. Auch wenn der Anleger auf die verschiedenen Verfahren selbst keinen Einfluss hat, kann er sich doch auf die jeweils spezifischen Fußangeln, die dort lauern, einstellen.

Emissionsbank: *Diejenige Bank, die das Unternehmen beim Börsengang begleitet und den Verkauf der Aktien an das breite Anlegerpublikum organisiert. Bei größeren Börsengängen werden damit auch mehrere Institute, also ein Emissionskonsortium, beauftragt.*

Fester Preis sorgt für Dissens

Bis Mitte der 1990er-Jahre wurden neue Aktien ausschließlich nach dem Festpreisverfahren emittiert. Dabei legen der Emittent und die **Emissionsbank** einen Preis fest, zu dem die Anleger zeichnen können, wie es in der Fachsprache heißt. Der Nachteil des Festpreisverfahrens: Die Vorstellungen von Käufern und Verkäufer liegen häufig sehr weit auseinander – mit der Folge, dass in der Vergangenheit der Kurs bereits unmittelbar nach Aufnahme des Handels mangels Interesse unter den Emissionspreis rutschte oder die Nachfrage so groß war, dass die Notierung sprunghaft nach oben schnellte.

Bookbuilding setzt sich durch

Seit dem Börsengang der Deutschen Telekom im Herbst 1996 hat sich daher das Bookbuilding-Verfahren durchgesetzt. Diese aus dem angloamerikanischen Raum stammende Platzierungsmethode ist eine Art Bietungsverfahren, bei dem die Kaufwilligen innerhalb einer bestimmten Frist, meist ein bis zwei Wochen, innerhalb einer vom Emittenten und seiner Bank festgelegten Preisspanne Zeichnungsgebote über ihre Hausbank abgeben können. Die wenigen Börsengänge der letzten Jahre (→ Grafik, Seite 102) sind sehr ruhig abgelaufen. Sollte es dennoch einmal vorkommen, dass sich bereits in den ersten Tagen eine überschäumende Nachfrage abzeichnet, kann die Emissionsbank die Zeichnungsphase vorzeitig beenden und das Orderbuch schließen. Anleger, die mit ihrer Order bis zum Ende der offiziellen Bietungsfrist warten, laufen somit Gefahr, zu spät zu kommen.

Ist die Zeichnungsphase abgeschlossen, legt die Konsortialbank in Abhängigkeit von den vorliegenden Geboten den Ausgabekurs fest. Häufig kommt es zu der Situation, dass die Nachfrage größer ist als die Zahl der zur Verfügung stehenden Aktien – selbst wenn der Kurs am oberen Ende der Bietungsspanne festgelegt wird. Zwar hat die Emissionsbank meist noch eine Platzierungsreserve zur Verfügung, den **Greenshoe**. Doch auch bei Berücksichtigung dieser zusätzlichen Stücke reicht das Angebot in diesen Fällen erfahrungsgemäß kaum aus, um alle Orders zu bedienen.

Dem Emittenten und der Bank bleibt in dieser Situation nichts anderes übrig, als die vorhandenen Stücke zu rationieren und darüber zu entscheiden, wie diese auf die Zeichnungsaufträge verteilt werden sollen. Bei diesem Prozedere, das als Zuteilung bezeichnet wird, ist Ärger programmiert, denn meist kommt nur ein Bruchteil der Interessenten zum Zuge.

> **Greenshoe:** *Die Emissionsbank behält zunächst etwa 10 bis 15 Prozent der Aktien in Reserve. Erst wenn sich abzeichnet, dass die Nachfrage nach den neuen Papieren sehr hoch ist, gibt sie die sogenannte Mehrzuteilungsoption oder den Greenshoe, benannt nach einer englischen Schuhfabrik, die dieses Verfahren als Erste anwendete, in den Markt. Die Höhe des Greenshoe muss im Verkaufsprospekt (→ Seite 107) auf jeden Fall genannt werden.*

Das Problem der Zuteilung: Mangelnde Transparenz

Meist hat der Emittent schon im Vorfeld festgelegt, welcher Teil des Aktienkontingents an institutionelle Großanleger gehen soll. Den Rest teilen die Emissionsbanken nach Gutdünken auf. Allgemein üblich ist, dass dabei bankeigene Kunden zuerst zum Zuge kommen. Für Orders von Geldhäusern außerhalb des Konsortiums steht, wenn die Emission sehr gefragt ist, meist nur eine sehr begrenzte Stückzahl zur Verfügung. Deshalb unterhalten Anleger, die vor allem an Neuemissionen interessiert sind, nicht selten mehrere Depotkonten bei unterschiedlichen Instituten, um auf diese Weise ihre Zuteilungschancen zu erhöhen.

Doch selbst das garantiert keinen Erfolg, denn über die endgültige Zuteilung auf die Kundendepots innerhalb eines Bankhauses entscheidet nicht selten das Los. Und dort haben die guten, vermögenden Kunden aus unerfindlichen Gründen regelmäßig das Ziehungsglück auf ihrer Seite – behaupten Kritiker. Die Banken bestreiten dies vehement, doch Zweifel bleiben, solange transparente Zuteilungskriterien wie beim Börsengang der Deutschen Telekom die Ausnahme bleiben. Der ehemalige Staatskonzern hatte, als er an die Börse kam, für jedermann nachvollziehbare Zuteilungsklassen gebildet. Zum Beispiel wurden alle Zeichnungsaufträge von 1 bis 150 Stück mit einer festen Zahl von Aktien bedient – unabhängig davon, ob die Depotbank im Konsortium war oder nicht.

Gefährliche Alternative: Ordern über den grauen Markt

Aktienanleger, die sich nicht auf ihr „Losglück" verlassen und bei einem Börsengang auf jeden Fall mit dabei sein wollen, können über ihre Depotbank auch am grauen Markt ordern: Schon vor dem offiziellen Börsenstart werden die Aktien der Neulinge außerbörslich bei speziellen Wertpapierhändlern „per Erscheinen" gehandelt, wie es in der Fachsprache heißt. Doch Vorsicht: Zu den dort festgelegten Kursen finden mitunter kaum Umsätze statt. Wer dort auf jeden Fall ordern möchte, sollte seinen Auftrag unbedingt preislich limitieren. Am besten ist es aber, der Anleger betrachtet die am grauen Markt gestellten Kurse lediglich als Gradmesser dafür, wie erfolgreich die Emission läuft.

> Graumarktkurse von aktuellen Neuemissionen stellt das Wertpapierhandelshaus Lang & Schwarz ins Netz unter www.quotecenter.de, Menüpunkt „Handel per Erscheinen".

Erfolgreich in Neuemissionen anlegen

Was ist überhaupt vor dem Kauf einer Neuemission zu beachten, um das Risiko eines Fehlgriffs gering zu halten? Im Prinzip zunächst die gleichen Punkte wie beim Kauf jeder gewöhnlichen Aktie: Neben den wichtigsten Bewertungskennzahlen (→ Seite 120 ff.) ist das in erster Linie die „Story" des Unternehmens: Wie verdient es sein Geld (Produktpalette, Vertriebswege etc.)? Wie entwickelt sich der gesamte Markt beziehungsweise die Branche? Hat das Unternehmen einen guten Namen und/oder repräsentiert es eine bekannte Marke? Welche Qualifikation hat das Management? Welche Strategie verfolgt es? Das sind einige der Fragen, die Profis wie Fondsmanager vor dem Einstieg abklopfen.

Dabei hat sich gezeigt, dass eine Emission am ehesten Erfolg verspricht, wenn die Gesellschaft zu den Führern in einem nicht zu eng gesteckten Markt zählt und das Zeug hat, diese Position auch in Zukunft zu verteidigen – zum Beispiel durch die Entwicklung einer konkurrenzlosen Technik. Vorsicht ist dagegen angesagt, wenn eine bereits erfolgreich etablierte Geschäftsidee lediglich kopiert beziehungsweise abgewandelt wird.

Nach der Herkunft forschen und auf Verwendung achten

Neben der Begutachtung der Geschäftsidee, der Marktaussichten und der Bilanz sollten die Interessenten bei einer Neuemission sehr genau darauf achten, aus welchen Quellen die angebotenen Aktien stammen. Negativ ist zu bewerten, wenn ausschließlich die Alt-Aktionäre – Gründer, Banken, Beteiligungsgesellschaften – ihre Anteile am Unternehmen platzieren und damit Kasse machen wollen. Stattdessen sollte der überwiegende Teil der Emission aus einer Kapitalerhöhung stammen, damit auch das Unternehmen selbst vom Börsengang profitiert, indem ihm neue Mittel zufließen. Das Geld sollte außerdem für Investitionen und Wachstum zur Verfügung stehen. Ein hoher Verschuldungsgrad (→ Seite 121) lässt jedoch darauf schließen, dass zumindest ein Teil des Emissionserlöses zur Tilgung von Darlehen und anderen Verbindlichkeiten verwendet wird.

Prospekt studieren

Großinvestoren hatten, wenn sie einen Börsenaspiranten in Augenschein nehmen, lange Zeit den Vorteil gegenüber normalen Privatanlegern, dass sie sich viele der genannten Punkte im persönlichen Gespräch erläutern lassen konnten. Mit der Neufassung des Wertpapierprospektgesetzes Mitte 2005 wurde diese Möglichkeit stark eingeschränkt. Zwar kann sich das Management des betreffenden Unternehmens auch weiterhin mit potenziellen Anlegern treffen, aber mit Angaben zur weiteren Geschäftsentwicklung oder möglichen Übernahmen (→ Seite 111 ff.) muss es sich zurückhalten. Denn diese und alle anderen wichtigen Informationen müssen im Emissionsprospekt aufgelistet sein, wo sie jeder Interessent nachlesen kann. Der Emissionsprospekt ist sozusagen die Vertragsgrundlage zwischen Emittent und den angehenden Aktionären. Für seine Richtigkeit stehen nicht nur das jeweilige Unternehmen, sondern auch die beteiligten Emissionsbanken ein.

Sie alle müssen unter Umständen Schadenersatz an die Anleger leisten, wenn sich im Nachhinein herausstellt, dass die Unterlage unwahre, gefälschte oder lückenhafte Informationen enthält.

Aktuelle Informationen zu Neuemissionen unter www.goingpublic.de und www.onvista.de, Menüpunkt „IPO“

Der Emittent ist zudem verpflichtet, im Prospekt sämtliche Risikofaktoren seiner Aktie klar darzustellen und dabei vor allem den Bezug zum Geschäftsbetrieb und zum wirtschaftlichen Umfeld herauszustellen. Bei Prognosen, die die Zukunft betreffen, liegt es auf der Hand, dass es einen gewissen Unsicherheitsfaktor gibt. Damit der Börsenaspirant nicht durch scheinbar präzise Angaben über die künftige Umsatz- und Ergebnisentwicklung Sicherheit vortäuscht, sollen die Anleger durch Formulierungen wie „erwartet“, „nimmt an“ und „prognostiziert“ sofort erkennen können, dass zukünftige Gewinne und Umsätze alles andere als feststehen. Das befreit das Unternehmen jedoch nicht von der Verpflichtung, dass sämtliche Aussagen „im guten Glauben an die Richtigkeit“ getroffen werden. Diese auf den ersten Blick sinnvolle Regelung hat in der Praxis allerdings ihre Schattenseiten. Denn jeder Prospekt ist mittlerweile gespickt mit Risikohinweisen, um Haftungsklagen von vornherein den Boden zu entziehen. Dabei sind viele Warnungen so allgemein formuliert, dass sie kaum einen echten Informationswert für den Anleger besitzen. Der banale Hinweis zum Beispiel, dass für die Produktionsanlagen des Unternehmens ein „Betriebs- und Unfallrisiko“ besteht, macht es auch Profis schwer, einzuschätzen, welche Gefahren das Papier wirklich birgt.

Zusätzlicher Haken: Einige wichtige Details des Börsengangs wie etwa die Bookbuilding-Preisspanne und die Zahl der verkauften Aktien werden nicht im Prospekt genannt, sondern meist erst kurz vor Beginn der Zeichnungsfrist bekanntgegeben, wenn sich der Kandidat vor wichtigen Investoren präsentiert hat. Interessierte Privatanleger müssen daher auch nach Studium des Prospekts die Medien (→ Seite 46 ff.) verfolgen, um alle Informationen zu bekommen.

Börse ist nicht gleich Börse

Erfahrene Anleger achten auch darauf, in welchem Börsensegment sich der Neuling listen lässt, denn daraus lassen sich Rückschlüsse ziehen, wie ernst das jeweilige Unternehmen seine Börsenkarriere, vor allem aber die Interessen seiner Aktionäre nimmt. An der deutschen Börse gibt es streng genommen keinen einheitlichen Aktienmarkt, sondern mehrere Teilmärkte und Standards, die sich hinsichtlich ihrer Zulassungsregeln und ihrer Publizitätsvorschriften unterscheiden. Durch die Vorgabe gewisser Zugangshürden und Folgepflichten soll sichergestellt werden, dass die Emittenten eine bestimmte „Anlagequalität“ mitbringen und nach dem Start auch wahren. Grundsätzlich gilt dabei: Je höher der Standard, den der Börsenaspirant anstrebt, desto eher kommt er für ein Investment infrage.

Wachstumsbörsen: Vorbilder und Mahnmale

Es gibt zu jeder Zeit und in jedem Land eine Reihe junger, aufstrebender Unternehmen, die eine gute Geschäftsidee, ein innovatives Produkt oder eine zukunftsträchtige Technik entwickelt haben. Die Geschäftsaussichten sind teilweise glänzend, aber den meisten Unternehmen mangelt es am nötigen Eigenkapital, um weiteres Wachstum zu finanzieren. Diesen Gedanken aufnehmend eröffnete die Frankfurter Börse Ende 2005 ein spezielles Segment, um diesen Gesellschaften Zugang zum Kapitalmarkt zu ermöglichen, für den sie nach gängigen Maßstäben eigentlich noch nicht reif waren: den Entry-Standard. In diesem Segment können vor allem mittelständische Firmen kostengünstig und vergleichsweise einfach und schnell ihre Aktien listen lassen.

Die regulatorischen Anforderungen des Entry-Standard liegen deutlich unter denen von Prime und **General-Standard,** aber über denen des reinen Freiverkehrs (→ folgende Seiten). Vorgeschrieben sind unter anderem die Veröffentlichung eines testierten Konzernabschlusses und eines Zwischenberichts. Außerdem gibt es eine „quasi" Ad-hoc-Pflicht (→ Seite 56), deren Einhaltung aber nicht von der Bafin (→ Seite 43) überwacht wird.

Wegen der geringeren Anforderungen und der Folgepflichten eignen sich die Aktien im Entry-Standard vor allem für Profis, die die Chancen und Risiken der in der Regel kleinen Firmen viel besser abschätzen können als private Anleger.

Historisches Vorbild für den Entry-Standard ist der ehemals äußerst populäre Neue Markt der Frankfurter Börse. Er wurde im Zuge des Börsenbooms Ende der 1990er-Jahre zu einem Erfolgsmodell, an dem Emittenten und Anleger Schlange standen, und gleichzeitig zum Vorbild für viele andere Wachstumssegmente in Europa. Nachdem es nach dem Jahrtausendwechsel mit den Kursen an den Weltbörsen bergab ging, versanken viele dieser „Jung-Börsen" jedoch in der Bedeutungslosigkeit, der Neue Markt wurde sogar ganz geschlossen.

Der Urahn aller Wachstumsbörsen, die Nasdaq in den USA, hat diese Turbulenzen vergleichsweise glimpflich überstanden. Das Interesse von Investoren und Unternehmen an dieser rein elektronischen Börse ist heutzutage fast so hoch wie zu den Boomzeiten, sodass die Nasdaq auf dem heimischen Markt als härtester Konkurrent der führenden New Yorker Börse an der Wall Street gilt.

General-Standard

Der General-Standard ist so etwas wie ein Basissegment an der deutschen Börse. Titel, die sich dort listen lassen, müssen zumindest die Anforderungen des „Amtlichen Handels" oder des „Geregelten Marktes" erfüllen – das sind Handelssegmente, die der Gesetzgeber für die Börsen vorsieht. Emittenten, die sich in diesen Segmenten listen lassen, durchlaufen vor der Aufnahme in den Handel ein öffentlich-rechtliches Zulassungsverfahren – im Unterschied zum Freiverkehr (→ Seite 110).

Der Amtliche Handel galt bis zur Einführung des Prime-Standard (→ unten) als Oberhaus des Aktienmarkts. Der Geregelte Markt war vor allem für kleine und mittlere Unternehmen als Einstiegssegment und Vorstufe zum Amtlichen Handel gedacht, die dessen strengere Anforderungen nicht erfüllen konnten. So setzt die Teilnahme am Geregelten Markt lediglich ein Mindestemissionsvolumen von 250 000 Euro voraus, und dem Emittenten werden nur geringe Folgepflichten auferlegt.

Im Amtlichen Handel ist dagegen ein Emissionsvolumen von mindestens 1,25 Millionen Euro vorgeschrieben. Dazu muss das an die Börse strebende Unternehmen mindestens fünf Jahre alt sein und 25 Prozent seiner Aktien breit streuen, das heißt, zur freien Verfügung stellen.

Die Anforderungen des Prime-Standards

- Quartalsweise Berichterstattung in deutscher und englischer Sprache
- Anwendung internationaler Rechnungslegungsstandards (IFRS/IAS oder US-GAAP → Seite 52 ff.)
- Veröffentlichung eines Unternehmenskalenders mit Finanzdaten
- Durchführung mindestens einer Analystenkonferenz pro Jahr
- Ad-hoc-Mitteilungen auch in englischer Sprache

Prime-Standard

Zum Schutz der Anleger und um sich den Gepflogenheiten auf internationalem Parkett anzupassen, hat die Deutsche Börse im Frühjahr 2003 als zusätzliches Qualitätssegment den Prime-Standard eingeführt. Emittenten, die sich dort listen lassen, müssen über den General-Standard hinaus eine Reihe zusätzlicher Transparenzanforderungen erfüllen (→ Kasten). Die Zulassung zum Prime-Standard ist auch eine Grundvoraussetzung für die Aufnahme in einen der Dax-Indizes (→ Seite 80 ff.).

Freiverkehr

Kein Emittent ist verpflichtet, für seinen Start eines der gesetzlichen Segmente an der Börse zu wählen. Er hat genauso die Möglichkeit, seine Aktien im Freiverkehr, der aus Vermarktungsgründen an der Frankfurter Börse „Open Market" heißt, listen zu lassen, wo es wesentlich lockerer zugeht als im Amtlichen Handel und Geregelten Markt. Das fängt damit an, dass noch nicht einmal ein Emissionsprospekt notwendig ist. Auch ein bestimmtes Emissionsvolumen und Mindestalter des Unternehmens sind nicht erforderlich.

Es reicht die Vorlage einiger weniger Unterlagen wie der Geschäftsbericht und die Satzung. Im Freiverkehr gibt es auch so gut wie keine Publizitätsvorschriften. Der Emittent muss weder laufende Zwischenberichte noch kursbeeinflussende Tatsachen ad hoc veröffentlichen. Sich diese Informationen zu beschaffen, ist Sache des Anlegers. Der Freiverkehr gilt daher in einigen Teilen als Zockersegment, durch das auch zweifelhafte Unternehmen Zugang zur Börse bekommen können. Private Anleger sollten also Kandidaten meiden, die dieses Segment für den Beginn ihrer Börsenkarriere anstreben.

Der Kauf von Neuemissionen

- **Kühlen Kopf behalten.** Viele Emittenten versuchen mit aufwendigen Anzeigen und TV-Spots, das Interesse der Anleger an ihrem Papier zu wecken. Lassen Sie sich davon nicht beeindrucken und zum Kauf verleiten, sondern achten Sie auf die „Story“ des Neulings.
- **Umfassend informieren.** Sammeln Sie alle Informationen, die Sie bekommen können. Dazu gehören mindestens der Emissionsprospekt und aktuelle Presseberichte. Nutzen Sie das Internet! Und werfen Sie auch einen Blick darauf, wie bekannt die Banken und Broker sind, die das Unternehmen an die Börse bringen.
- **Bewertung prüfen.** Klopfen Sie so weit wie möglich ab, ob die Gewinnerwartungen des Unternehmens und die gängigen Bewertungskennziffern wie das Kurs-Gewinn-Verhältnis (→ Seite 122 ff.) im Verhältnis zur Gesamtbranche und zu bereits börsennotierten Konkurrenten angemessen sind.
- **Richtig kombinieren.** Betrachten Sie Neuemissionen als Ergänzung für Ihr Aktiendepot. Greifen Sie vor allem dort zu, wo Sie, abgesehen von den sonstigen Rahmenbedingungen, in Branchen investieren können, die bislang noch nicht oder nicht in dieser Form über die Börse zu kaufen waren.
- **Richtig ordern.** Zeichnen Sie mit Limit und nie mehr Aktien, als Sie auch tatsächlich abzunehmen bereit sind.
- **Entscheiden Sie vorher:** Kurzfristige Spekulation oder langfristige Anlage. Wer bei einer Emission nicht zum Zuge kommt, sollte nicht blind nachkaufen. Wenn große Nachfrage den Kurs in der Startphase nach oben getrieben hat, prüfen Sie, ob das Papier auch dann noch als angemessen bewertet gelten kann. Viele wirklich erfolgreiche Neulinge haben sich erst Wochen oder gar Monate nach der Emission als Überflieger entpuppt.

Fusionen und Übernahmen: Gewagtes Spiel

Ein weltweit tätiger Konzern ist kein statisches Gebilde. Jedes Management reagiert auf Marktveränderungen, kauft neue Unternehmensteile hinzu, um einzelne Geschäftsbereiche zu stärken; andere werden veräußert, wenn sie nicht mehr in die Konzernstrategie passen. In der Regel gehen solche Transaktionen ohne viel Aufhebens vor sich. Spannend wird es für die Anleger allerdings, wenn es dabei um Unternehmen geht, die an der Börse notiert sind.

Fusionen

Von einer Fusion spricht man, wenn sich zwei Unternehmen auf freiwilliger und partnerschaftlicher Basis dazu entschließen, ihre Geschäfte zusammenzulegen. Meist werden dazu der Einfachheit halber das Vermögen und die Verbindlichkeiten inklusive Aktienkapital und Rücklagen der einen Gesellschaft auf die andere übertragen. Die betroffenen Aktionäre erhalten dann für ihre alten Aktien in einem bestimmten Verhältnis, das von einem unabhängigen Wirtschaftsprüfer ermittelt wird, im Tausch Anteile an der neuen gemeinsamen Gesellschaft.

Übernahmen

Den Stoff für filmreife Börsendramen bieten jedoch Übernahmen – vor allem dann, wenn sie feindlicher Natur sind, was in der englisch geprägten Börsensprache „unfriendly take-over" genannt wird. Bei einer solchen feindlichen Übernahme guckt sich ein Aufkäufer im Stillen ein anderes Unternehmen aus, um es sich, gegen den Willen des jeweiligen Managements, einzuverleiben.

Raider *(engl.): Raubritter*

Damit der **Raider**, wie der Initiator einer feindlichen Übernahme genannt wird, die Kontrolle über sein Opfer bekommt, muss er die Mehrheit aller Aktien zusammenbekommen. Nur so kann er die Entscheidungen auf der Hauptversammlung (→ Seite 91 ff.) dominieren und damit Einfluss auf die Unternehmensverwaltung bekommen.

Es gibt mehrere Strategien, um dieses Ziel zu erreichen. Der Raider kann zum Beispiel in geheimen Verhandlungen versuchen, einzelnen Großaktionären ihre Aktienpakete abzukaufen. In Deutschland lässt sich so ein Vorhaben allerdings nur in engen Grenzen geheim halten, denn schon wer drei Prozent an einem börsennotierten Unternehmen besitzt, ist gesetzlich verpflichtet, dies zu veröffentlichen. Es gibt natürlich Möglichkeiten, über ausgetüftelte Konstruktionen, etwa Strohmänner, diese Verpflichtung auszuhebeln. Doch das ist illegal (→ Kasten, Seite 113).

Viel öfter kommt es deshalb vor, dass der Raider allen Aktionären direkt ein offizielles Übernahmeangebot unterbreitet. Hierzulande ist der Aufkäufer eines Unternehmens sogar gesetzlich zu einer solchen Offerte verpflichtet, wenn sein Anteilsbesitz die Schwelle von 30 Prozent an dem Zielunternehmen überschreitet – beispielsweise, weil er bereits schrittweise kleinere Anteilspakete über die Börse oder von einzelnen Aktionären erworben hat. Auf diese Weise soll erreicht werden, dass die freien Aktionäre bei einem Übernahmeversuch nicht außen vor bleiben.

Nachbesserungspflicht: *Kauft der Bieter einzelnen Aktionären, die sein ursprüngliches Angebot nicht angenommen haben, nachträglich Anteile zu einem höheren Preis ab, ist er nach dem Übernahmegesetz verpflichtet, die Konditionen für alle Anteilseigner nachzubessern. Wer das ursprüngliche Angebot bereits angenommen hat, kann den Unterschiedsbetrag nachfordern. Das setzt freilich voraus, dass das nachträgliche Geschäft auch bekannt wird, was zumindest zu bezweifeln ist, wenn sich beide Seiten einig sind.*

Übernahmeregeln: *Das deutsche Übernahmegesetz gibt einige Einschränkungen vor. Bietet der Aufkäufer Aktien an, muss es sich um liquide, an einer organisierten Börse gehandelte Anteile handeln. Ein Barangebot ist dann Pflicht, wenn der Bieter in den drei Monaten vor Bekanntgabe seiner Offerte bereits fünf Prozent der Aktien des Zielunternehmens in bar erworben hat – oder einen Monat danach, abweichend von seinem Aktienangebot, ein Prozent der Anteile in bar erwirbt.*

Das Übernahmeangebot kann der Aufkäufer allerdings mit der Bedingung verknüpfen, dass ihm ein bestimmter Mindestprozentsatz aller stimmberechtigten Aktien angedient wird – zum Beispiel 80 Prozent. Dagegen ist er bei der Festsetzung des Preises an ein Limit gebunden: Die Höhe seines Gebots muss mindestens den Wert erreichen, den die Aktie in den Monaten vor dem Übernahmeangebot im Durchschnitt an der Börse gekostet hat (**Nachbesserungspflicht**).

Um mit seinem Übernahmeangebot Erfolg zu haben, muss der Raider sinnvollerweise deutlich mehr als den aktuellen Börsenkurs bieten. Andernfalls besteht für die Aktionäre schließlich kein Anreiz, an ihn zu verkaufen. Dabei kann sich der Aufkäufer aussuchen, ob er Bargeld oder eigene Aktien anbietet. Auch eine Kombination aus beidem ist möglich (**Übernahmeregeln**). Die meisten Aktienanleger halten es allerdings mit dem Motto „Nur Bares ist Wahres". Deshalb sind Barangebote für den Raider erfahrungsgemäß am erfolgversprechendsten.

Neue Spielregeln für Großanleger

Mit dem seit Anfang 2007 geltenden Transparenzgesetz will der Gesetzgeber mehr Licht in die Aktionärsstruktur von Aktiengesellschaften bringen. Nach dem Gesetz müssen Aktionäre eines Unternehmens ihren Besitz der Finanzaufsicht Bafin melden, wenn sein Besitz die Schwelle von 3 Prozent aller Aktien über- oder auch wieder unterschreitet. So kann das Management des betreffenden Unternehmens erkennen, ob ein neuer oder bestehender Anteilseigner Aktien im großen Stil aufkauft oder aussteigt. Zusätzliche Meldeschwellen gibt es bei 15, 20 und 30 Prozent des Aktienkapitals.

Abwehrkampf des Managements

Das Management des Übernahmekandidaten gibt sich in den seltensten Fällen kampflos geschlagen – weniger aus Sorge um die Aktionäre als vielmehr um den eigenen Job.

Für den Vorstand ist eine Möglichkeit zu reagieren, den Anteilseignern ein schlüssiges Konzept vorzustellen, wie der Unternehmenserfolg und damit die Börsenbewertung in überschaubarer Zeit deutlich gesteigert werden sollen, und so die Aktionäre davon zu überzeugen, das Übernahmeangebot abzulehnen. Diese Strategie kann beispielsweise darin bestehen, chronische Verlustbringer schnellstmöglich zu verkaufen.

Kriegsführung gegen Raubritter

Eine andere Strategie, sich gegen Raider zu wehren, besteht darin, dass die Unternehmensverwaltung auf einer umgehend einberufenen Hauptversammlung Maßnahmen beschließen lässt, die das Unternehmen für den Käufer unattraktiv machen. Dazu gehört zum Beispiel die Erlaubnis, besonders wertvolle Unternehmensteile, die „Kronjuwelen", umgehend und gegebenenfalls unter Wert zu veräußern, um sie dem Zugriff des Raiders zu entziehen.

Vor allem in den USA finden „goldene Fallschirme" Verwendung: Erreicht ein Käufer eine bestimmte Beteiligungsquote, werden lukrative und für den Interessenten kostspielige Abfindungsverträge mit dem Management wirksam. Eine andere Möglichkeit ist eine konventionelle Kapitalerhöhung, an der sich jeder Aktionär im Rahmen eines Bezugsrechts (→ Seite 96) beteiligen kann. Möglich ist aber auch, von einer bereits genehmigten Kapitalerhöhung Gebrauch zu machen und die Aktien unter Ausschluss des Bezugsrechts am freien Markt oder bei befreundeten Banken und institutionellen Investoren zu platzieren. Folge in beiden Fällen: Der Raider muss mehr Aktien aufkaufen, um die Mehrheit zu bekommen.

Die sicherlich gewagteste Möglichkeit ist, dass der Übernahmekandidat seinerseits für den Bieter ein Übernahmeangebot unterbreitet. Das setzt jedoch entsprechende Finanzmittel voraus. Zudem muss der Raider selbst börsennotiert sein und im Idealfall über einen hohen Streubesitz verfügen, sonst hat der Angriff keine Chance. In Deutschland ist diese Abwehrmaßnahme allerdings nur möglich, solange der Bieter weniger als 25 Prozent der Anteile an dem Zielunternehmen hält.

Die „beste" Rettung: Der „weiße Ritter"

Die für die Aktionäre eleganteste Waffe gegen eine feindliche Übernahme ist allerdings, wenn ein „weißer Ritter" dem Unternehmen im Kampf beisteht. Diese Bezeichnung verwenden die Börsianer, wenn das von der Übernahme bedrohte Management ein befreundetes Unternehmen dazu bewegen kann, mit einem Gegenangebot die Offerte des Raubritters zu überbieten. Fachleute sprechen dann von einer freundlichen Übernahme (friendly take-over). Damit ist der ursprüngliche Kaufinteressent gezwungen, sich zu überlegen, ob er sein Angebot nachbessert. Das kann der Beginn von regelrechten Bieterschlachten sein, in denen sich beide Seiten immer wieder zu übertrumpfen versuchen – was ganz im Interesse der Aktionäre des Zielunternehmens ist.

Anleger sollten daher Unternehmen meiden, deren Verwaltung sich durch die HV vorsorglich Abwehrmaßnahmen gegen Übernahmeversuche genehmigen lässt, ohne dass es dafür einen konkreten Anlass gibt. Für die Aktionäre heißt das letztlich: Ihr Unternehmen wird für einen Aufkäufer von vornherein uninteressant, sodass ein Übernahmeversuch, von dem sie profitieren könnten, wenig wahrscheinlich ist.

Wie sollen sich betroffene Aktionäre entscheiden?

Liegt bei einem Übernahmeversuch die Offerte des Aufkäufers auf dem Tisch, steht für die Anteilseigner des betroffenen Unternehmens die Entscheidung an, das Angebot anzunehmen oder nicht. Meist setzt der Bieter dazu eine bestimmte Frist. Ausschlaggebend für den Entschluss ist in erster Linie der gebotene Preis. Wie so oft ist deshalb eine konkrete Aussage nur für den Einzelfall möglich. Die Erfahrung zeigt aber: Wenn der Bieter eine Prämie von mehr als 30 Prozent auf den Börsenkurs unmittelbar vor Bekanntgabe der Übernahmeofferte zahlt, können die Anleger auf absehbare Zeit kaum damit rechnen, wesentlich bessere Kurse am freien Markt zu erzielen. Das ist, wie gesagt, aber nur ein allgemeiner Richtwert.

Wer gute Nerven und Stehvermögen hat, kann das Übernahmeangebot natürlich auch ablehnen und darauf hoffen, dass der Kurs des Übernahmeopfers nach Auslaufen des Angebots aufgrund spekulativer Käufe weiter steigt oder der Aufkäufer seine Offerte noch nachbessert, auch um die notwendigen Aktien für einen Squeeze-out (→ Seite 117) zusammenzubekommen. Doch bis sich diese Hoffnungen erfüllen, können mitunter Jahre vergehen.

Im schlechtesten Fall plündert der Aufkäufer, nachdem er die Fäden in Händen hält, sein Opfer aus, ohne die verbliebenen

Auf Übernahmeopfer setzen?

Es kann durchaus eine erfolgversprechende Strategie sein, den Kurszettel gezielt nach Werten zu durchforsten, die Übernahmefantasien in sich bergen. Das erfordert allerdings Geduld, Stehvermögen und entsprechendes Kapital. Zudem sollte es eine Nischenstrategie sein, die nur mit einem geringen Teil des Anlagekapitals verfolgt wird. Denn mit einer sinnvollen Auswahl und Streuung (→ Seite 168 ff.) hat das Kriterium „mögliches Übernahmeopfer" kaum etwas zu tun. Wer dennoch auf diese Strategie setzen und eine realistische Chance haben will, von einem Übernahmeangebot zu profitieren, muss sich auf wenige Branchen und Werte mit eher unterdurchschnittlichen Gewinnaussichten und niedriger Bewertung konzentrieren.

Folgende Merkmale sprechen nach Ansicht von Analysten für einen Übernahmekandidaten:

- Die Struktur der Branche besteht aus wenigen großen, aber vielen mittleren und kleinen Firmen, wobei die fünf größten Spieler nicht mehr als 30 Prozent Marktanteil auf sich vereinigen sollten. Demnach kommt die Automobilindustrie, in der die Top 5 rund 50 Prozent des Marktes halten, für größere Übernahmen kaum noch infrage, während die Chemiebranche auf Basis dieses Kriteriums sehr lukrativ erscheint.
- Das Unternehmen leidet unter anhaltender Ertragsschwäche oder schreibt sogar Verluste.
- Innerhalb der Branche bestehen hoher Wettbewerbsdruck und starke Konzentrationstendenzen.
- Das Unternehmen verfügt über hohe stille Reserven (→ Seite 52 ff.) und/oder liquide Mittel.
- Das Unternehmen wird niedrig bewertet (→ Seite 120 ff.).

freien Anteilseigner daran zu beteiligen, oder er macht ihnen mit anderen Maßnahmen das Aktionärsleben schwer – etwa indem er das Unternehmen von der Börse nimmt (→ Seite 117) und die Rechtsform wechselt. Wer also bei einer Übernahme den „sicheren" Gewinn erzielen will, verkauft bereits mit dem Aufkommen der Übernahmespekulationen seine Anteile über die Börse oder bietet sie dem Aufkäufer im Rahmen des offiziellen Angebots an. Das muss der Anleger über seine Depotbank veranlassen. Wichtig zu wissen: Es handelt sich hierbei zunächst nur um eine unverbindliche Absichtserklärung, die der Anleger innerhalb der Gebotsfrist widerrufen kann – beispielsweise, wenn ein zweiter Bieter (→ der „weiße Ritter", Seite 115) ins Rennen einsteigt.

Bei einer Fusion hingegen tun die betroffenen Anleger gut daran, ihre Anteile am neuen Gemeinschaftsunternehmen rasch zu verkaufen. Der Grund: Immer wieder ist zu beobachten, dass die erste Euphorie, die solche Fusionen regelmäßig auslösen, nach einigen Wochen oder Monaten verflogen ist. Stattdessen macht sich Ernüchterung breit, denn selten gelingt es, zwei große Unternehmen reibungslos unter einem Dach zu integrieren und die erhofften Einspareffekte im dem Maße zu realisieren, wie sich das die Manager zu Anfang erhofft haben.

Was die Zukunftsaussichten ihrer Aktien angeht, müssen sich auch die Aktionäre derjenigen Gesellschaft sorgen, die sich als Aufkäufer betätigt hat, denn oft zeigt sich, dass „ihr" Unternehmen viel zu teuer eingestiegen ist und die Kosten der Übernahme auf die Profitabilität und damit den Aktienkurs drücken. Zusätzlich hat das Management ihres Unternehmens meist alle Hände voll damit zu tun, das neue Unternehmen in den eigenen Konzern zu integrieren und die verschiedenen Unternehmenskulturen unter einen Hut zu bekommen. Das bindet Kapazitäten, sodass viele andere Projekte zwangsläufig vernachlässigt werden. Meist fallen deshalb auch die Aktien des Bieterunternehmens mit dem Zeitpunkt, an dem die Übernahmeschlacht eröffnet wird.

Squeeze-out und Delisting: Zeit zum Abschied

Wenn ein Übernahmeangebot erfolgreich verlaufen ist, heißt das noch nicht, dass der neue Großaktionär alle Aktien sein Eigen nennt. Je nach Höhe des gebotenen Preises muss er sich erfahrungsgemäß zunächst mit 70 bis 80 Prozent aller Anteile begnügen. Denn fast immer wird es eine Minderheit geben, der der gebotene Preis zu niedrig ist, sodass sie an ihren Aktien festhält.

Unter bestimmten Voraussetzungen hat der neue Mehrheitseigner aber die Möglichkeit, die verbliebenen Minderheitsaktionäre gegen eine Abfindung zwangsweise auszukaufen. Mit anderen Worten: Er kann den freien Aktionären den Stuhl vor die Tür stellen und das Unternehmen von der Börse abziehen. So ein **Squeeze-out** ist allerdings nur möglich, wenn der Großaktionär im Besitz von mindestens 95 Prozent aller Unternehmensanteile ist.

> **Squeeze-out** *(engl.): ausquetschen*

Was auf den ersten Blick wie Willkür aussieht, macht für alle Beteiligten durchaus Sinn. Ein Käufer wird für ein bestimmtes Unternehmen nur dann ernsthaft bieten, wenn er die realistische Chance besitzt, das Aktienkapital am Ende auch restlos aufkaufen zu können, um die Gesellschaft unter das eigene Dach zu ziehen.

Durch den Squeeze-out wird dies vereinfacht, sodass Übernahmen für den Käufer und damit indirekt auch für die Aktienanleger lukrativer werden. Er verhindert, dass sich ein potenzieller Bieter jahrelang mit wenigen freien Aktionären arrangieren, teure Hauptversammlungen abhalten, Geschäftsberichte drucken und hohe Gebühren an die Börsenverwaltung für die Notierung bezahlen muss.

Als Gegenleistung muss der Großaktionär den Minderheitseignern einen „angemessenen“ Barausgleich für ihre Aktien zahlen. So steht es im Gesetz. Doch was als angemessen gilt, darüber gehen die Meinungen beider Seiten naturgemäß auseinander. Aktionärsschützer bemängeln, dass der Großaktionär den Preis weitgehend nach eigenem Ermessen festlegen kann. Zwar muss er sich dabei am aktuellen Börsenkurs orientieren und die Abfindungshöhe durch ein Sachverständigengutachten unterlegen. Doch die damit beauftragten Wirtschaftsprüfer werden vom Großaktionär nicht nur bezahlt, sondern erhalten auch alle Unterlagen und Zahlen aus seinen Händen.

Den betroffenen Aktionären bleibt jedoch, wenn sie mit dem gebotenen Preis nicht einverstanden sind, die Höhe der Zwangsabfindung im Rahmen eines Spruchstellenverfahrens juristisch anzufechten und prüfen zu lassen. Doch das kann erfahrungsgemäß Jahre dauern. Außerdem hat das Spruchstellenverfahren keine aufschiebende Wirkung. Der eigentliche Rauswurf der Aktionäre wird auf jeden Fall vollzogen, lediglich die Höhe der Abfindung wird dann noch juristisch geklärt.

Delisting: Rückzug von der Börse

Mit dem Squeeze-out ist fast zwangsläufig ein Delisting verbunden. Das heißt, der Großaktionär nimmt das Unternehmen von der Börse. Die Unternehmensverwaltung kann allerdings auch ohne Squeeze-out per Beschluss der Hauptversammlung, auf der der Großaktionär bekanntermaßen das Sagen hat, den Rückzug von der Börse mit einer Frist von sechs Monaten von sich aus beantragen. Für die freien Aktionäre hat das gravierende Folgen, schließlich haben sie nach der Einstellung der Kursnotiz kaum noch eine Möglichkeit, einen Käufer für ihre Anteile zu finden. Für das Unternehmen gelten auch keine Publizitätspflichten (→ Seite 108 ff.) mehr. Daher ist es in diesem Fall unbedingt empfehlenswert, sofort zu verkaufen.

Die Einzelanalyse: Wichtigstes Werkzeug des Aktienanlegers

Jeder Aktienanleger möchte natürlich nur Werte in sein Depot nehmen, die ihm hohe Kurssteigerungen bescheren. Dieses Kunststück gelingt allerdings nicht mal Profis. Schließlich stehen allein an den deutschen Börsen Aktien von weit über 10 000 Unternehmen aus dem In- und Ausland zur Auswahl, die ganz unterschiedliche Zukunftsperspektiven und damit Chancen und Risiken bieten. Also welche davon nehmen? Um diese Frage zumindest einen Schritt weit zu beantworten, nehmen Anlageprofis jeden Einzelwert, den sie konkret ins Auge fassen, genau unter die Lupe. Dazu verwenden sie zwei verschiedene Analysemethoden, die sich grundlegend voneinander unterscheiden: die fundamentale und die technische Analyse.

Fundamentale Analyse

Die fundamentale Analyse stellt bei der Aktienanlage in etwa das dar, was die Tüv-Prüfung für einen Gebrauchtwagen ist: ein Test auf Herz und Nieren. Zunächst wird eine Reihe von grundsätzlichen Fragen geklärt: Welche Produkte stellt das Unternehmen her oder welche Dienstleistungen bietet es an? Welche Marktstellung hat das Unternehmen? Wie ist seine aktuelle wirtschaftliche Situation? All diese Fragen dienen dazu, eine Art Steckbrief zu erstellen, anhand dessen sich das Unternehmen einordnen lässt. Das ist keine Sache, die nur Experten vorbehalten ist. Die meisten benötigten Daten und Informationen finden sich in allgemein zugänglichen Informationsmedien (→ Seite 46 ff.). Dabei gilt der Grundsatz, dass der Anleger in etwa verstehen sollte, mit welchen Produkten oder Dienstleistungen das ins Auge gefasste Unternehmen sein Geld verdient, damit dessen Aktie für ein Investment infrage kommt. Wie beim Check von Neuemissionen (→ Seite 106 ff.) sammeln diejenigen Gesellschaften zusätzliche Pluspunkte, die zu den Marktführern in einer bestimmten Branche zählen und über einen gut eingeführten Markennamen verfügen. Beispiele dafür sind McDonald's, Microsoft und DaimlerChrysler. Das alleine reicht natürlich noch nicht aus, damit die Aktie auf der Kaufliste landet. Dabei spielen auch noch die allgemeine Entwicklung der jeweiligen Branche (→ Seite 171) und ihre Geschäftsaussichten eine Rolle. Dennoch lassen sich so erste Eckpunkte abstecken.

Bilanzkennzahlen: Prüfdisziplin und Orientierungsgröße

Wenn der allgemeine Überblick über die Gesellschaft das Interesse des Anlegers gefunden hat, besteht der nächste Schritt darin, Bilanzen sowie Gewinn-und-Verlustrechnungen näher unter die Lupe zu nehmen. Das im jährlichen Geschäftsbericht (→ Seite 52) enthaltene Zahlenwerk gibt einen kompakten Überblick über die Finanz- und Vermögenslage eines Unternehmens und gilt, trotz aller Gestaltungsmöglichkeiten, die der Bilanzbuchhalter hat (→ Seite 52), als die eigentliche Domäne der fundamentalen Analyse.

Die Tatsache, dass eine Aktie einen hohen oder niedrigen Preis hat, sagt nichts darüber aus, ob sie als teuer (überbewertet) oder billig (unterbewertet) gelten kann. Um das herauszufinden, errechnen Experten mithilfe der Bilanz und der Gewinn-und-Verlust-Rechnung eine Reihe von Kennzahlen. So können sie abschätzen, ob der Preis vollkommen überzogen oder das Papier unter Umständen ein Schnäppchen ist.

Eigenkapitalquote

Die Eigenkapitalquote, kurz EK-Quote genannt, gilt als Maßstab für die finanzielle Stabilität eines Unternehmens. Um sie zu berechnen, wird die Höhe des Eigenkapitals ins Verhältnis zum Gesamtkapital gesetzt.

$$\text{Eigenkapitalquote} = \frac{\text{Eigenkapital} \times 100}{\text{Gesamtkapital}}$$

Zum Eigenkapital zählen neben dem Grund- oder Aktienkapital und den Rücklagen – das sind, vereinfacht gesagt, die finanziellen Reserven des Unternehmens – auch 50 Prozent der langfristigen Rückstellungen, also Gelder, die vom Unternehmen für Ausgaben in späteren Jahren zurückgelegt wurden.

Bei einem hohen Anteil von Eigenmitteln ist eine Gesellschaft „finanziell gut gepolstert", also in der Lage, wirtschaftliche Schwächephasen leichter zu verkraften. Zudem ist zu erwarten, dass sie ihren finanziellen Verpflichtungen nachkommen kann und die Liquidität durch laufende Zins- und Tilgungszahlungen für aufgenommene Kredite nicht gefährdet ist.

Die EK-Quote vieler börsennotierter Großkonzerne liegt zwischen 30 und 40 Prozent. Eine überdurchschnittlich hohe Eigenkapitalausstattung von beispielsweise mehr als 50 Prozent sieht auf den ersten Blick beruhigend aus, kann aber darauf hindeuten, dass das Management keine rentablen Investitionsmöglichkeiten findet oder nur geringe Wachstumsmöglichkeiten bestehen. Das wäre ein klarer Minuspunkt.

Umgekehrt muss ein hoher Verschuldungsgrad nicht unbedingt negativ sein, wenn diese finanziellen Fremdmittel für die Expansion in neue Märkte oder Geschäftsbereiche verwendet werden.

$$\text{Verschuldungsquote} = \frac{\text{Fremdkapital} \times 100}{\text{Eigenkapital}}$$

Grundsätzlich gilt jedoch zunächst: Hohe Schulden sind ein Risikofaktor.

Kurs-Buchwert-Verhältnis

Einen Anhaltspunkt für die Substanzhaltigkeit einer Aktie gibt das Kurs-Buchwert-Verhältnis (KBV). Der Buchwert einer Aktie ergibt sich, indem die Bilanzwerte sämtlicher Vermögensgegenstände – Grundstücke, Betriebsgebäude, Maschinen, Bargeld etc.

– addiert werden. Davon werden die Schulden abgezogen und der verbleibende Betrag durch die Zahl der ausgegebenen Aktien dividiert.

$$\text{Buchwert der Aktie} = \frac{(\text{Bilanzwerte} - \text{Schulden})}{\text{Ausgegebene Aktien}}$$

Danach wird der aktuelle Börsenkurs durch diesen Buchwert der Aktie geteilt.

$$\text{Kurs-Buchwert-Verhältnis} = \frac{\text{Börsenkurs}}{\text{Buchwert der Aktie}}$$

Der Buchwert gilt allgemein als Untergrenze dessen, was eine Aktie wert ist. Bei den meisten Unternehmen ist das KBV daher größer als 1. Fällt der Börsenkurs jedoch einmal unter den Buchwert, das heißt, das KBV wird kleiner als 1, gilt das nicht automatisch als Kaufsignal. Das KBV ist – vergleichbar mit einem Foto – jeweils nur eine statische Momentaufnahme, die keine dynamische Entwicklung erkennen lässt. Dazu muss man wissen, dass KBVs von unter 1 meist in sehr schwachen Börsenphasen auftreten oder dann, wenn das betreffende Unternehmen hohe Verluste macht. Ein niedriges KBV bedeutet in der Regel, dass die Börsianer die wirtschaftliche Zukunft des jeweiligen Unternehmens sehr schlecht einschätzen – beispielsweise, weil sie davon ausgehen, dass die Verluste das Unternehmen bereits in seiner Substanz gefährden oder die finanzielle Durststrecke noch so lange anhalten wird, dass sich das auf Dauer auch in verschlechterten Bilanzrelationen niederschlagen wird. Zusätzlich ist zu beachten, dass der Buchwert einen ganz unterschiedlich dimensionierten eingebauten Puffer hat, denn stille Reserven durch in der Bilanz unterbewertete Vermögensgegenstände gehen darin nicht ein (→ Seite 52 ff.).

Trotz aller Einschränkungen: Der Buchwert beziehungsweise das KBV liefert zumindest einen Anhaltspunkt dafür, wie gut der Börsenkurs mit Substanz „unterfüttert“ ist, und gerade bei zyklischen Werten (→ Seite 171) kann ein Vergleich mit historischen Werten gute Hinweise auf einen günstigen Einstiegszeitpunkt liefern.

Kurs-Gewinn-Verhältnis

Die weitaus wichtigste und bekannteste Kennziffer, die Profis für die Aktienbewertung heranziehen, ist das Kurs-Gewinn-Verhältnis, kurz KGV genannt. Es wird errechnet, indem der Jahresgewinn zuerst durch die Zahl der ausgegebenen Aktien dividiert wird.

$$\text{Jahresgewinn pro Aktie} = \frac{\text{Jahresgewinn des Unternehmens}}{\text{Ausgegebene Aktien}}$$

In einem zweiten Schritt wird der Börsenkurs durch den Gewinn pro Aktie geteilt.

$$\text{Kurs-Gewinn-Verhältnis} = \frac{\text{Börsenkurs}}{\text{Jahresgewinn pro Aktie}}$$

Das KGV gibt also den Faktor an, mit dem der Unternehmensgewinn an der Börse bewertet wird. Erzielt ein Unternehmen zum Beispiel einen Gewinn von 2 Euro pro Aktie und liegt der Kurs bei 30 Euro, ergibt sich daraus ein KGV von 15. Liegt der Kurs bei 50 Euro, steigt der Quotient auf 25.

Viele Anleger machen den Fehler, die Bedeutung des KGVs zu hoch einzuschätzen. Es darf nicht als „Preisschild" missverstanden werden, an dem sich ablesen lässt, ob eine Aktie teuer oder billig ist. Ein Unternehmen mit niedrigem KGV – als niedrig gilt im Allgemeinen ein Wert zwischen 5 und 12 – scheint auf den ersten Blick günstig bewertet zu sein. Schließlich kommen viele andere Gesellschaften auf ein Gewinnverhältnis von 20, 30 oder mehr. Das heißt, es wird, gemessen an der Ertragskraft des Unternehmens, ein sehr hoher Preis dafür gezahlt. Daraus zu schließen, dass Aktien mit niedrigem KGV ein Investment lohnen, ist allerdings genauso falsch wie die Strategie, Titel mit hohem Gewinnfaktor grundsätzlich zu meiden.

Doch wie ist es zu erklären, dass einige Aktien ein überdurchschnittlich hohes, andere wiederum ein dauerhaft niedriges KGV aufweisen? Die Anleger ziehen bei ihren Preisvorstellungen – die letztendlich den Börsenkurs der Aktie bestimmen – die langfristigen Zukunftsperspektiven des Unternehmens, die Erwartungen bezüglich der allgemeinen Marktentwicklung sowie die unternehmensspezifische Gewinnsituation bereits mit ein. Für eine fundierte Bewertungsaussage taugt das KGV deshalb nur, wenn es mit den Durchschnittswerten der jeweiligen Branche oder denen von Mitbewerbern verglichen wird.

Ein Problem bei der Ermittlung des KGV ist, dass die Börsianer an einem exakten Vergangenheitswert, der sich auf Basis der Zahlen in der Gewinn-und-Verlust-Rechnung ergibt, kaum interessiert sind. Sie handeln bekanntermaßen die Zukunft. Daher arbeiten Aktienanalysten (→ Seite 60 ff.) mit Gewinnschätzungen, die sie für die kommenden Geschäftsjahre veranschlagen. Die Gefahr: Je nach Interessenlage und Gewinnprognose lässt sich das KGV im Einzelfall großzügig nach oben und unten kalkulieren. Um solche subjektiven Faktoren zu neutralisieren, ziehen professionelle

Anleger nicht nur die Gewinnschätzung einer einzigen Bank heran, sondern bilden den Durchschnittswert einer größeren Zahl von Analysten, eine sogenannte Konsensusschätzung. Auf diese Weise schlagen gravierende Fehleinschätzungen einzelner Experten nicht so stark auf das Endergebnis durch.

Bewertungskennziffern für den Jahresgewinn

EBIT: *Abkürzung für Earnings before Interests and Tax. Ergebnis vor Zinsen und (Ertrags-)Steuern*
EBITDA: *Abkürzung für Earnings before Interests, Taxes, Depreciation and Amortisation: Ergebnis vor Zinsen und (Ertrags-)Steuern, Abschreibungen und Eigenkapital-Amortisation*

Neben dem KGV gibt es eine Reihe weiterer Kennziffern, die dazu dienen, die Ertragsstärke eines Unternehmens besser einschätzen zu können. Dazu zählen das **EBIT** und das **EBITDA**. Das Ziel dieser beiden international gebräuchlichen Kennziffern ist vereinfacht gesagt, den operativen Gewinn zu ermitteln und außerordentliche Faktoren so weit wie möglich herauszurechnen, um die Ertragskraft unterschiedlicher Unternehmen miteinander vergleichen zu können. Dazu wird das Jahresergebnis um die Verzinsung des Fremdkapitals und die Steuerbelastung bereinigt. Der Nachteil: Die Verschuldungsquote der Gesellschaft wird nicht berücksichtigt.

Eine mit dem EBITDA eng verwandte Kennzahl ist der Cashflow, der Bilanzexperten zufolge als eine der besten Kennzahlen gilt, um die Finanz- und Ertragskraft eines Unternehmens zu beurteilen. Er fasst, vereinfacht gesagt, alle liquiden Mittel, die aus der laufenden Geschäftstätigkeit erwirtschaftet werden, zusammen. Einen hohen positiven Geldfluss betrachten Experten als gutes Zeichen, während ein Minuszeichen vor dem Cashflow

Pensionsrückstellungen: Stille (Bilanz-)Last mit explosivem Charakter

Geht es nach Bilanzexperten, tickt im Zahlenwerk vieler deutscher Großkonzerne eine Zeitbombe: die Pensionsrückstellungen. Mit diesem Bilanzposten werden die Pensionsverpflichtungen bezeichnet, die ein Unternehmen im Rahmen der betrieblichen Altersvorsorge für seine Mitarbeiter übernimmt – die Betriebsrenten sozusagen. Dabei legt der Bilanzbuchhalter für jeden Mitarbeiter Jahr für Jahr eine bestimmte Summe zurück, die er in der Bilanz als zukünftige Verbindlichkeit verbucht. Vorteil: Diese Rückstellung mindert den steuerpflichtigen Gewinn, gleichzeitig stehen diese zinsgünstigen Finanzmittel dem Unternehmen für langfristige Investitionen zur Verfügung.

Die laufende (spätere) Auszahlung fälliger Betriebsrenten muss das Unternehmen dann aus dem Cashflow erwirtschaften. Das Problem: Die gestiegene Lebenserwartung und der Trend zur Frühverrentung führen dazu, dass sich die Rentenzeiten immer weiter verlängern und die finanziellen Lasten entsprechend steigen. Viele Firmen haben aber ihre Rückstellungen viel zu niedrig kalkuliert, um ihre zukünftigen Verpflichtungen

auf Dauer finanzielle Schwierigkeiten bei dem Unternehmen erwarten lässt. Nach dem gleichen Verfahren wie das Kurs-Gewinn-Verhältnis lässt sich dabei auch das Kurs-Cashflow-Verhältnis errechnen.

Kurs-Umsatz-Verhältnis

Eine weitere Kennzahl, mit der die Angemessenheit des Börsenkurses überprüft werden kann, ist das Kurs-Umsatz-Verhältnis, kurz KUV genannt. Dazu wird die aktuelle Börsenkapitalisierung durch den (geschätzten) Jahresumsatz dividiert. Grundsätzlich gilt: Je kleiner dieser Wert, desto preiswerter ist ein Unternehmen. Aber auch hier ist zu beachten, dass eine fundierte Aussage nur dann möglich ist, wenn das KUV mit den Durchschnittswerten der Branche beziehungsweise mit direkten Konkurrenten verglichen wird.

Als Faustregel gilt: Je höher die Margen des Unternehmens sind und je stärker die Gewinne wachsen, desto größer darf das KUV ausfallen. Dazu ein einfaches Beispiel: Wenn ein Unternehmen einen Umsatz von 100 Millionen Euro erwirtschaftet und die Börsenkapitalisierung (= Anzahl der Aktien × Aktienpreis) ebenfalls bei 100 Millionen Euro liegt, dann beträgt das KUV genau 1. Bleibt vom Umsatz ein Reingewinn von fünf Prozent, also 5 Millionen Euro, dann werden diese fünf Prozent mit einem KGV von 20 bewertet (100 Millionen Euro Marktkapitalisierung : 5 Millionen Euro Reingewinn = 20).

gegenüber den ehemaligen Mitarbeitern und angehenden Pensionären auf lange Sicht zu erfüllen. Mit anderen Worten: Die Pensionsverpflichtungen drohen den Konzernen über den Kopf zu wachsen. Nach Berechnungen von Analysten erreicht die Deckungslücke zwischen den über die Jahre hinweg gebildeten Rückstellungen und den tatsächlichen Pensionsverpflichtungen nicht selten Milliardenbeträge, die aus den regulären Einnahmen zusätzlich finanziert werden müssen – und den Jahresgewinn mindern. Viele Gesellschaften haben allerdings in den vergangenen Jahren damit begonnen, ihre Rücklagen aufzustocken, um so die Deckungslücke zu vermindern. Zudem ist der Wert vieler Kapitalanlagen, in die die Pensionsgelder investiert wurden, durch den allgemeinen Kursaufschwung an den Weltbörsen zum Teil deutlich gestiegen. Auch dadurch hat sich die Differenz zusätzlich verringert.

Anleger tun daher gut daran, jeden Geschäftsbericht auch nach der Höhe der Pensionsrückstellungen und der Zahl der Bezugsberechtigten zu durchforsten. Angaben dazu stehen entweder in der Bilanz oder im Anhang.

Bei einem KUV von 2 steigt bei gleichem Umsatz die Marktkapitalisierung auf 200 Millionen Euro (2 × 100 Millionen). Daraus folgt, dass der Jahresgewinn von 5 Millionen dann mit einem KGV von 40 (200 Millionen: 5 Millionen = 40) bewertet wird.

Umgekehrt heißt das, dass der Gewinn über vier Jahre mit durchschnittlich rund 20 Prozent wachsen muss, bevor das KUV wieder den allgemein als fair betrachteten Wert von 1 erreicht – vorausgesetzt, Kurs und Gewinnmarge bleiben konstant. Sind es nur 10 Prozent Marge, was immer noch ansehnlich ist, dauert es sogar rund 7,5 Jahre.

Dividendenrendite

Neben rein bilanziellen Kennzahlen spielt es auch eine Rolle, inwieweit ein Unternehmen seine Aktionäre am Jahresergebnis in Form von Dividendenauszahlungen beteiligt. Wenn sie gezahlt werden, heißt das zunächst einmal, dass das jeweilige Unternehmen rentabel arbeitet und im Kern gesund ist. Eine über die Jahre hinweg kontinuierlich gezahlte Ausschüttung bewahrt deshalb gerade in schwachen Börsenphasen den Kurs vor einem starken Absturz, weil die Börsianer in die wirtschaftliche Stärke des Unternehmens vertrauen. Um herauszufinden, wie dividendenstark eine Gesellschaft ist, wird die Bardividende ins Verhältnis zum Aktienkurs gesetzt und so die Dividendenrendite ermittelt.

Aktienkennzahlen bieten vor allem diese Finanzportale an: www.onvista.de, www.multexinvestor.de, www.aktiencheck.de

$$\text{Dividendenrendite (in Prozent)} = \frac{\text{Bardividende} \times 100}{\text{Aktienkurs}}$$

Auch wenn die Dividendenrendite bei den meisten Aktientiteln selten mehr als zwei oder drei Prozent beträgt, sollte der Stellenwert der Gewinnausschüttung für den Anlageerfolg nicht unterschätzt werden. Langfristige Studien zeigen, dass sie bei einer optimierten Anlagestrategie (→ Seite 180 ff.) etwa 40 Prozent der durchschnittlich mit Aktien erzielten Rendite ausmacht.

TIPP

In den meisten Fällen steht und fällt die Aussagekraft von Kennzahlen mit der Zuverlässigkeit der zugrundeliegenden Prognosen. Betrachten Sie deshalb jeden einzelnen Wert als Puzzleteil. Erst zusammengefügt ergeben sie ein aussagekräftiges Gesamtbild.

Auf das Zusammenspiel achten

Die vielen Formeln und Kennzahlen werden jedem normalen Anleger, der nicht gerade Bilanzprofi ist, am Anfang Schwierigkeiten bereiten, alles einzuordnen und sich zurechtzufinden. Ganz abgesehen davon, dass er sich nicht in der Lage sehen wird, diese

Bewertungszahlen selbst zu berechnen. Doch das ist in vielen Fällen auch gar nicht notwendig. Schließlich gibt es Analysten, und in deren Studien (→ Seite 60), die man über die Hausbank oder über das Internet bekommen kann, werden all diese Zahlen aufgelistet – nicht selten für mehrere Geschäftsjahre. Es ist aber wichtig zu wissen, was im Einzelfall dahinter steckt und welche Schwächen die jeweiligen Konzepte haben.

„Weiche“ Bewertungsfaktoren

In die Bewertung von Aktien gehen neben den harten Zahlen und Fakten zahlreiche Faktoren ein, die sich nicht exakt in Euro und Cent messen lassen. Niemand wird zum Beispiel bestreiten, dass eine gute Marktstellung, ein breiter Kundenstamm und ein gutes, über die Jahre hinweg angesammeltes Know-how die wirtschaftliche Entwicklung eines Unternehmens, seinen Wert und seine Zukunftsperspektiven entscheidend mitbeeinflussen. In der Bilanz dürfen diese Größen jedoch nicht aufgeführt werden. Überspitzt formuliert könnte man daher auch sagen: Der Unternehmenserfolg mag sich in nüchternen Zahlen ausdrücken. Doch die Voraussetzung dafür basiert zu einem großen Teil auf dem, was Fachleute „weiche“ Faktoren nennen.

Shareholder-Value: Den Aktionärsinteressen verpflichtet

Ganz wichtig bei der Bewertung dieser Größen ist die Frage, inwieweit sich das Management eines Unternehmens bei seinen Entscheidungen an den Interessen der Aktionäre orientiert, dem **Shareholder**-Value.

> **Shareholder** *(engl.): Anteilseigner*

Dahinter steckt die Idee, dass das Management bei seinen Entscheidungen stets die Steigerung des Unternehmenswerts im Auge haben sollte – wovon die Aktionäre, die letztlich die Eigentümer einer AG sind, in Form steigernder Kurse und Dividenden profitieren.

Typisch für Shareholder-Value-orientierte Unternehmen ist beispielsweise, dass es eine vorgeschriebene Mindestrendite gibt, die Tochterunternehmen oder einzelne Geschäftsbereiche erzielen müssen. Wird diese Zielmarke unterschritten, schließt das Management die jeweiligen Unternehmen(-sbereiche) oder verkauft sie. Auf diese Weise konzentriert sich das Unternehmen langfristig auf rentable Kernbereiche und vermeidet, zu einem Gemischtwarenladen zu werden oder ehrgeizige, aber letztlich unrentable Projekte und Strategien zu verfolgen. Zum Eintreten für Aktionärsinteressen gehört auch eine offene Informationspolitik mit Geschäfts- und Quartalsberichten, in denen detailliert über die Entwicklung einzelner Segmente berichtet wird. Dazu kommt eine in hohem Maße erfolgsabhängige Vergütung für das Management.

Corporate Governance: Vertrauen ist gut, Kontrolle ist besser

Kritiker monieren am Shareholder-Value-Konzept allerdings, dass das Management dazu verführt wird, nur noch die kurzfristige Gewinnmaximierung im Auge zu haben und unverhältnismäßig riskante Investitionen durchzuführen. Mittlerweile ist daher das Konzept der **Corporate Governance** (CG) wesentlich verbreiteter.

> **Corporate Governance** *(engl.): Unternehmensrichtlinien, Unternehmensaufsicht*

Kernpunkt der CG sind Leitlinien für eine verantwortungsvolle, auf langfristige Wertschöpfung ausgerichtete Unternehmensführung. Das Management hat somit die Möglichkeit, auch langfristige Strategien zu verfolgen, legt dabei aber seine Entscheidungen und die aktuelle Situation für die Anteilseigner offen, damit diese die Verwaltung „ihres“ Unternehmens wirksam kontrollieren können. Auf diese Weise sollen die Interessen zwischen Anteilseignern und Management fair ausgeglichen werden.

> Der vollständige Kodextext mit Erläuterungen im Internet: www.corporate-governance-code.de

Nach diversen Skandalen in der Vergangenheit, bei denen sich Vorstände zulasten der Aktionäre bereichert und Aufsichtsräte ihre Kontrollaufgaben vernachlässigt haben, hat die Bundesregierung einen Corporate-Governance-Kodex erlassen. Er enthält Verhaltensstandards für das Management börsennotierter Unternehmen sowie über das gesetzliche Maß hinausgehende Informationspflichten gegenüber den Aktionären. Dazu gehören unter anderem die Veröffentlichung des Jahresabschlusses binnen 90 Tagen nach Geschäftsjahresende, die Veröffentlichung des Vergütungssytems für den Vorstand und der Ausweis der Bezüge für jedes einzelne Vorstands- und Aufsichtsratmitglied im Geschäftsbericht und auf der hauseigenen Internetseite.

Schwachpunkt: Das Regelwerk ist für die betroffenen Unternehmen rechtlich nicht bindend, sondern lediglich freiwillig verpflichtend. Allerdings verlangt der Gesetzgeber, dass die Unternehmensverwaltung im jährlichen Geschäftsbericht begründet erläutert, welche Empfehlungen sie nicht befolgt hat. Die Akzeptanz und Einhaltung des Kodex sind daher bislang mäßig. Bei der Mehrheit der großen Dax-Werte ist es beispielsweise weiterhin üblich, dass der Vorstand bei seinen Bezügen mauert, und vor allem unter den kleineren Gesellschaften gibt es zahlreiche „Totalverweigerer“, die sich mit fadenscheinigen Begründungen vor den CG-Regeln drücken.

Dabei ist Corporate Governance aus Aktionärssicht kein Allheilmittel, um Missmanagement völlig auszuschließen. Skandalverdächtige Auswüchse wie etwa Abfindungen in zweistelliger Millionenhöhe und lukrative Beratermandate, die einzelnen Aufsichtsratmitgliedern zusätzlich zu ihrer Kontrollaufgabe zugeschanzt werden, dürften damit jedoch zumindest erschwert werden.

Grundsätzlich gilt: Ein Management, das sich den Interessen seiner Aktionäre verpflichtet fühlt, wird die Empfehlungen des Kodex ohne Wenn und Aber befolgen und die Karten gegenüber den Aktionären offen auf den Tisch legen – und das macht sich in vielen Fällen auch langfristig positiv beim Kurs bemerkbar.

Unternehmensstrategie

Zu guter Letzt geht es bei der fundamentalen Analyse darum, nicht nur Zahlen und Konzepte, sondern auch Visionen zu bewerten. Das heißt, der Anleger muss sich damit auseinandersetzen, welche Strategie das Management verfolgt. Dazu zählen zum Beispiel Expansionspläne, neue Produkte und Geschäftsbereiche. Die Erfolgschancen all dieser Projekte, und damit der Einfluss auf die Aktienkursentwicklung, sind für einen außenstehenden Laien ohne Zweifel schwer zu beantworten beziehungsweise abzuschätzen, zumal es um Prognosezeiträume von mitunter mehreren Jahren geht. Mit gesundem Menschenverstand kommt man dabei allerdings oft zu genauso guten Ergebnissen wie mit komplizierten und detaillierten Branchenanalysen und Marktforschungen, auf die sich die Profis in der Regel verlassen.

Dazu kommt, dass der grundlegende Ansatz wichtig ist. Hat das Management überhaupt eine Strategie und kann es diese überzeugend vermitteln? Mit welchen Schritten und in welchen Zeitabständen soll sie umgesetzt werden? Folgen auf blumige Worthülsen auch Taten?

Exkurs: Keine Angst beim Sprung über die Grenze

Es liegt auf der Hand, dass ein Depot mit zahlreichen Titeln nicht nur deutsche, sondern auch ausländische Aktien enthalten sollte. Nur so lassen sich die sich weltweit bietenden Chancen nutzen. Dabei kommt es vor allem Privatanlegern zugute, dass die Anteile vieler ausländischer Gesellschaften auch an einer deutschen Börse (→ Seite 40) gehandelt werden. Auf diesem Wege zahlen sie die gleichen Transaktionskosten (→ Seite 26) wie beim Kauf beziehungsweise Verkauf einer deutschen Aktie. Allerdings: In den meisten Fällen ist der Handel bei den Auslandswerten nicht besonders liquide.

Der Anleger in Deutschland muss also damit rechnen, am hiesigen Finanzplatz einen schlechteren Kurs zu bekommen als an der Heimatbörse des jeweiligen Titels. Die Garantien einzelner deutscher Regionalbörsen (→ Seite 40) schützen jedoch davor.

Direkte Wechselkursrisiken

Dass dabei beispielsweise aber US-amerikanische und japanische Werte ganz bequem in Euro erworben werden können, heißt nicht, dass der Kauf nicht auch Währungsrisiken nach sich ziehen würde. Der direkte Währungstausch entfällt zwar in diesem Fall, aber natürlich orientieren sich Makler und Händler bei der täglichen Kursfeststellung für Auslandsaktien außerhalb der Eurozone an den Kursen der jeweiligen Heimatbörse und rechnen diese jeweils zum aktuellen Devisenkurs in Euro um. Für den deutschen Anleger kann das ab dem Kaufzeitpunkt je nach Entwicklung der Wechselkurse ein zusätzliches Plus, aber auch ein Minus einbringen.

Unternehmensprofil und indirekte Währungsrisiken beachten

Bei der Einschätzung des Wechselkursrisikos sollten Anleger aber auch berücksichtigen, dass nicht nur der nationale Sitz eines Unternehmens entscheidend ist, sondern auch, in welchen Währungen beziehungsweise Wirtschaftsregionen die Gesellschaft

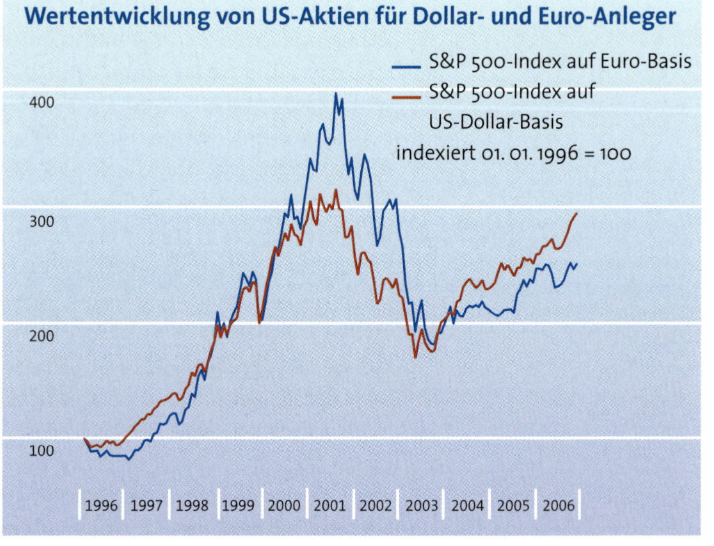

ihre Umsätze erzielt. Bei vielen großen, weltweit tätigen Konzernen sind Währungsaspekte für die Kursentwicklung häufig vernachlässigbar, denn sie produzieren und verkaufen ihre Produkte in allen Regionen der Welt und gleichen auf diese Weise im Rahmen ihres operativen Geschäfts die Währungsrisiken aus.

Dagegen kann sich ein deutscher Anleger auch mit dem Kauf von Aktien eines deutschen Unternehmens im Extremfall ein nicht unerhebliches Währungsrisiko ins Depot holen – nämlich dann, wenn die Gesellschaft ihre Produkte zu einem großen Teil nach Übersee verkauft und die auf diese Weise erzielten Währungsumsätze nicht durch entsprechende Devisengeschäfte abgesichert. Typisches Beispiel ist eine Reihe von Maschinenbauunternehmen.

Währungsrisiken betreffen aber auch die Kostenseite eines Unternehmens – beispielsweise wenn Rohstoffe in fremder Währung eingekauft werden. Daher ist es bei der Aktienauswahl auch wichtig zu analysieren, inwieweit sich dieser Faktor in der Gewinn-und-Verlust-Rechnung niederschlägt.

Als Werte, die beispielsweise von einem schwachen US-Dollar profitieren, gelten unter den deutschen Titeln vor allem Automobil-, Maschinenbau-, Chemie/Pharmaaktien. Dagegen macht sich eine stärkere US-Währung negativ in den Zahlen von Versorger-, Transport-, Rohstoffaktien bemerkbar – und umgekehrt.

Allerdings sollte auch in diesen Fällen der Einfluss von Währungskursveränderungen nicht überschätzt werden. Legt man die Entwicklung in der Vergangenheit zugrunde, so hat sich gezeigt, dass Währungskomponenten bei einer langfristigen Aktienanlage von fünf Jahren nur eine untergeordnete Rolle spielen – vorausgesetzt, der Anleger streut sein Depot auf viele verschiedene Titel in unterschiedlichen Ländern und Regionen. In dem Fall kann er mit hoher Wahrscheinlichkeit davon ausgehen, dass die Aktienrenditen mögliche negative Wechselkurseffekte mehr als kompensieren werden.

Technische Analyse

Nach der fundamentalen stellt die technische Analyse das zweite Entscheidungsinstrument bei der Aktienanlage dar. Die Techniker, wie die Anhänger dieser Methode auch genannt werden, verfolgen einen ganz anderen Ansatz als die fundamental orientierten Analysten. Für sie zählen nicht Kennzahlen, Unternehmensstrategien und Bilanzierungsmethoden, sondern ausschließlich der Kurs einer Aktie selbst. Dahinter steht die Idee, dass sich positive wie negative Nachrichten – beispielsweise ein Gewinneinbruch – früher in der Aktienkursentwicklung niederschlagen, als sie der Öffentlichkeit bekanntgegeben werden, also bevor sie bei der Fundamentalanalyse berücksichtigt werden können. Aus bestimmten, in der Vergangenheit beobachteten Kursverläufen leiten die Chartanalysten daher Prognosen für die Zukunft ab.

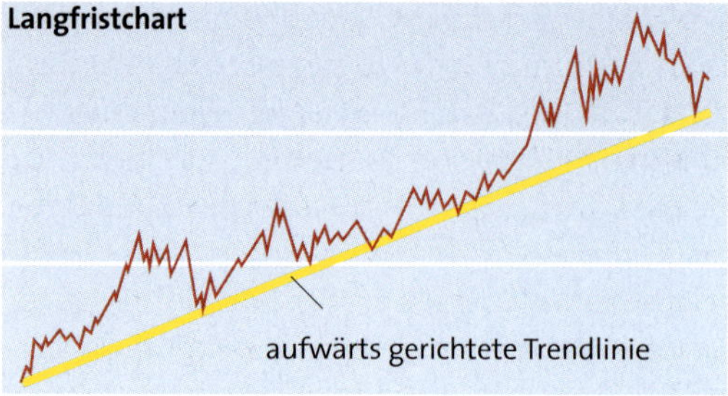

Chart 1: *Eine ursprünglich „zackige" Kurskurve einer Aktie oder eines Indexes lässt sich in einer geraden, hier aufwärts gerichteten Trendlinie zusammenfassen. Kurz- und mittelfristige Abwärtsbewegungen „testen" die Linie, durchbrechen sie aber nicht.*

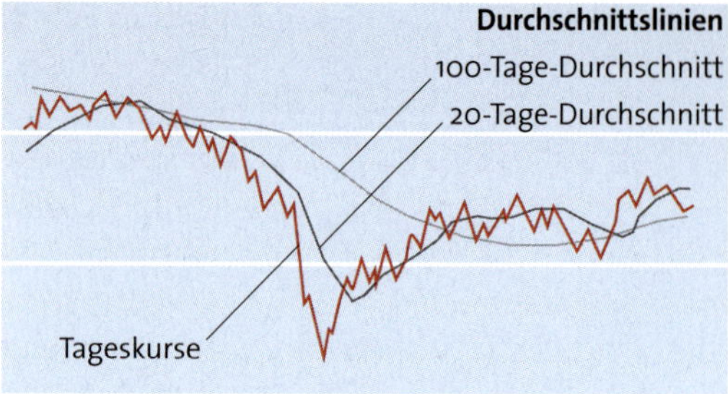

Chart 2: *Je länger der Berechnungszeitraum für eine Durchschnittslinie, desto „träger" reagiert sie auf Richtungsänderungen der eigentlichen Kurslinie. Schnittpunkte können deshalb auch ein Hinweis auf einen möglichen Trendwechsel sein.*

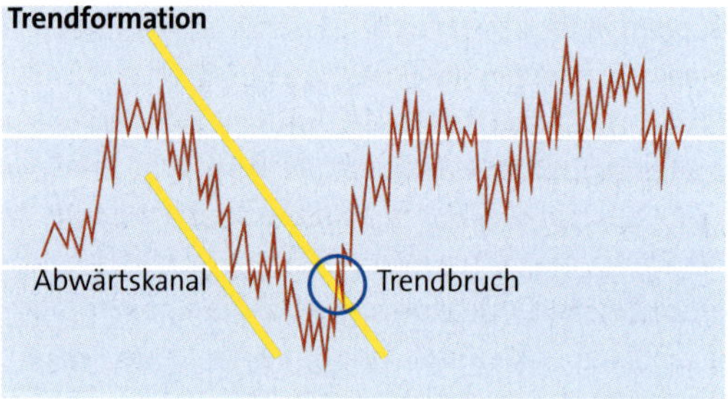

Chart 3: *Lässt sich eine Abwärts- oder Aufwärtsbewegung durch zwei parallel verlaufende Trendlinien kennzeichnen, sprechen die Chartanalysten von einem Trendkanal. Ein Ausbruch aus diesem Kanal nach oben ist als Kaufsignal zu interpretieren. Umgekehrt: Durchbricht der Kurs die untere Begrenzung, ist das ein Verkaufssignal.*

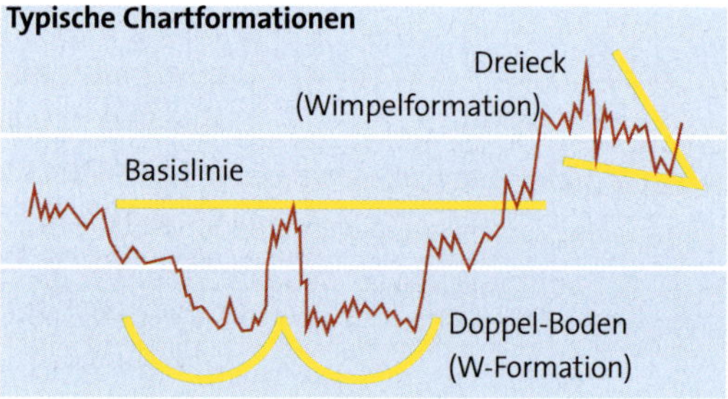

Chart 4: *Bei einer Doppelboden- oder W-Formation wird der Kursrückgang gestoppt, eine erste Aufwärtsbewegung erweist sich als zu schwach. Im zweiten Anlauf „knackt" der Kursverlauf dann die waagerechte Basislinie, die durch das erste Zwischenhoch definiert wird.*

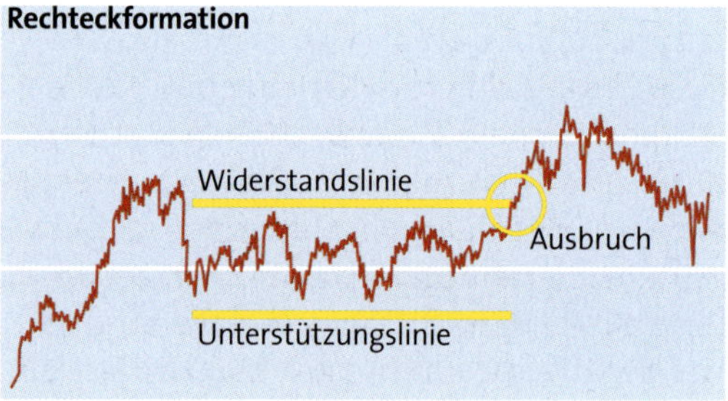

Chart 5: *Bildet sich anhand des Kursverlaufs eine waagerechte Unterstützungs- und eine parallele Widerstandslinie aus, sprechen die Techniker von einer Rechteckformation. Der Ausbruch nach oben ist ein Kaufsignal.*

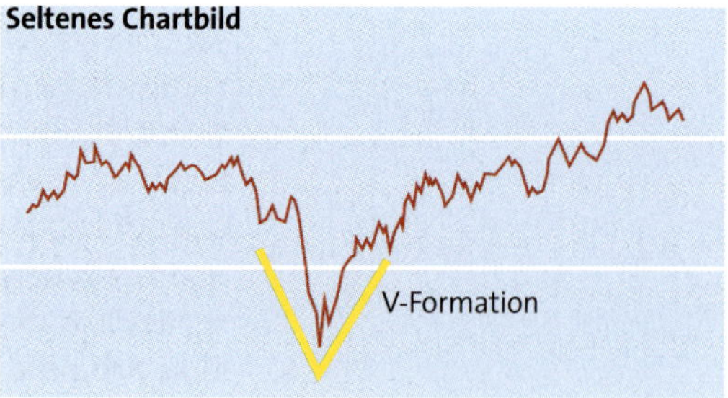

Chart 6: *V-Formationen entstehen oft in nervösen, von Unsicherheit geprägten Börsenphasen. Nach den Terroranschlägen vom 11. September 2001 brachen beispielsweise die Kurse sturzartig ein, kehrten aber wenig später genauso schnell wieder zur Normalität zurück.*

Chart: *Als Chart wurde früher eine Seekarte bezeichnet. Heute lässt sich dieser dem Englischen entlehnte Begriff mit „Abbildung" oder „Info-Grafik" übersetzen.*

„The trend is your friend"

Diesen Ansatz der technischen Analyse halten viele Kritiker für Scharlatanerie. Wer sich allerdings auf einem **Chart** einmal den grafischen Kursverlauf einer Aktie über einen längeren Zeitraum hinweg näher anschaut, wird schnell erkennen, dass die Kurve nicht geradlinig, sondern in „zackigen" Wellenbewegungen auf und ab verläuft. Verbindet man die zwischenzeitlichen Tief- (bei einer Aufwärtsbewegung) beziehungsweise Hochpunkte (Abwärtsbewegung), so entstehen oft Trendlinien, an denen sich der Kurs entlangbewegt (→ Chart 1, Seite 132).

Die Chartisten begründen dieses Phänomen mit der Psychologie der Anleger. Sie werden vor allem auf diejenigen Aktien aufmerksam, deren Kurs steigt. Gibt es für das Papier grundsätzlich mehr potenzielle Käufer als Verkäufer, wird jede niedrigere Notierung als Kaufgelegenheit betrachtet. Folge: Nach jedem Kursrückgang sorgt eine steigende Nachfrage umgehend wieder für anziehende Preise. Daraus lernen die Anleger, bei einem Zwischentief schnell zuzugreifen.

Umgekehrt wird jede kurzfristige Kurserholung bei tendenziell fallenden Notierungen von Anlegern zum Ausstieg genutzt. Aus diesem Wechselspiel entsteht oft ein Trendkanal (→ Chart 3). Dieser hält so lange an, bis sich das Verhältnis von Käufern und Verkäufern nachhaltig verschiebt. Das hat zur Folge, dass etwa beim nächsten Zwischenhoch Verkäufe ausbleiben. Folge: Der Trend wird gebrochen.

Die hohe Kunst des Chart-Reading

Das Handwerk des Chartanalysten, das Chart-Reading, besteht nun darin, die Kurskurve daraufhin zu untersuchen, ob ein Trend intakt ist oder gegebenenfalls ein Richtungswechsel bevorsteht. Auf diese Weise kann die Wahl eines optimalen Kauf- und Verkaufszeitpunkts für eine bestimmte Aktie verbessert werden – was ja die eigentlich interessante Information für einen Anleger ist. Dazu sucht der Chartanalyst durch Einzeichnen von Linien im Kurvenverlauf nach bestimmten Erscheinungsbildern und Verlaufsmustern, deren mehr oder weniger typische Ausprägung ihm eine Aussage über die weitere Kursentwicklung ermöglicht. Einige typische Formationen sind in den Charts auf Seite 132 dargestellt.

Fester Bestandteil eines Kurscharts ist neben der eigentlichen Kurslinie auch die Berechnung und Abbildung gleitender Durchschnittslinien, die für unterschiedlich lange Kursperioden berechnet werden – etwa 100 Börsentage (→ Chart 2). Diese Durchschnittslinien haben den Zweck, das hektische Auf und Ab der ursprünglichen Kurslinie zu „glätten", um so eine klarere Aussage bezüglich der generellen Kursrichtung zu erhalten. Dabei gilt: Je kürzer der Berechnungszeitraum, desto enger folgt die Durchschnittslinie der Kursentwicklung.

Zusätzliche technische Kennzahlen

Selbst erfahrene Chartprofis haben allerdings Schwierigkeiten, allein aus der Kurve den weiteren Kursverlauf einer Aktie herauszulesen. Daher betrachten sie eine Reihe weiterer Kennzahlen, die ihnen helfen, die Trendeinschätzung zu verbessern.

Eine der wichtigsten Größen ist dabei die Umsatzentwicklung der Aktie. Als Faustregel für einen intakten Trend gilt: Der Aktienumsatz muss sich mit dem Trend entwickeln. In einem Aufwärtstrend steigt er mit dem Kurs an, geht es abwärts, fällt er parallel zur Notierung zurück.

Advance-decline-Line *(engl.): Aufstiegs-Abstiegs-Linie*
Momentum: *Indikator der technischen Analyse, der die Veränderungsgeschwindigkeit beziehungsweise die Veränderungsrate des Aktienkurses anstatt den Kurs selbst misst.*

Ein weiteres Kriterium ist der Vergleich der Kursentwicklung einer einzelnen Aktie mit dem Gesamtmarkt. Dabei geht es um die Frage, ob die Kursausschläge des Papiers stärker oder weniger stark sind als die des Marktes. Um dies zu analysieren, wird die Differenz zwischen gestiegenen und gefallenen Aktien eines Börsentags errechnet und zum Vortageswert addiert. Auf diese Weise ergibt sich grafisch die **Advance-decline-Linie**. Durch einen Vergleich mit der Indexentwicklung lässt sich so ein „Nachlassen" der Aufwärts- beziehungsweise Abwärtskräfte frühzeitig erkennen.

Bei der Berechnung des **Momentums** einer Einzelaktie wird der aktuelle Kurs vom Durchschnittskurs einer bestimmten Anzahl von Tagen abgezogen. Auch hierdurch sollen Trendwenden klarer erkennbar und damit Aussagen der Chartanalyse gestützt oder abgeschwächt werden.

Vorteile der Charttechnik: Einfach und flexibel

Der Vorteil der technischen Analyse ist, dass sie von ihrer Grundkonzeption einfach und kostengünstig ist. Man braucht dazu im Grunde nicht mehr als Millimeterpapier, Bleistift und Lineal – auch wenn heutzutage der Computer die Arbeit, aus Tausenden von Kursdaten eine Linie zu zeichnen, viel bequemer erledigt. Zudem gibt es im Internet Dutzende von Seiten, auf denen Charts für eine breite Auswahl von Wertpapieren und Indizes verfügbar sind.

Kostenlose Realtime-Charts findet der Anleger im Internet kaum noch. Eine gute Anlaufadresse neben den Seiten der Discounter ist allerdings www.tradesignalonline.com.

Allerdings dürfen auch von der Chartanalyse keine Wunder und der todsichere Tipp erwartet werden. Im Gegenteil: Gerade wenn es darum geht, Trendwechsel vorherzusagen, zeigt die Methode ihre Schwächen, denn viele der beschriebenen Kursbewegungen und Verlaufsmuster lassen sich erst im Nachhinein mit Sicherheit erkennen und entsprechend interpretieren. Es bleibt daher bei der alten Regel: Prognosen sind ein unsicheres Geschäft – vor allem, wenn sie die Zukunft betreffen.

Fundamentalisten versus Chartisten

Für den Anleger stellt sich natürlich die Frage, welcher Methode der Vorzug zu geben ist. Eine allgemeingültige Antwort darauf ist nicht möglich. Jedes System hat seine spezifischen Vor- und Nachteile.

Zu den Vorzügen der fundamentalen Analyse gehört, dass sie bei sorgfältiger Anwendung langfristig sehr gute Anlageergebnisse liefert. Dafür ist sie teilweise sehr anspruchsvoll und erfordert eine Fülle von Daten und Fakten. Außerdem ist sie von der Grundkonzeption her vergangenheitsorientiert, sodass sie auf neuere Entwicklungen verhältnismäßig träge reagiert.

Die Vorteile der Chartanalyse sind, dass sie sehr flexibel ist, Veränderungen schnell widerspiegelt und in Grundzügen relativ einfach anzuwenden ist. Zudem ist sie nicht nur für die einzelne Aktie, sondern auch für andere Anlageformen und Finanzmarktgrößen – beispielsweise Indizes, Währungen etc. – sowie Finanzmärkte als Ganzes geeignet.

Der Anleger sollte sich von der „Glaubensdiskussion", die die Anhänger beider Analyseformen mitunter führen, nicht irritieren lassen und nicht ausschließlich auf eine einzige Methode setzen. Am besten ist es, beide Methoden miteinander zu kombinieren und die Ergebnisse der einzelnen Analysen wie bei einem Puzzle zusammenzutragen. Dadurch lassen sich Flops zwar nicht gänzlich vermeiden, aber die Wahrscheinlichkeit, dass eine Verliereraktie im Depot landet, wird erheblich reduziert.

Steuern

Das Thema Steuern ist bei Anlegern selten sehr beliebt. Doch das ist kein Grund, warum Aktiensparer einen Bogen darum machen sollten. Denn gerade in diesem Punkt haben Aktien besonders viel Positives zu bieten. Diese Zeiten gehen allerdings bald zu Ende: ab dem Jahr 2009 müssen sich Aktionäre ebenso wie Zinssparer auf neue Steuerregeln einstellen. Gerade deshalb gehört es für Anleger zum Pflichtprogramm, sich frühzeitig damit zu beschäftigen. So können sie die verbleibende Zeit nutzen, um wichtige strategische Weichen zu stellen und sich bestimmte Steuervorteile langfristig zu sichern.

Neue Steuerregeln für Anleger

Die Rendite von Aktien setzt sich aus zwei Komponenten zusammen: Den Dividenden und den Kursgewinnen. Derzeit werden beide Ertragskomponenten unterschiedlich besteuert. Kursgewinne zählen zu den Gewinnen aus privaten Veräußerungsgeschäften. Sie werden nur dann besteuert, wenn der Anleger seine Papiere weniger als 12 Monate und einen Tag hält. Anders sieht das bei den Dividenden aus. Sie muss der Anleger ähnlich wie seine Zinseinkünfte versteuern. Die Hälfte ist allerdings steuerfrei. Zum Anfang des Jahres 2009 werden sich die Steuerregeln jedoch ändern. Alle wichtigen Informationen dazu finden Sie ab Seite 143. Bis Ende 2008 sieht es für Anleger aber noch aus wie im folgenden Kapitel beschrieben.

Die Besteuerung von Dividenden

Freibeträge und Werbungskosten

Die Kapitalertragsteuer auf Dividenden funktioniert nach dem gleichen Prinzip wie die Zinsabschlagsteuer: Auch sie wird bei der Auszahlung der Dividende von der depotführenden Bank oder Fondsgesellschaft einbehalten als Vorauszahlung auf die persönliche Einkommensteuerschuld. Und ebenso wie für ihre Zinsen können Anleger auch für ihre Dividenden den Sparerfreibetrag in Anspruch nehmen. Er ermöglicht es jedem Anleger, 750 Euro steuerpflichtige Kapitalerträge pro Jahr zu erzielen, ohne darauf Steuern zahlen zu müssen. Bei Eheleuten, die zusammen veranlagt werden, verdoppelt sich dieser Betrag auf 1 500 Euro.

Zusätzlich zum Sparerfreibetrag gewährt das Finanzamt eine sogenannte Werbungskostenpauschale. Sie beträgt 51 Euro für Alleinstehende und 102 Euro für zusammenveranlagte Eheleute. Insgesamt bleiben also Kapitalerträge in Höhe von 801 beziehungsweise 1 602 Euro pro Jahr steuerfrei. Liegt der Anleger mit seinen Kapitalerträgen unter diesen Beträgen, ist er fein raus, denn in diesem Fall kann er auf die Angabe in der Einkommensteuererklärung, genau genommen auf das Ausfüllen der Anlage KAP, verzichten.

Freistellungsauftrag nutzen

Jeder Anleger hat die Möglichkeit, seiner depotführenden Bank oder Fondsgesellschaft einen Freistellungsauftrag zu erteilen. Darin wird festgelegt, bis zu welchem Bruttobetrag das Depotinstitut Kapitalerträge ohne Steuerabzug ausbezahlt. Erst wenn

TIPP

Freistellungsaufträge

- Für die Annahme und Änderung von Freistellungsaufträgen dürfen Banken und Sparkassen keine Gebühren verlangen. Dies hat der Bundesgerichtshof in einer Grundsatzentscheidung festgelegt (Az. XI ZR 269/96 und XI ZR 279/96).
- Zu viel gezahlte Zinsabschlag- und Kapitalertragsteuer können Sie auch dann noch zurückholen, wenn der Steuerbescheid bereits bestandskräftig ist. Dies ist allerdings nur möglich, solange die vierjährige Festsetzungsfrist noch nicht abgelaufen ist. Wer beispielsweise den Steuerbescheid für das Jahr 2006 im Jahre 2007 erhalten hat, kann seine Ertragsteuern noch bis zum 31. Dezember 2011 zurückfordern.
- Ist Ihr Einkommen so gering, dass Sie keine Steuern zahlen, haben Sie die Möglichkeit, eine sogenannte Nichtveranlagungsbescheinigung, kurz NV-Bescheinigung, beim Finanzamt zu beantragen. Wenn Sie die NV-Bescheinigung Ihrer depotführenden Bank vorlegen, zahlt sie die Erträge steuerfrei aus, auch wenn sie den Sparerfreibetrag übersteigen. Für das Jahr 2007 können beispielsweise bis zu 8 501 Euro an Kapitalerträgen steuerfrei kassiert werden, wenn keine anderen Einkünfte erzielt werden.

die im Auftrag genannte Summe erreicht oder überschritten worden ist, behält die Bank oder Fondsgesellschaft von jedem zusätzlichen Euro darüber hinaus Steuern (→ nachfolgender Abschnitt) ein.

Um Missbrauch mit den Freistellungsaufträgen zu verhindern, hat der Gesetzgeber ein paar Spielregeln aufgestellt, die Anleger einhalten sollten, wollen sie Ärger mit dem Finanzamt vermeiden. Grundsätzlich gilt: Wer sein Geld bei mehreren (inländischen) Banken und in mehreren Depots anlegt, kann seinen Freibetrag beliebig aufteilen, indem er jeder kontoführenden Bank einen gesonderten Freistellungsauftrag erteilt. Die Summe der in allen Freistellungsaufträgen festgelegten Beträge darf jedoch 801 beziehungsweise 1 602 Euro nicht übersteigen.

Wer versucht, sich über diese Beträge zu „mogeln" oder den Überblick verloren hat und irrtümlich insgesamt zu hohe Freistellungsaufträge erteilt, muss mit Konsequenzen rechnen. Die Banken sind nämlich verpflichtet, für jeden ihrer Kunden die Höhe des Freistellungsauftrags an das Bundeszentralamt für Steuern zu übermitteln. Die Behörde gleicht die Daten miteinander ab und fischt so Anleger, die ihre Freibeträge „überzogen" haben, automatisch heraus. Sie müssen mit einer Kontrollmitteilung in ihrer Steuerakte rechnen. Das zuständige Finanzamt wird dann genau prüfen, ob und in welcher Höhe der betreffende Anleger seine Kapitalerträge in der Steuererklärung deklariert.

Übersteigen die Kapitalerträge eines Jahres die Summe aus Freibetrag und Pauschale, ist der Anleger in jedem Fall verpflichtet, eine Steuererklärung zu erstellen und darin sämtliche vereinnahmten Erträge anzugeben – und zwar auch die, die im Rahmen von Freistellungsaufträgen ohne Abzug ausgezahlt wurden.

Werbungskosten geltend machen
Wer die Freibeträge überschreitet und seine Kapitalerträge in der Steuererklärung angeben muss, braucht sich nicht zwangsläufig mit der Werbungskostenpauschale von 51 Euro beziehungsweise 102 Euro zufriedenzugeben. Anleger dürfen grundsätzlich alle Aufwendungen, die zur Wahrung und Sicherstellung ihrer Kapitaleinkünfte dienen, als Werbungskosten in der Steuererklärung geltend machen. Das lohnt sich natürlich nur dann, wenn ihre Aufwendungen höher sind als die genannten Pauschalbeträge. Allerdings: Sämtliche Werbungskosten, die in Zusammenhang mit der Aktienanlage entstehen, können wegen des Halbeinkünfteverfahrens (→ nachfolgender Abschnitt) nur zu 50 Prozent geltend gemacht werden.

Auch wenn Sie am Ende in Ihrer Steuererklärung nur die Pauschbeträge nutzen: Sammeln Sie über das Jahr hinweg alle Belege. Rutschen Sie doch einmal mit den Dividenden und anderen Kapitaleinnahmen über die Freibeträge, können Sie bei der Steuererklärung gegebenenfalls höhere Kosten problemlos nachweisen.

Das Halbeinkünfteverfahren

Wenn kein Freistellungsauftrag vorliegt oder der freigestellte Betrag überschritten ist, führt die Bank auf die Dividendenzahlungen zunächst eine Kapitalertragsteuer von 20 Prozent plus Solidaritätszuschlag an die Finanzbehörde ab. Genauso wie die Zinsabschlagsteuer ist diese Kapitalertragsteuer jedoch nur eine Vorauszahlung auf die spätere Einkommensteuerschuld des Anlegers. Das heißt: Auch hier gibt es zu viel gezahlte Steuern anteilig zurück. Das Besondere dabei: Im Unterschied zu Zinszahlungen werden Dividenden seit einigen Jahren nach dem sogenannten Halbeinkünfteverfahren besteuert. Das heißt, lediglich 50 Prozent des fraglichen Betrags sind steuerpflichtig. Anleger können bei Dividenden daher sogar den doppelten Betrag steuerfrei vereinnahmen.

Ein Beispiel: Für einen Single bleiben im Jahr 2007 neben den 750 Euro Dividenden noch 426 Euro Zinsen steuerfrei.

Steuerpflichtiger Dividendenanteil	
50 Prozent von 750 Euro	375 Euro
+ Zinsen	426 Euro
	801 Euro

Damit bleibt der Sparer im Rahmen des für 2007 geltenden Freibetrags plus Werbungskostenpauschale von 801 Euro.

Sonderfall: Erträge aus dem Ausland

Für Aktienanleger gehört es zum guten Ton und dient der Verringerung des Risikos, nicht nur deutsche Unternehmen, sondern auch Aktien ausländischer Emittenten in ihrem Depot zu versammeln. Lange Zeit machte das Finanzamt dabei einen Unterschied zu Papieren deutscher Herausgeber, wenn es darum ging, die Körperschaftsteuer, – das ist sozusagen die Einkommensteuer der Unternehmen –, die diese Unternehmen in ihren Heimatlän-

TIPP

Werbungskosten – das können Sie geltend machen

- **Depot- und Kontoführungsgebühren:** Die Kosten für die Verwahrung und Verwaltung von Wertpapieren können Sie steuerlich absetzen, wobei es darauf ankommt, welche Arten von Papieren in dem Depot verwahrt werden: Bei Aktien und reinen Aktienfonds können Sie wegen des Halbeinkünfteverfahrens (→ Seite 140) nur 50 Prozent ansetzen. Haben Sie unterschiedliche Wertpapiere – etwa Anleihen und Aktien – im Depot, müssen Sie Kosten und Erträge genau zuordnen. Eine pauschale Aufteilung im Verhältnis zu den Erträgen ist jedoch möglich. Beispiel: Stammen drei Viertel der Erträge aus Zinspapieren, kann der Anleger auch drei Viertel der Depotkosten zu 100 Prozent ansetzen. Ausgabeaufschläge und Kauf- und Verkaufsspesen gehören zu den Anschaffungs- und nicht zu den Werbungskosten.
- **Fahrtkosten:** Kosten für die Fahrt zur Bank oder zum Finanzberater können Sie als Werbungskosten ansetzen – entweder die tatsächlichen Ausgaben oder bei Fahrten mit dem eigenen Pkw die Pauschale von 30 Cent/km.
- **Telefon- und Internetkosten:** Wer zum Beispiel seine Orders telefonisch oder online erteilt, kann die Kosten dafür anteilig absetzen.
- **Kosten für Fachliteratur:** Ausgaben für Fachbücher oder Börsen- und Anlegermagazine können Sie in der Regel geltend machen.
- **Seminarkosten:** Die Kosten für den Besuch eines Seminars zum Thema Geldanlage können Sie absetzen. Sie sollten aber darauf achten, dass die Aufwendungen dafür in einem angemessenen Verhältnis zu den Erträgen stehen. Dabei brauchen Sie allerdings nicht nur die Erträge eines Kalenderjahres im Auge zu haben.
- **Kosten für Schließfächer:** Sie sind Werbungskosten, wenn Sie darin ausschließlich Wertpapiere verwahren und nicht etwa persönliche Wertgegenstände wie Schmuck oder das Familiensilber.
- **Steuerberaterkosten:** Das Honorar für einen Steuerberater kann geltend gemacht werden. Damit es kein „Zuordnungsproblem" gibt, wenn der Fachmann die gesamte Steuererklärung erstellt, sollte er die Arbeiten im Zusammenhang mit den Kapitaleinkünften (Anlage KAP und AUS der Steuererklärung) unbedingt getrennt in Rechnung stellen. Die Kosten lassen sich seit 2006 nicht mehr als Sonderausgaben absetzen, nur noch als Werbungskosten.

dern bereits gezahlt hatten, als Steuervorauszahlung anzuerkennen, so wie das der Fiskus bei inländischen Unternehmen lange Zeit getan hat. Dieses Vorgehen ist nicht rechtens, zumindest wenn es sich um Gesellschaften mit Sitz in der EU handelt. Dies hat der Europäische Gerichtshof Anfang März 2007 entschieden (Rs. C 292/04).

Mit der Einführung des Halbeinkünfteverfahrens ab Anfang 2001 hat der Gesetzgeber die Besteuerung von Dividenden aber schon reformiert: Versteuert werden muss seitdem nur die Hälfte der Barausschüttung, die Anrechnung der Körperschaftsteuer wurde im Gegenzug gestrichen. Zahlungen davor können Anleger allerdings anmahnen, wenn sie dies mittels entsprechender Unterlagen wie Bankbescheinigungen oder Ähnlichem nachweisen können. Zudem hat das Urteil grundlegenden Charakter: Dividenden, die von Unternehmen innerhalb der EU gezahlt werden, muss der Fiskus genauso behandeln wie die deutscher Unternehmen. Wurden die Kapitalerträge schon im Ausland besteuert, kann der Anleger, um diese Doppelbelastung auszugleichen, die bereits im Ausland gezahlten Abgaben in seiner Einkommensteuererklärung als Vorauszahlung geltend machen.

Sonderfall: Spekulationsgewinne

Anleger, die ihre Aktien innerhalb eines Jahres verkaufen, müssen auf die Gewinne, die sie damit erzielen, Steuern zahlen. Wer seine Aktien länger als 12 Monate hält, kassiert dagegen derzeit seinen Kursgewinn steuerfrei.

Für steuerpflichtige Spekulationsgewinne gibt es eine Freigrenze. Anleger, deren Gewinne aus „Veräußerungsgeschäften" unter 512 Euro im Jahr bleiben, also 511,99 Euro nicht übersteigen, müssen keine Spekulationssteuer zahlen. Zu diesen Veräußerungsgewinnen zählen Gewinne aus Fonds- und Aktienspekulationen, aber zum Beispiel auch die aus Immobilienverkäufen. Die Gewinne aus Aktiengeschäften schlagen entsprechend dem Halbeinkünfteverfahren dabei nur mit 50 Prozent zu Buche.

Eine Freigrenze ist nicht das Gleiche wie ein Freibetrag. Freigrenze heißt: Überschreitet der Gewinn aus allen Veräußerungsgeschäften in einem Jahr den Betrag von 511,99 Euro, muss die komplette Summe versteuert werden, nicht nur der Betrag, der über der Freigrenze liegt. Allerdings können Anleger Verluste aus anderen steuerpflichtigen Spekulationsgeschäften desselben Jahres abziehen. Auch hier zählen Verluste aus Aktienverkäufen wieder nur zur Hälfte.

Anleger müssen Spekulationsgewinne in der Steuererklärung angeben, wenn sie die Freigrenze von 512 Euro erreichen. Die Banken sind verpflichtet, diese Daten aufgrund der Kontobewegungen zu errechnen und neben den Kapitalerträgen in einer Jahresbescheinigung auszuweisen. Dabei gibt es eine Tücke: Hat der Anleger seine Kontoverbindung gewechselt, ist die neue Bank nicht in der Lage, eine korrekte Bescheinigung zu erstellen. Der Anleger muss in diesem Fall seine Spekulationsgewinne anhand der Einzelabrechnung nachweisen, sollte in der Bescheinigung ein zu hoher Betrag genannt sein oder das Finanzamt Nachfragen stellen.

Die Rechtmäßigkeit der Spekulationsteuer ist derzeit Gegenstand mehrerer höchstrichterlicher Verfahren. So müssen sowohl das Bundesverfassungsgericht als auch der Bundesfinanzhof urteilen, ob die Erhebung für die vergangenen Jahre rechtens ist. Das Verfassungsgericht hat bereits in einem abgeschlossenen Verfahren die Steuer für die Jahre 1997 bis 1998 für verfassungswidrig erklärt (Az. 2 BvL 17/02). Und mehrere Finanzgerichte erklärten die Steuer auch für davorliegende Jahre für nichtig. Legen Sie bei fraglichen Steuerjahren mit Hinweis auf das Verfahren vor dem Bundesverfassungsgericht (Az. 2 BvL 8/05) in diesem Punkt Einspruch ein und beantragen Sie bis zur endgültigen Entscheidung ein Ruhen des Verfahrens.

Neue Regeln ab 2009

Mit dem Jahr 2009 brechen für Anleger vollkommen neue Zeiten an. Ab diesem Zeitpunkt sollen Kapitalerträge wie Zinsen und Dividenden ebenso wie Kursgewinne mit einer Abgeltungsteuer in Höhe von 25 Prozent belegt werden. Abgeltungsteuer heißt: Bekommt der Anleger zum Beispiel eine Dividendenzahlung von 100 Euro aus einem Aktienpaket, behält die Bank 25 Euro ein und führt sie an das Finanzamt ab.

Damit sind sämtliche Ansprüche des Fiskus erledigt. Der Anleger muss also später prinzipiell nicht mehr im Rahmen seiner Steuererklärung die Anlagen KAP und SO (vormals KSO) ausfüllen und dort seine Erträge auflisten. Dies zu tun kann allerdings unter bestimmten Umständen dennoch sinnvoll sein – und zwar dann, wenn der persönliche Steuersatz unter 25 Prozent liegt. In diesem Fall gilt quasi die bisherige Regelung: Die bereits einbehaltene Steuer rechnet das Finanzamt als Vorauszahlung an und die zu viel gezahlte Steuer wird im Rahmen des Steuerbescheids erstattet.

Sparerpauschbetrag und Freistellungsauftrag

Aber auch wenn der persönliche Steuersatz höher als 25 Prozent liegt, ist der Anleger unter Umständen gut damit bedient, seine Kapitaleinkünfte so wie bisher in der Steuererklärung anzugeben. Denn ab Anfang 2009 steht jedem Steuerzahler ein einheitlicher Sparerpauschbetrag von 801 Euro zu. Das heißt, wer Banken oder depotführenden Instituten Freistellungsaufträge über zusammen nicht mehr als 801 Euro ausgestellt hat, bekommt seine Kapitalerträge und Kursgewinne bis zu dieser Summe ohne Abzug ausbezahlt. Wer seine Freistellungsaufträge zu niedrig ausgestellt hat und daher zu hohe Quellensteuer gezahlt hat, kann sich diese im Rahmen der Steuererklärung anteilig wieder erstatten lassen.

Höhere Werbungskosten, die im Zusammenhang mit den Kapitaleinnahmen angefallen sind (→ Seite 140) und die diesen Pauschbetrag übersteigen, können jedoch, anders als bisher, nicht mehr geltend gemacht werden. Ob diese Regelung allerdings auf Dauer Bestand haben wird, ist fraglich. Denn dass ein Steuerzahler seine tatsächlichen Werbungskosten bei anderen Einkunftsarten auch dann geltend machen kann, wenn sie bestimmte, vom Gesetzgeber festgelegte Grenzen übersteigen, haben hohe deutsche Gerichte wiederholt bestätigt. Eine spätere juristische Klärung dieses Sachverhalts ist somit wahrscheinlich.

Was passiert bei Spekulationsverlusten?

Auch in einem zweiten Punkt hat der Finanzminister ein kleines Bonbon für Anleger parat: Verluste aus Wertpapiergeschäften sollen künftig nicht nur wie bisher mit Spekulationsgewinnen aus anderen Wertpapiergeschäften verrechnet werden können, sondern auch mit Kapitalerträgen wie Zinsen und Dividenden. Wiegen Zinsen und Dividenden das Minus aus Wertpapierverkäufen innerhalb eines Jahres nicht auf, können Sie es in die kommenden Jahre vortragen. Das gilt aber *nicht* für Aktien. Aktionäre können Verluste aus Aktienverkäufen nur mit Gewinnen aus Aktienverkäufen verrechnen lassen.

Spekulationsfrist und Halbeinkünfteverfahren fallen weg

Viel wichtiger als die Änderung bei der Werbekostenpauschale aber ist für Anleger, dass die neue Abgeltungssteuer auf Kursgewinne auch dann fällig wird, wenn die Papiere länger als 12 Monate gehalten werden. Denn die Spekulationsfrist von 12 Monaten entfällt ebenso wie die Freigrenze von 512 Euro. Außerdem wird das bislang bei Aktien geltende Halbeinkünfteverfahren abgeschafft. Das heißt: In Zukunft muss ein Aktionär seine Dividende in voller Höhe versteuern und nicht mehr wie bislang nur 50 Prozent des Betrages. Es sind dafür 25 Prozent Abgeltungsteuer fällig.

Unter dem Strich gelten Aktien gemeinhin als Verlierer der Reform, zumal Aktionäre quasi doppelt besteuert werden dadurch, dass das Unternehmen bereits Körperschaftsteuer zahlen muss, ehe der Nettogewinn dann an die Anteilseigner verteilt werden kann. Allerdings: Im Zuge der Steuerreform werden die Körperschaftsteuersätze deutlich gesenkt. Diese Entlastung können die Unternehmen – zumindest theoretisch – an ihre Aktionäre weiterreichen in Form höherer Dividenden.

Einen Lichtblick gibt es dennoch für Aktieninvestoren: Die neue Regelung, nach der auch Kursgewinne zu versteuern sind, gilt erst für alle ab dem 1. Januar 2009 gekauften Papiere. Für Wertpapiere, die bis Ende 2008 gekauft werden, besteht dagegen ein Bestandsschutz, das heißt, bei einem späteren Verkauf bleibt ein etwaiger Kursgewinn von der Abgeltungsteuer verschont, wenn die zwölfmonatige Haltefrist gewahrt wurde.

Besondere Regelung bei Zertifikaten

Bei Zertifikaten (→ Seite 155 ff.) gibt es allerdings eine Ausnahme von der neuen Steuerregelung: Alle nach dem 14. März 2007 erworbenen Papiere können nur bis zum 30. Juni 2009 unter Beachtung der Einjahresfrist steuerfrei verkauft werden. Findet der Kauf beispielsweise im April 2008 und der Verkauf im Mai 2009 statt, so sind Kursgewinne steuerfrei. Kauft der Anleger die Zertifikate erst im September 2008 ist ein Verkauf im Mai 2009 steuerpflichtig. Ausnahme: Garantiezertifikate (→ Seite 162 ff.). Sie sind Finanzinnovationen. Kursgewinne beim Verkauf von Garantiezertifikaten sind deshalb als Zinsen steuerpflichtig – auch innerhalb der Einjahresfrist. Erhalten Anleger sie nach 2008, zahlen sie dafür 25 Prozent Abschlagsteuer. Das ist für all diejenigen günstiger, deren Grenzsteuersatz zurzeit höher ist.

Aktienfonds: Die Mischung bringt's

Die besten Aktien aus Tausenden von Namen auf dem Kurszettel herauspicken, ständig auf dem Laufenden bleiben und am Ende auch noch das richtige Timing für Ein- und Ausstieg finden – viele Einsteiger sehen sich gerade am Anfang mit dieser Aufgabe überfordert. Dennoch brauchen sie nicht auf die Chancen, die ihnen die Aktienanlage bietet, zu verzichten. Aktienfonds sind in diesem Fall eine prüfenswerte Möglichkeit. Mit ihnen können selbst Anleger mit kleinem Geldbeutel unkompliziert und ohne großes Risiko an den Börsen dieser Welt investieren und auch ausgetüftelte Anlagestrategien verfolgen.

Wie funktionieren Fonds?

Die Idee, die hinter einem Investmentfonds (so der allgemeine Überbegriff) steckt, ist ebenso einfach wie genial: Viele Kleinsparer schließen sich zusammen und werfen ihre Anlagebeträge in einen Topf. Mit der Verwaltung des Vermögens, das auf diese Weise entsteht, wird ein professioneller Manager beauftragt. Je nach Ausrichtung des Fonds kauft er für das Geld Immobilien, festverzinsliche Wertpapiere oder Aktien – national, europa- oder weltweit. Dabei verteilt er das Anlagevermögen auf viele verschiedene Märkte und Titel.

Vorteile von Fonds gegenüber der Einzelanlage

Durch die breite Streuung ist das Risiko deutlich geringer als bei der Anlage in einzelne Aktien. Allerdings schützen Investmentfonds nicht automatisch vor Verlusten. Wenn zum Beispiel die Aktienkurse weltweit abstürzen, bekommen das auch Fondsbesitzer zu spüren, denn kein noch so guter Fondsmanager kann Ereignisse wie einen weltweiten Crash (→ Seite 12) voraussehen. Aber den Grundgedanken eines gut strukturierten Aktiendepots, in dem die Kursverluste einzelner Titel durch die Gewinne anderer auf lange Sicht ausgeglichen werden (→ Seite 16 ff.), verwirklicht ein Fonds am besten.

Gleiches Recht für alle

Jeder Anleger erhält für das Geld, das er in den Fonds einzahlt, Anteile. Wichtig dabei ist, dass jeder Anteil im gleichen Maße am Anlageerfolg teilnimmt. Dadurch ist es vollkommen unerheblich, ob ein Sparer 100 oder gar eine Million Euro in einen Fonds steckt. Bezogen auf sein eingesetztes Kapital ist die Rendite immer gleich. Einer der größten Pluspunkte von Investmentfonds ist dabei, dass sie meist kein großes Anfangskapital erfordern. Bei vielen Fonds beträgt die Mindestanlage nur 50 Euro – allerdings nur dann, wenn der Anleger regelmäßig Geld im Rahmen eines Sparplans anlegt. Bei Einmalanlagen werden in der Regel höhere Mindestanlagesummen vorausgesetzt – je nach Fonds 500 Euro oder mehr. Ausnahme: Beim Börsenkauf von Fonds können Anleger zumindest theoretisch auch mit geringen Summen einsteigen und beispielsweise einen einzigen Fondsanteil ordern. Allerdings ist das wirtschaftlich unsinnig, da die Kaufgebühren prozentual viel zu hoch sind.

Eine zentrale Anlaufstelle für Fondsinteressenten ist die Homepage des Bundesverbands Investment und Asset Management (BVI) www.bvi.de. Dort finden sich Links zu den Seiten fast aller deutschen und einiger ausländischen Fondsgesellschaften. Weitere Internetadressen → Seite 151.

Investmentfonds nach den Buchstaben des Gesetzes

Was ein Fonds ist und wann er sich „Investmentfonds" nennen darf, ist in Deutschland genau geregelt. Mit einer Reihe zusätzlicher Vorschriften hat der Gesetzgeber dafür gesorgt, dass das Kapital von Fondskunden vor Manipulationen und missbräuchlichem Zugriff geschützt ist. Außerdem verlangt der Gesetzgeber, dass jeder Fonds nach bestimmten Grundsätzen gemanagt werden muss und die grundsätzliche Aufteilung des Vermögens nicht nach Gutdünken vorgenommen werden kann. Das Investmentgesetz schreibt zum Beispiel vor, dass maximal fünf Prozent des Fondsvermögens in ein Wertpapier eines Ausstellers investiert werden dürfen. Nur in Ausnahmefällen ist ein Anteil von 10 Prozent erlaubt. Allerdings dürfen alle Wertpapiere, deren Anteil über 5 Prozent liegt, höchstens 40 Prozent des gesamten Vermögens ausmachen. Deutsche Fonds müssen somit mindestens 16 Titel enthalten. In der Praxis wird diese Zahl meist um ein Vielfaches überschritten, sodass das Ausfallrisiko deutlich geringer ist als vom Gesetzgeber gefordert. Sollte wirklich einmal ein Unternehmen, dessen Aktien der Fonds hält, in Konkurs geraten, ist der Verlust gemessen am gesamten Vermögen relativ gering. Allerdings: Für im Ausland aufgelegte Fonds gelten diese Spielregeln nicht. In vielen Fällen lassen die jeweiligen Landesgesetze eine stärkere Gewichtung einzelner Aktien zu.

Die Gentlemen bitten zur Kasse

Natürlich bieten die Fondsgesellschaften ihre Dienste nicht zum Nulltarif an. Zwar fallen beim Kauf von Investmentfonds üblicherweise keine Provisionen an, dafür wird der Anleger mit einer Reihe anderer Kosten zur Kasse gebeten. Ein erheblicher Posten ist der Ausgabeaufschlag, der beim Kauf in Rechnung gestellt wird. Er bemisst sich als ein bestimmter Prozentwert des Rücknahmepreises und liegt bei Aktienfonds meistens bei vier oder fünf Prozent. Im Einzelfall werden aber mitunter auch sieben Prozent berechnet. Das zehrt erheblich an der Rendite. Allerdings gibt es Möglichkeiten, den Ausgabeaufschlag zu drücken. Vor allem Direktbanken und Discountbroker (→ Seite 26 ff.) und sogenannte Fondsshops bieten eine Vielzahl von Fonds an, bei denen sie einen Nachlass von 25 bis teilweise 100 Prozent auf den Aufschlag gewähren.

TIPP

Finanztest untersucht und vergleicht laufend Anbieter von Aktienfonds und veröffentlicht die Ergebnisse monatlich. Weitere regelmäßig aktualisierte Informationen finden Sie unter www.finanztest.de, Stichwort „Aktienfonds".

Neben dem Ausgabeaufschlag gibt es bei jedem Fonds laufende Kosten, die der Anleger nicht auf den ersten Blick sieht, weil sie jährlich oder quartalsweise vom Fondsvermögen abgezogen werden. Zu diesen Kosten gehören die Vergütung für das Fondsmanagement, Depotbankkosten und Transaktionskosten für die Wertpapiere, die der Fondsmanager über einen Broker oder eine Bank ordert. Alles in allem kommen so unter dem Strich in vielen Fällen jährlich Kosten zwischen ein und zwei Prozent von dem im Fonds investierten Vermögen zusammen.

Aktienfonds ist nicht gleich Aktienfonds

Eines der Probleme bei der Wahl eines Fonds ist, dass es zwischen den jeweils verfolgten Anlagestrategien erhebliche Unterschiede gibt. Aktienfonds Welt legen ihr Geld über viele verschiedene Märkte, Branchen und Regionen hinweg an. Weniger umfassend, aber immer noch breit legen Regionenfonds an, die sich auf einzelne Aktienmärkte zum Beispiel in Nordamerika, Europa beziehungsweise Euroland oder der Pazifikregion konzentrieren. Noch stärker schränken dann Länderfonds ihr Anlagespektrum ein.

Darüber hinaus gibt es viele Fonds, die sich einem „Anlagethema" widmen – beispielsweise einzelnen Branchen wie Rohstoffaktien oder Internetwerten. Der Sinn und Zweck solcher eingegrenzten Anlagestrategien ist allerdings zweifelhaft, denn eine stärkere Eingrenzung bedeutet eine geringere Streuung und damit mehr Risiko.

Spezialfall: Indexfonds

Fast jeder Aktienfondsmanager orientiert das von ihm betreute Depot an einem bestimmten Index, zum Beispiel am Dax (→ Seite 81), und es gilt als Qualitätsmerkmal, wenn er in einem Jahr die jeweilige Messlatte übertrifft. Doch das schaffen auf Dauer nur die wenigsten. Indexfonds (→ auch **ETF**) machen aus der Not eine Tugend. Sie orientieren sich nicht einfach an einem Index, sondern bilden ihn so gut wie möglich nach. Indexfonds gelten deshalb auch als passiv gemanagte Fonds, weil der Verwalter keinen eigenen Anlageideen folgt, sondern die Papiere strikt nach der aktuellen Indexzusammensetzung (→ Seite 82) zusammenstellt. Vorteil: Der Fonds kann im Gegensatz zu aktiv gemanagten Fonds nicht mehr gegenüber dem jeweiligen Index verlieren als seine laufenden Kosten. Die Rendite von Indexfonds ist damit von seinen Kosten abhängig und davon, wie gut der jeweilige Markt läuft, den der Index abbildet.

ETF: *Abkürzung für Exchange Traded Funds. So nennt man Fonds, die wie Aktien flexibel direkt an der Börse gehandelt werden. Die meisten Indexfonds sind mittlerweile als ETF an der Börse zu bekommen.*

Sie sind dann eine gute Wahl, wenn dieser Markt boomt und daher der Index stark steigt. Schlecht sieht es dagegen in Phasen aus, in denen der Markt auf der Stelle tritt oder wie vor einigen Jahren stark abstürzt. Da es keinen Fondsmanager gibt, der darauf reagieren und umschichten kann, machen Indexfondsanleger diese Bewegung unweigerlich mit, wenn sie ihren Fonds nicht verkaufen.

Die Kosten vieler Indexfonds liegen deutlich unter denen der aktiv gemanagten. Dennoch drücken die laufenden Kosten die Rendite, sodass diese immer etwas hinter der Indexentwicklung zurückbleibt. Dafür erhält der Anleger bei Indexfonds, die sich auf Kursindizes (→ Seite 79) beziehen, zusätzlich zur Indexrendite die Dividenden der im Fondsdepot enthaltenen Aktien.

Eine Frage der Größe

Auch das Größensegment, aus dem ein Fondsmanager Aktien auswählt, ist sowohl für die Renditechance als auch für das Anlagerisiko von Bedeutung. An der Börse werden Aktien in Größenklassen unterteilt, die Rückschlüsse auf die „Anlagegüte" eines Papiers zulassen – das reicht von Bluechips bis Small-Caps (→ Seite 169 ff.).

Die Qual der Wahl

Das Internet bietet eine Fülle von Informationen zu Fonds. Anlaufstellen sind:

- www.fondscheck.de
- www.fondsweb.de
- www.onvista.de, Menüpunkt „Fonds"
- www.vwd.de, Menüpunkt „vwd fonds service"

Unter den über 3 000 in Deutschland zugelassenen Aktienfonds diejenigen zu finden, deren Anlagekonzept zu den eigenen Anlagevorstellungen passt, ist die eine Schwierigkeit. Eine andere ist, in dieser Gruppe ein Angebot zu finden, das qualitativ und quantitativ zu überzeugen weiß.

Nagelprobe für die Profis

Eine wenig geeignete Methode, um dieses Problem zu lösen, ist, denjenigen Fonds herauszusuchen, der in der jüngsten Vergangenheit die höchsten Renditen erzielt hat. Auch wenn fast jeder Berater und jeder Fondsprospekt darauf hinweisen, dass die Ergebnisse der Vergangenheit nur sehr bedingt Rückschlüsse auf zukünftige Erfolge zulassen, glauben vor allem Einsteiger, dass ein Fonds mit gutem Anlageergebnis zumindest tendenziell auch von der guten Arbeit des Fondsmanagers zeugt. Doch das ist nur bedingt der Fall.

Das erste Problem bei solchen Rendite-Betrachtungen, die von vielen Anlagemagazinen und Börsenjournalen (→ Seite 47 ff.) regelmäßig zu „Hitparaden" zusammengestellt werden, ist, dass sie nur die Anlageergebnisse einer bestimmten Zahl von Fonds für einen genau definierten Zeitraum wiedergeben. Schon

Fondswährung: Achtung, optische Täuschung!

Viele Anleger schrecken zurück, wenn die Währung, in der ein Aktienfondsanteil notiert, nicht der Euro ist. Grundsätzlich ist es vernünftig, bei jeder Anlageentscheidung auch das Währungsrisiko zu berücksichtigen. Die Fondswährung aber, also die Währung, in der der Fondsanteil berechnet wird, hat nichts mit dem Währungsrisiko eines Fonds zu tun. Das wird bestimmt durch die Währungen der Aktien, in die der Fonds investiert.

Beispiel: Legt ein Aktienfonds sein Geld ausschließlich in US-amerikanischen Titeln an, ergeben sich Wertveränderungen für einen deutschen Anleger nicht nur aus den Kursschwankungen der Aktien, sondern auch aus Kursveränderungen des US-Dollars. Wenn die Fondswährung der Euro ist, macht sich das bei der täglichen Anteilspreisberechnung bemerkbar – auch wenn der Anleger dies nicht sofort mitbekommt. Angenommen, die Aktienkurse bleiben über einen Börsentag hinweg konstant und nur der Dollarkurs steigt in dieser Zeit, dann steigt zwangsläufig auch das in Euro bewertete Fondsvermögen und damit der Anteilwert. Denn obwohl sich der Dollarpreis der einzelnen Werte im Fondsdepot nicht verändert hat, werden sie auf Euro-Basis wertvoller. Wird der Anteil dagegen in Dollar berechnet, ändert sich im obigen Beispiel auf dem Papier zunächst nichts. Nimmt aber der deutsche Anleger den Taschenrechner zur Hand, rechnet den Anteilspreis zum aktuellen Devisenkurs in Euro um und vergleicht ihn mit dem Euro-Gegenwert des Vortags, wird er den wechselkursbedingten Wertzuwachs feststellen.

geringfügige Verschiebungen des Stichtags führen vielfach jedoch zu ganz anderen Ergebnissen.

Ein weiterer Schwachpunkt: Der Vergleich von „Äpfeln und Birnen“. In den Ranglisten werden verschiedenartige Fondskonzepte wahllos in einen Topf geworfen. Aktienfonds konzentrieren sich zwar auf eine Anlageform, sie legen aber ihr Geld, wie im vorangegangenen Abschnitt erläutert, in zum Teil ganz unterschiedlichen Märkten und nach verschiedenen Strategien an. Ein fairer Vergleich ist daher nur zwischen Fonds mit gleichem Anlageschwerpunkt (Europa, Deutschland etc.) möglich.

Fondsanalysen im Internet:

- Feri Trust www.feri-trust.de
- Morning Star www.morningstar.com
- Standard & Poor's www.funds-sp.de
- Stiftung Warentest www.finanztest.de/fondsfinder

Ergebnisse am Risiko messen

Doch selbst wenn ein Aktienfonds unter den genannten Voraussetzungen ein gutes Anlageergebnis erzielt, heißt das immer noch nicht, dass das Management gut gearbeitet hat. Genauso wichtig wie eine hohe Rendite ist für den Anleger, welche Risiken der Fondsverwalter im Verhältnis zum erwirtschafteten Ergebnis eingegangen ist. Um das her-

TIPP

Um all die aufgezählten Punkte in einem fairen und aussagekräftigen Vergleich zu prüfen, haben die Experten der STIFTUNG WARENTEST ein ausgefeiltes Bewertungskonzept entwickelt, mit dem sie nicht nur die Rendite und Wertschwankung der Fonds untersuchen, sondern auch die Stabilität der Wertentwicklung und die Konstanz geringer Kursschwankungen. Die jeweils aktuellsten Vergleiche werden regelmäßig in FINANZtest und im Internet (→ Seite 152) veröffentlicht.

auszufinden, analysieren professionelle Fondstester die Entwicklung des Anteilspreises während eines bestimmten Zeitraums. Dabei interessiert sie nicht nur, ob der Fondspreis innerhalb der Betrachtungsperiode an Wert gewonnen oder verloren hat. Bei annähernd gleichem Ergebnis ist derjenige Fonds besser, der die geringeren Schwankungen aufweist, denn dies spricht dafür, dass der Fondsmanager sein Ergebnis unter Inkaufnahme geringerer Risiken erzielt hat. Außerdem: Je höher die Schwankungen des Fondsanteils waren, desto größer ist die Wahrscheinlichkeit, dass ein gutes Ergebnis nur ein „Glückstreffer" war, der sich durch die Wahl des Stichtags ergeben hat.

Fonds strategisch einsetzen

Die Beschreibung der einzelnen Fondskonzepte zeigt, dass die Anlage in Fonds viele Möglichkeiten bietet. Fast jede Strategie kann der Anleger mittels Fonds besser realisieren als mit dem direkten Kauf von Aktien. Wer sein Depot vollständig mit Fonds aufbaut, steht also nicht schlechter da als bei der Direktanlage. Im Gegenteil: Fehlt es dem Anleger nicht nur an Zeit und Engagement, sondern auch am notwendigen Kapital, sind Aktienfonds eine gute Alternative.

Sinnvoll kombinieren

Der Charme der Fondsanlage besteht vor allem in der (sinnvollen) Kombination mit Einzeltiteln. Mit Fonds kann der Anleger ein breitgestreutes und gutstrukturiertes Aktiendepot aufbauen, ohne dass er auf den spekulativen Reiz der Einzelanlage aufgrund seines meist begrenzten Börsenbudgets ganz verzichten muss. Eine mögliche Strategie dabei ist, zwei oder drei einzelne Aktien mit einem marktbreit anlegenden Fonds zu ergänzen, um so das Gesamtrisiko zu senken. Anleger, die sich dagegen etwas weiter auf das Börsenparkett gewagt haben und bereits ein halbes oder ganzes Dutzend Einzelaktien halten, können ihr Depot mit einem Länder- oder Regionenfonds ergänzen, um auf diese Weise bestimmte Märkte zusätzlich abzudecken. Der Vorteil: Sie müssen sich nicht mit der Auswahl einzelner Titel aus diesem Markt beziehungsweise der entsprechenden Region beschäftigen.

Nur wenige deutsche Privatanleger werden sich beispielsweise bei südostasiatischen Aktien so gut auskennen, dass sie dort eigenständig und auf einer fundierten Basis eine Auswahl treffen können. Außerdem sind die Kaufmöglichkeiten in verschiedenen Märkten für ausländische Anleger begrenzt, zum Beispiel in China.

Aber auch wer sein Aktiendepot nur mit Fonds bestückt, kann beliebig kombinieren. Statt eines weltweit anlegenden Fonds kann der Anleger beispielsweise einzelne Länder- und/oder Regionenfonds in Eigenregie mischen – beispielsweise zu jeweils einem Drittel je einen Fonds mit Anlageschwerpunkt Japan, Nordamerika und Europa. Das Ganze lässt sich noch ergänzen mit Spezialitätenfonds – beispielsweise einem Branchenfonds.

Der Anleger ist gefordert

Wer solche vergleichsweise spekulativen Fonds kauft, sollte jedoch daran denken, dass er sich dabei mehr und mehr vom Ursprungsgedanken der Fonds-Philosophie entfernt. Statt einer pflegeleichten Anlageform, die eine Vermögensverwaltung aus einer Hand bietet, übernimmt der Anleger immer mehr selbst das Ruder und muss im Grunde Chancen und Risiken, Ein- und Ausstiegszeitpunkt in bestimmten Grenzen genauso wie bei der Anlage in einzelnen Aktien eigenständig steuern. Eine solche Strategie bietet sich meist nur für erfahrenere Anleger an, die sich diese Entscheidungen auch selbst zutrauen.

Zertifikate: Anlagealternative für jede Gelegenheit

In den vergangenen Jahren sind an den Finanzmärkten Derivate enorm in Mode gekommen. Hinter dieser Bezeichnung verbergen sich unterschiedliche „abgeleitete" Wertpapiere, die – anders als etwa eine Aktie – kein konkretes Vermögensrecht verbriefen. Sie beziehen sich auf die Kursentwicklung anderer Anlageobjekte. In der spekulativen Ausprägung lassen sich dadurch die Chancen, aber auch die Risiken eines Aktieninvestments deutlich steigern. Auf der anderen Seite gibt es Derivate, die deutlich harmloser und für Anleger ungleich attraktiver sind: Zertifikate. Die Palette dieser verhältnismäßig jungen Kreation der „Finanzingenieure" ist bunt. Nachteil: In dem breiten Angebot ist es schwierig, den Überblick zu behalten. Dafür bietet die Vielfalt unterschiedlicher Konzeptionen für jeden Anlegertyp und Anlagezweck eine geeignete Variante.

Was sind Zertifikate?

Zertifikate verbriefen kein Miteigentum an einem Unternehmen. Rein rechtlich sind sie wie Anleihen eine Schuldverschreibung desjenigen, der sie ausgibt – in der Regel ist das eine Bank. Daher unterliegen sie auch den gleichen Risiken wie eine Anleihe. Für den Anleger bedeutet das: Abgesehen von der Konzeption und der „Anlageidee" des Zertifikats darf er die Bonität des Emittenten nicht vernachlässigen. Zwar handelt es sich fast durchweg um erstklassige Banken. Dennoch: Sollte ein Institut in finanzielle Schwierigkeiten geraten, dürfte die Auszahlung seiner Zertifikate am Ende der Laufzeit gefährdet, wenn nicht gar zweifelhaft sein.

Anders als bei einer Anleihe erhalten Zertifikatekäufer keine Zins- und Tilgungszahlungen. Sie nehmen an der Wertentwicklung eines bestimmten Anlageobjekts – Basisinstrument genannt – teil und bekommen am Fälligkeitstag des Papiers einen bestimmten Betrag in bar ausgezahlt. Mitunter liefert ihnen der Herausgeber aber auch die Anlageobjekte, auf deren Wertentwicklung sich das jeweilige Zertifikat bezieht – beispielsweise eine Aktie.

Der Handel mit Zertifikaten

Zertifikate werden an der Börse wie Aktien laufend gehandelt. Da jedoch die Liquidität bei vielen Emissionen sehr gering ist, organisieren die Banken für ihre eigenen Emissionen zusätzlich einen außerbörslichen Handel. Praktisch heißt das: Der Anleger kann seine Zertifikate jederzeit nicht nur kaufen, sondern auch wieder verkaufen. Allerdings gibt es dabei einen wichtigen Punkt zu beachten: Der Unterschied zwischen Ankaufs- und Verkaufspreis, der Spread (→ Seite 38), schwankt je nach Emittent und Papier. Als Faustregel gilt: Je gängiger zum Beispiel die Aktien, auf deren Kursentwicklung sich das Zertifikat bezieht, desto größer ist erfahrungsgemäß der Wettbewerb der Emittenten in diesem Bereich. Folglich fällt der Spread in diesen Fällen so gering aus, dass er fast zu vernachlässigen ist. Einige Banken verzichten bei einigen ihrer Papiere mittlerweile sogar ganz darauf. Teuer kann es dagegen bei seltenen „Spezialkonstruktionen" werden, für die es wenige oder gar nur einen Anbieter gibt. Ein Vergleich vor dem Kauf ist auf jeden Fall empfehlenswert.

Bei Zertifikaten entfällt im Gegensatz zu Fonds der Ausgabeaufschlag. Immer öfter berechnen die Emittenten dagegen laufende Verwaltungskosten bei ihren Papieren. Das gilt insbesondere bei den Strategiezertifikaten. Beim Handel über die Börse sind ähnlich hohe Kauf- beziehungsweise Transaktionskosten zu zahlen wie bei Aktien. Zertifikate unterliegen keiner besonderen gesetzlichen Regelung. Auf diese Weise können neue Investment ideen via Zertifikat schneller als über einen Fonds an den Markt gebracht werden. Entsprechend groß ist mittlerweile das Angebot in diesem Bereich. Dabei lassen sich Zertifikate hinsichtlich ihrer Konzeption und des Basisinstruments beziehungsweise der -instrumente unterscheiden.

Indexzertifikate

Die meisten Aktienzertifikate beziehen sich statt auf ein einzelnes Papier auf die Kursentwicklung eines ganzen Aktienkorbs. Die günstigsten und bekanntesten Körbe sind Indizes. Ähnlich wie ein Indexfonds (→ Seite 150) folgt der Wert von Indexzertifikaten den jeweiligen Börsenbarometern auf den Punkt genau.

Beispiel: Steht der Dax bei 6 000 Punkten, kostet das entsprechende Indexzertifikat 6 000 Euro. Wenn der Dax-Index nun um 500 Punkte steigt, macht das Papier diese Bewegung im Verhältnis 1:1 mit und kostet dementsprechend 6 500 Euro.

Da viele wichtige Indizes im vierstelligen Bereich notieren, würde der Einstieg in die entsprechenden Indexzertifikate bei einer 1 : 1-Abbildung allerdings relativ „schwer" werden. Die Emittenten bauen bei den meisten Papieren deshalb ein Bezugsverhältnis ein, um den Kurs optisch kleinzuhalten. Statt 6 000 Euro werden durch ein Bezugsverhältnis von 1 : 10 oder 1 : 100 also nur 600 beziehungsweise 60 Euro fällig. Auf die Rendite und die Genauigkeit beim Verfolgen der Indexspur hat das jedoch keinen Einfluss.

Pluspunkte der Indexzertifikate

Der Vorteil der Indexpapiere ist ähnlich wie beim entsprechenden Fonds: Mit ihnen schneidet der Anleger immer genauso gut oder schlecht ab wie der jeweilige Index. Damit sind sie eine echte Alternative zu Indexfonds. Steuerlich vorteilhaft sind Indexpapiere, die sich auf Performance-Indizes wie den Dax oder den Euro Stoxx 50 beziehen.

Da bei diesen Börsenbarometern Dividendenzahlungen und Bezugsrechtserlöse rechnerisch wieder mit angelegt und im Indexwert mit berücksichtigt werden, kann der Anleger diese Erträge über das Zertifikat derzeit noch faktisch steuerfrei vereinnahmen, wenn er es über die Spekulationsfrist von zwölf Monaten hinaus hält. Voraussetzung ist allerdings, dass sich das Zertifikat auch tatsächlich auf die Performance- und nicht etwa auf die Kursvariante bezieht (→ Seite 79).

Ein genauer Blick in die Emissionsbedingungen vor dem Kauf ist daher empfehlenswert.

Indexfonds schütten dagegen Dividenden an ihre Anteilseigner aus, die sie versteuern müssen. Dieser vermeintliche Nachteil der Fonds verwandelt sich bei reinen Kursindizes allerdings in einen Vorteil, da dieser Indextyp Dividendenzahlungen nicht berücksichtigt. In diesem Fall haben die Zertifikatebesitzer gegenüber den Fondsanlegern das Nachsehen, denn die Dividenden fließen bei diesen Papieren in die Kassen der Bank, die sie ausgegeben hat.

Andere Geldhäuser nutzen die Dividendenzahlungen, um ihr Zertifikat gegen Währungsverluste abzusichern. Woran nämlich kaum ein Indexanleger denkt: Die Punkte zum Beispiel eines Standard-&-Poor's-500-Indexes werden selbstverständlich in US-Dollar gerechnet, die des Nikkei in Yen und so weiter. Währungsgesicherte Zertifikate stellen deshalb das Rechenverhältnis 1 : 1 auf Euro um. Ein Nikkei-Stand von 10 000 Punkten entspricht also 10 000 Euro (oder einem Bruchteil davon – je nach Bezugsverhältnis des Zertifikats).

Ein generelles Manko vieler Indexzertifikate war lange Zeit die begrenzte Laufzeit. Das bedeutete: Bei Fälligkeit musste der Anleger sein Kapital in ein neues Papier umschichten. Dabei fielen erneut Transaktionskosten an. Mittlerweile haben viele Emittenten jedoch ihre Indexzertifikate als Open-end-Variante mit unbegrenzter Laufzeit auf den Markt gebracht. Der Vorteil von Indexzertifikaten ist, dass sie eine klare Konzeption haben und steuerliche Vergünstigungen bieten. Es gibt darüber hinaus allerdings auch eine Reihe anderer Zertifikate-Varianten, die Aktienanleger beachten sollten.

Strategiezertifikate

Neben den Indexpapieren existiert eine Vielzahl von sogenannten Strategiezertifikaten. Diese Papiere haben in den vergangenen Jahren sogar eine regelrechte Renaissance erlebt. Dabei stellt die ausgebende Bank nach bestimmten Kriterien einen Aktienkorb zusammen, der während der Laufzeit des Papiers mithilfe bestimmter Kennziffern oder von einem Vermögensverwalter entweder rein subjektiv oder nach bestimmten Regeln laufend umgeschichtet und angepasst wird. Wenn man so will, ein aktiv gemanagter Aktienfonds im kleinen Maßstab, der allerdings auf eine viel geringere Zahl von Titeln setzt – meist nicht mehr als ein Dutzend. Minuspunkt: Die Risikoanfälligkeit ist damit höher als bei einem breitgestreuten Fonds. Der Vorteil dieser Kreationen ist jedoch, dass der Aktienanleger mit geringem Einsatz ein komplett gemanagtes Aktiendepot in einem Papier enthält – und das zu einem meist günstigeren Preis als bei einem entsprechenden Fonds. Es liegt allerdings auf der Hand, dass diese Art von Zertifikaten nur so gut ist wie die Strategie, nach der der Aktienkorb zusammengestellt und gemanagt wird. Grundsätzlich unproblematisch sind diese Zertifikattypen nur dann, wenn die Auswahlkriterien bei der Zusammenstellung des Korbs und die Systematik der laufenden Umschichtungen für den Anleger klar nachvollziehbar sind. Ansonsten droht die Gefahr, dass Werte in den Korb geraten, bei denen unklar ist, warum sie – unter Umständen gegen erfolgreiche Aktien – ausgetauscht werden. Wichtig ist auch, dass der Emittent den Käufern laufend Einblick in die Zusammensetzung des Korbs gewährt – zum Beispiel auf seiner Internetseite.

Auch die indirekten Kosten sollten Interessenten bei diesem Zertifikatetyp gründlich abklopfen. Fast nie werden zum Beispiel die zwischenzeitlich anfallenden Dividenden an die Zertifikateanleger weitergegeben. Aber auch laufende Verwaltungskosten sind keine Seltenheit. Besonders böser Trick: Der Emissionspreis beträgt 100 Euro, aber 1 oder 2 Euro kassiert der Emittent stillschweigend als anfängliche Managementvergütung ein. Zusätzlich werden die Kosten der laufenden Umschichtungen den Anlegern in Rechnung gestellt.

Außerdem ist oftmals zu beobachten, dass die Emittenten ihre Strategiezertifikate prozyklisch herausbringen. Das heißt: Zu dem Zeitpunkt, an dem ein neues Zertifikat auf den Markt kommt, ist die zugrundeliegende Investmentidee an der Börse oftmals schon „abgegrast". Und nicht zuletzt stellen die Emittenten für ihre individuellen Konstruktionen im Eigenhandel zum Teil deutlich höhere Spreads als bei den Indexvarianten. Dementsprechend teuer wird ein vorzeitiger Ausstieg.

Themenzertifikate

Eine „eingefrorene" Abwandlung der Strategiezertifikate sind Themen- oder Basketzertifikate. Dabei werden Aktien einer Branche oder von Unternehmen, die ein gemeinsames „Thema" verbindet, zu einem Korb zusammengestellt, der bis zum Laufzeitende des Zertifikats unverändert bleibt. So gibt es zum Beispiel Basketzertifikate, die sich auf die Bereiche Logistik oder Internet beziehen. Auch regionale Schwerpunkte, etwa Länderzertifikate, sind möglich.

Der Sinn und Zweck solchermaßen eingegrenzter Investmentideen ist zweifelhaft, denn eine mehr oder weniger subjektive Zusammenstellung des Korbes vergrößert das Anlagerisiko ebenso wie die Tatsache, dass der Basket über die Laufzeit hinweg unverändert bleibt – was sich als gravierender Nachteil erweisen kann, je nachdem wie sich einzelne Titel oder der Gesamtmarkt entwickeln. Dazu droht die Gefahr, dass das Anlagethema viel zu eng eingegrenzt wird. Und: Was heute „in" ist, kann in ein paar Monaten „mega-out" sein – zum Verdruss der Anleger. Grundsätzlich gilt daher, dass Themen- beziehungsweise Basketzertifikate wenn überhaupt, dann nur in Form einer allgemein üblichen Branchen- oder Ländervariante (Rohstoffaktien, Schwellenländer etc.) eingesetzt werden sollten. Als Basisinvestment sind sie ungeeignet.

Discountzertifikate

Discountzertifikate sind wesentlich spekulativer als die bislang beschriebenen Varianten, denn dahinter verbirgt sich eine Kombination aus Aktienzertifikat und Termingeschäft. Die Bezeichnung Discount resultiert daher, dass der Anleger mittels entsprechenden Zertifikats eine bestimmte Aktie zu einem festgelegten Zeitpunkt mit einem Rabatt auf den aktuellen Börsenkurs kaufen

Zahlenspiele mit Discountzertifikaten

Eine Bank gibt Anfang 2007 ein Discountzertifikat auf DaimlerChrysler-Aktien heraus. Bei der Emission kostet das Papier 50 Euro. Der aktuelle Börsenkurs des Automobilherstellers liegt bei 55 Euro. Das Zertifikat weist demnach einen Abschlag von rund 9 Prozent auf: [(55 Euro – 50 Euro) : 55 Euro × 100].

Der Cap ist bei 65 Euro festgesetzt. Angenommen, die Anteile des Automobilherstellers notieren bei Fälligkeit des Zertifikats sechs Monate später unter dieser Grenze, erhält der Käufer des Zertifikats die Aktie. Die Differenz von aktuellem Börsenkurs zum Kaufpreis ist dementsprechend sein Gewinn. Angenommen, die Notierung liegt bei 60 Euro, dann entspricht das einem Plus von 20 Prozent [(60 Euro – 50 Euro) : 50 Euro × 100].

Notiert das Daimler-Papier bei 75 Euro, erhält der Anleger den Barbetrag von 65 Euro – ein stolzes Plus von 30 Prozent [(65 Euro – 50 Euro) : 50 Euro x 100]. Dennoch wäre er mit dem direkten Kauf der Aktie besser gefahren, denn dann läge seine Bilanz bei plus 36 Prozent:
[(75 Euro – 55 Euro) : 55 Euro × 100].

Daraus folgt: Discountzertifikate sind grundsätzlich etwas für Anleger, die während der Laufzeit des Papiers von seitwärts tendierenden oder leicht steigenden Märkten ausgehen. Risikofreudige Investoren setzen dabei auf Zertifikate, deren Caps vom aktuellen Börsenkurs weiter entfernt liegen. Sie besitzen größere Chancen, dafür fällt der Discount geringer aus. Wer auf Nummer sicher gehen will, wählt dagegen ein Papier mit hohem Abschlag. Und Anleger, die einen starken Kursaufschwung erwarten, investieren lieber direkt in die betreffende Aktie.

kann. Dieser Abschlag variiert je nach Laufzeit und Basiswert, in den meisten Fällen liegt er zwischen 10 und 30 Prozent. Faustregel: Je länger die Laufzeit und je größer die Schwankungen des Aktienkurses, desto üppiger fällt der Abschlag aus.

Der Vorteil der Discounter ist, dass der Käufer nicht gleich Verlust macht, wenn die zugrundeliegende Aktie den Rückwärtsgang einlegt, denn der Rabatt wirkt wie ein Sicherheitspuffer.

Bei Fälligkeit des Discountzertifikats ist der Emittent berechtigt, dem Anleger das entsprechende Basisinstrument, also die Aktie, zu liefern. Davon wird er Gebrauch machen, solange das betreffende Papier unterhalb einer bei der Emission festgelegten Barriere (**Cap**) notiert. Liegt jedoch der Kurs des Basisinstruments darüber – egal wie hoch –, bekommt der Anleger einen festen Barbetrag ausbezahlt. Effekt dieser Konzeption: Die Gewinnchancen des Anlegers sind auf den Cap begrenzt. Dies ist quasi der Preis für den Rabatt, der beim Kauf gewährt wird.

Cap *(engl.): hier: eine vom Emittenten festgelegte Kursober- beziehungsweise Kursuntergrenze*

Dem Manko der vergleichsweise kurzen Laufzeit rücken die Finanzingenieure in jüngster Zeit mit einem komplizierten Dreh zu Leibe, mit Rolling-Discountzertifikaten. Dabei wird das Anlagekapital, ohne dass der Anleger etwas tun muss, Monat für Monat in ein neues Zertifikat mit identischem Basisinstrument „gerollt" – also umgeschichtet. Im Zuge dieser Umschichtung wird ganz nebenbei auch der Cap an die aktuelle Börsenlage angepasst. Auf diese Weise wird die Auszahlung über den Zeitraum von zwölf Monaten ausgedehnt, sodass der Anleger seinen Gewinn am Ende der Laufzeit steuerfrei nach bisheriger Rechtsprechung vereinnahmen kann (→ Seite 142 ff.). Lediglich die Übersicht droht dem Anleger bei all den Umschichtungen und Anpassungen unter Umständen verlorenzugehen.

Hebel- oder Turbozertifikate

Die Spitznamen „Turbo-" oder „Knock-out-Papier" lassen bereits ahnen, wohin die Reise bei diesen Papieren geht: Sie sind hochspekulativ und der Totalverlust des Geldes ist möglich. Ähnlich wie bei normalen Zertifikaten zeichnen die Hebelvarianten den Kurs des Basisinstruments in gleicher Richtung nach. Allerdings mit einem ganz anderen Maßstab, dem Hebel nämlich: Kursveränderungen des Basisinstruments schlagen beim Hebelzertifikat überproportional zu Buche. Dabei können Anleger nicht nur mit sogenannten Call- oder Bull-Zertifikaten auf steigende Kurse setzen, sondern auch mit Put- oder Bear-Zertifikaten auf fallende Notierungen spekulieren. Anders als beispielsweise bei einem Indexzertifikat zahlt der Käufer nur einen Bruchteil des Kurses vom jeweiligen Basisinstrument. Der Clou: Diese verhältnismäßig kleine Summe bewegt sich wertmäßig wie der Basiswert selbst. Folge: Legt der Basiskurs zu, steigt der Wert des Hebelpapiers – relativ gesehen – explosionsartig an.

Beispiel: Eine Aktie notiert bei 50 Euro, das dazugehörige Hebelpapier kostet 5 Euro. Angenommen, der Aktienkurs klettert auf 55 Euro – das entspricht einem Plus von 10 Prozent. Das Hebelzertifikat gewinnt parallel dazu ebenfalls 5 Euro an Wert und kostet 10 Euro – macht einen Wertzuwachs von 100 Prozent!

Sinkt der Aktienkurs während der Laufzeit des Knock-out-Zertifikats allerdings, verliert es ebenso rasant an Wert – mit gravierenden Folgen. Kurz bevor nämlich der Basiswert eine bestimmte Kursschwelle, den Knock-out-Level, erreicht, im genannten Beispiel 45 Euro, und damit der Wert des Zertifikats praktisch Null ist, nimmt es der Emittent als wertlos aus dem Markt. Mit anderen Worten: Die Käufer von Hebelpapieren bekommen keine zweite Chance. Sie können nicht darauf hoffen, dass sich die Notierung eventuell wieder erholt. Stattdessen haben Sie in diesem Fall ihren Einsatz komplett verspielt. Fazit: Diese Art von Zertifikaten ist nur für Anleger mit sehr hoher Risikotoleranz geeignet. Wer sich der Verlustgefahren bewusst ist, kann gerade die Zertifikate mit sehr kleinem Hebel als spekulative Depotergänzung in Erwägung ziehen. So ist ein Call-Hebelzertifikat auf den Dax mit zweifachem Hebel bei Erwartung eines steigenden Marktes zumindest keine völlig abwegige Idee.

Garantiezertifikate: Aktienkauf mit Airbag

In den vergangenen Jahren haben sowohl die Anbieter von Investmentfonds als auch Zertifikate-Herausgeber versucht, auch vorsichtige Anleger für die Anlage in Aktien zu begeistern. Das

TIPPS

Ganz gleich für welches Zertifikat Sie sich aus dem großen Spektrum entscheiden: Vor dem Kauf sollten Sie einige Tage lang die vom Emittenten gestellten Kurse via Internet und Homepage beobachten oder die historischen Kurse über die Euwax (www.euwax.de) abrufen. So erhalten Sie einen Eindruck davon, inwieweit der Spread (→ Seite 38) konstant gehalten wird und wie marktgerecht und permanent der jeweilige Emittent seine Kurse stellt.

Darüber hinaus bieten viele Zertifikateseiten (→ Seite 165) die Möglichkeit zu „Trockenübungen“ an. Dort können Sie ein fiktives Musterdepot anlegen, mit dessen Hilfe Sie die Entwicklung eines bestimmten Papiers über einen längeren Zeitraum verfolgen können. So bekommen Sie ein Gefühl dafür, wie das Zertifikat auf Gewinne und Verluste des Basisinstruments reagiert. Erst wenn Sie dies abschätzen können, sollten Sie echtes Geld investieren.

Verkaufsargument ist dabei eine „Garantie“, dass Verluste ausgeschlossen sind. Unter den Aktienzertifikaten gehören die Garantiezertifikate mittlerweile zur größten Untergruppe – obwohl die Gewinnchancen dieses Zertifikatetyps begrenzt sind. Sie bieten die Aussicht, am Kursanstieg meist eines Indexes teilzuhaben. Auch wenn bis zum Laufzeitende des Zertifikats Kursverluste dafür gesorgt haben, dass der Indexgegenwert unter dem Ausgangspreis liegt, bekommt der Anleger zumindest den anfänglichen Kapitaleinsatz wieder zurück. Mitunter gibt es obendrauf – quasi als Inflationsausgleich – sogar noch eine Miniverzinsung von 1 oder 2 Prozent. In manchen Fällen besteht für den Kapitalschutz jedoch kein Vollkaskoschutz, sondern nur ein gewisser Prozentsatz, beispielsweise 70 Prozent, werden garantiert. Anleger sollten daher vor dem Kauf auf die Höhe des Kapitalschutzes achten.

Freilich hat die Sicherheit ihren Preis, und der besteht darin, dass der Zertifikate-Inhaber nur zu einem gewissen Bruchteil davon profitiert, wenn der Kurs des Börsenbarometers nach oben klettert. Diese sogenannte Partizipationsrate liegt bei den meisten Garantiepapieren zwischen 50 und 80 Prozent. Steigt also zum Beispiel der Basisindex während der Laufzeit von 100 auf 120 Prozent, bekommt der Anleger bei einer Partizipationsrate von angenommen 50 Prozent nur eine Auszahlung von 110 Euro (den Garantiebetrag plus die Hälfte des Wertzuwachses von 20 Prozent).

Vor- und Nachteile von Garantiezertifikaten

Garantiezertifikate sind daher für Aktienanleger meist eine schlechte Wahl, denn sie wollen ja gerade von den höheren Renditechancen, die diese Anlageform bietet, profitieren. Der eingebaute Kapitalschutz ist zweifellos von Vorteil, wenn es mit den Kursen bergab geht.

Umgekehrt sind bei einem Kursanstieg jedoch die Gewinnchancen begrenzt – je nach Höhe der Partizipationsrate. Mittlerweile haben einige Banken ihre Garantiepapiere verfeinert. Sie bieten Zertifikate mit einer Partizipationsrate von 100 Prozent an, dafür wird aber nur ein Teil des Einsatzes abgesichert. Andere Zertifikate arbeiten mit einem Lock-in-Mechanismus. Das heißt, ab einem bestimmten Niveau werden die bis dahin aufgelaufenen Kursgewinne abgesichert. Doch an der Börse gibt es nichts umsonst.

Die Tücke steckt in diesem Fall wie bei jedem anderen Garantiezertifikat im Detail. Die Teilkaskoversicherung

Steuerliche Nachteile

Garantiezertifikate haben steuerliche Nachteile, da sie der Fiskus als Finanzinnovation (→ Seite 145) einstuft.

finanziert die ausgebende Bank mit den Dividenden der Index- beziehungsweise Korbaktien. Sie gehen nicht in die Berechnung des Aktienkorbs mit ein oder das Papier bezieht sich auf einen Kursindex. Und das wiederum macht sich in einer schwächeren Wertentwicklung bemerkbar. Das heißt, der Anleger muss sich darüber bewusst sein, dass seine Chancen in versteckter Form gemindert werden.

Dazu kommt, dass sich das Garantieversprechen der Zertifikate nur auf den Fälligkeitszeitpunkt bezieht. Während der Laufzeit kann es durchaus zu herben Kursverlusten kommen, was einem vorzeitigen Verkauf unter Umständen im Wege steht. Und die Kapitalgarantie gilt nur für denjenigen, der das Papier im Rahmen der Emission zum Ausgabepreis kauft. Wer zwischendurch zu höheren Kursen als beispielsweise dem genannten 100 Euro einsteigt, nimmt zumindest ein begrenztes Verlustrisiko in Kauf.

Spezialzertifikate

Abseits der beschriebenen Zertifikatetypen gibt es noch einen bunten Strauß von Spezialkreationen. Ganz oben auf der Bestsellerliste stehen dabei sogenannte Bonuszertifikate. Das Prinzip dabei: Am Ende der Laufzeit erhält der Anleger sein eingezahltes Kapital zurück (allerdings nicht den beim Kauf gezahlten Spread und einen eventuellen Ausgabeaufschlag). Notiert der Basiswert bis zu diesem Zeitpunkt innerhalb eines bestimmten Kurskorridors, bekommt er zusätzlich noch einen Bonus obendrauf – im Einzelfall zwischen 30 und 40 Prozent. Allerdings: Gezahlt wird dieser Zuschlag nur dann, wenn der Basiswert in der gesamten Laufzeit eine vorher festgelegte Wertuntergrenze nicht berührt oder unterschreitet. Geschieht das, verwandelt sich das Bonuspapier in ein herkömmliches Index- beziehungsweise Aktienzertifikat. Schutz und Absicherung sind dann zwar verloren, eine anschließende Kurserholung des Basiswerts macht das Papier jedoch vollständig mit. Aber: Die Emissionsbank behält während der Laufzeit der Bonuszertifikate anfallende Dividenden für sich ein, der Anleger macht also unter dem Strich ein schlechtes Geschäft.

Ebenfalls in Mode sind „Express-“, „Sprint-“ und „Outperformance“-Zertifikate. Sie bescheren ihren Inhabern überproportionale Kursgewinne, solange sich das Basisinstrument innerhalb einer abgesteckten Kursspanne bewegt oder – je nach Konstruktion des Zertifikats – gesteckte Kursziele innerhalb einer bestimmten Frist erreicht. Zum Beispiel zeichnet der Kurs des Zertifikats den Verlauf eines Indexes im Bereich zwischen 3 500 und 4 000 Punkten im Verhältnis 1 : 2 nach, außerhalb dieser Spanne dann aber wieder im Verhältnis 1 : 1. Oder der Anleger

erhält einen Bonus, wenn der Index binnen Jahresfrist 500 Punkte gewinnt.
Geeignet sind diese Papiere vor allem für Anleger, die für einen bestimmten Markt oder eine Aktie nur ein begrenztes Kurspotenzial sehen, daran aber überdurchschnittlich verdienen wollen.

Kompliziert an solchen „Exoten" ist, dass es dafür keine einheitlichen Standards gibt. Jeder Emittent stattet seine Papiere in Details anders aus – und der Anleger muss sich diese Unterschiede mühsam in den Emissionsbedingungen zusammensuchen. Als Grundregel für Anleger kann man sagen: Wenn ein Emittent besonders schwer zu durchschauende Produkte auflegt, so verfolgt er damit meist nur das Ziel, besonders hohe Gewinnspannen für sich selbst einzufahren.

Basiswissen

Zentrale Anlaufstelle für Zertifikate-Interessenten sind die Homepages der beiden Branchenverbände www.ddi.de (Deutsches Derivate Institut) und www.derivate-forum.de (Derivate Forum). Beide Seiten bieten auch direkte Links zu allen Banken und Handelshäusern, die Zertifikate herausgeben.

Trockenübungen

- www.citibank.de, Menüpunkt „Investments", „Zertifikate"
- www.finanztreff.de, Menüpunkt „Portfolio + Watchlist"
- www.onvista.de, Menüpunkt „Zertifikate"
- www.boerse-stuttgart.de (kostenfreie Registrierung erforderlich)
- www.handelsblatt.com, Menüpunkt „Zertifikate + Fonds"

Auswahl und Vergleich

- www.euwax.de, Menüpunkt „Derivative Anlageprodukte", „Anlagezertifikate"
- www.finanztreff.de, Menüpunkt „Zertifikate"
- www.onvista.de, Menüpunkt „Zertifikate"
- www.zertifikatejournal.de
- www.zertifikateweb.de
- www.zertifikate-check.de

Wegweiser im Zertifikatedschungel

Ähnlich wie bei Aktienfonds steht der Anleger auch bei Zertifikaten vor dem Problem, dass ein schier unübersehbares Angebot die konkrete Auswahl eines Papiers erschwert. Das gilt vor allem für die exotischen Varianten, deren Wertentwicklung – anders als beispielsweise die eines Indexpapiers – besonders für unerfahrene Interessenten nur schwer nachzuvollziehen ist. Zusätzlich spielt die Frage eine Rolle, wie fair die Kurse sind, die der Emittent stellt. Dies zu beurteilen, ist mühsam und kostet Zeit. Doch auch bei Papieren auf gängige Basisinstrumente wie den Indexzertifikaten müssen Anleger wie beim Kauf einer Waschmaschine vergleichen: Welcher Anbieter macht die besten Preise? Wo kann ich die Scheine problemlos wieder verkaufen beziehungsweise zurückgeben? Welche Bank stellt die kleinsten Spreads?

Eine unentbehrliche Hilfe ist dabei das Internet. Auf den Seiten von Direktbanken und Discountern finden sich ausführliche

Informationen zum Thema Zertifikate. Dazu kommen als erste Anlaufstelle die Seiten der Emittenten, von denen Interessenten oftmals Informationsbroschüren und Emissionsbedingungen herunterladen und aktuelle Kurse abfragen können.

Eine Reihe von Finanzportalen (→ Seite 48) und Datenbanken bietet die Möglichkeit, die Scheine unterschiedlicher Emittenten und aktuelle Kurse miteinander zu vergleichen, Ausstattungsmerkmale abzurufen, unterschiedliche Kursszenarien beim Basisinstrument durchzuspielen und die besten Scheine für ein gewünschtes Basisinstrument herauszusuchen. Empfehlenswert ist auch die Seite der führenden deutschen Optionsschein- und Zertifikatebörse Euwax (→ Seite 41).

Die passende Strategie: Schlüssel zum Erfolg

In den vorangegangenen Abschnitten wurde gezeigt, dass es viele verschiedene Faktoren sind, die den Kurstrend von Aktien beeinflussen, und welche Methoden es gibt, die Chancen und Risiken einschätzen zu können. Dieses Wissen ist jedoch lediglich ein Hilfsmittel bei der Aktienauswahl. Für den Erfolg an der Aktienbörse ist es notwendig, sich eine Anlagestrategie zurechtzulegen. Ziel: Der Anleger systematisiert seine einzelnen Einstiegs-, Ausstiegs- und Umschichtungszeitpunkte anstatt planlos oder zumindest wankelmütig zu kaufen und zu verkaufen.

Das darf aber nicht dazu führen, dass man der einmal zurechtgelegten Methodik blind folgt. Die auf Dauer perfekte Strategie ist noch nicht gefunden. Jeder Investmentansatz bedarf laufend einer kritischen Überprüfung. Eine hohe Treffsicherheit beim Auswahlprozess von „Gewinnern" resultiert schließlich aus dem Zusammenspiel aller Faktoren und Methoden. Am Ende sollte der Anleger nur dann eine bestimmte Aktie kaufen, wenn sie ihn nach allen Regeln der (Analyse-)Kunst zu überzeugen weiß.

Die richtigen Bausteine

Zwei grundsätzliche Merkmale machen ein gutes Strategiekonzept aus: Streuung und Methode.

Wie bereits zu Beginn des Buches erwähnt, sollten Anleger ihr für Aktieninvestments zur Verfügung stehendes Kapital mindestens auf fünf bis zehn verschiedene Titel verteilen. Ist das unter Kostengesichtspunkten nicht möglich (→ Seite 26), besteht die Alternative darin, Einzelwerte mit einem oder mehreren Aktienfonds (→ Seite 147 ff.) und/oder Zertifikaten (→ Seite 155 ff.) zu kombinieren.

Eine solche Aufteilung hat vor allem zwei Effekte. Zum einen wird dadurch verhindert, dass das gesamte Aktiendepot in den Keller rauscht, wenn sich eine der Aktien als Fehlgriff und Verlustbringer erweist – was immer vorkommen kann. Zweitens ist unwahrscheinlich, dass sich alle Käufe als Flops erweisen. Im Idealfall kann die schlechte Entwicklung des einen Wertes durch die Kursgewinne der anderen Titel mehr als kompensiert werden. Dabei gilt der Grundsatz: Je stärker das Depot nach unterschiedlichen Gesichtspunkten (Branchen, Größe der Unternehmen etc.) ausbalanciert wird, Fachleute sprechen von Diversifikation, desto geringer schwankt der Wert des gesamten **Portfolios**. Über eines sollte sich allerdings jeder Aktienkäufer klar sein: Auch eine noch so breite Streuung schützt nicht vor einem allgemeinen Kurseinbruch an den Weltaktienmärkten.

Portfolio: *Gesamtheit der Wertpapiere in einem Bestand, Zusammenstellung*

Der dritte Effekt einer breiten Streuung ist psychologischer Natur. Erfahrungsgemäß ist die Hemmschwelle vieler Anleger, Verluste konsequent zu realisieren, umso höher, je höher der Betrag ist, den sie dann „abschreiben" müssen. Wer zum Beispiel 10 000 Euro zu gleichen Teilen auf zwei Aktien verteilt, hat bei einem – durchaus möglichen – Kurseinbruch von 10 Prozent eines Titels gleich 500 Euro eingebüßt. Und bei ebenfalls nicht ungewöhnlichen 20 Prozent sind es schon 1 000 Euro.

Ein Aktienkäufer, der dagegen den gleichen Betrag gleichmäßig auf zehn verschiedene Titel verteilt, hat, wenn eine Position 10 Prozent verliert, nur ein Minus von 100 Euro zu verkraften. Doch Achtung: Von den relativ geringen Beträgen darf sich der Anleger nicht blenden lassen und den Fehler machen, seine Verluste unkontrolliert laufen zu lassen (→ Seite 20).

TIPP

Als Faustregel gilt: Die richtige Balance zwischen Diversifikation und Übersichtlichkeit liegt für einen privaten Aktienanleger je nach Gesamtkapital zwischen 10 und 15 verschiedenen Titeln.

Auf der anderen Seite dürfen es Privatanleger mit der Diversifikation auch nicht übertreiben. Mehr als 30 Titel sollte das

Depot auf keinen Fall umfassen, sonst droht der Depotinhaber den Überblick zu verlieren.

Das Depot sortieren

Eine sinnvolle Streuung besteht jedoch nicht nur darin, ein oder zwei Dutzend Aktien im Depot zu versammeln, die sich nach eingehender technischer und fundamentaler Analyse (→ Seite 120 ff.) als aussichtsreich erweisen. Zu groß ist dabei die Gefahr, dass der Anleger ein buntes Sammelsurium zusammenträgt, das dem Ziel einer ausgewogenen und diversifizierten Mischung zuwiderläuft. Anhand der folgenden Kriterien kann der Anleger den Kurszettel sortieren und sein Depot in einem zweiten Schritt strukturieren.

Bluechips oder Nebenwerte?

In den meisten Fällen ist zu beobachten, dass der wirtschaftliche Erfolg eines Unternehmens auf Dauer auch etwas mit seiner Größe zu tun hat. An der Börse werden daher Aktien in Größenklassen unterteilt, die Rückschlüsse auf die „Anlagegüte" eines Papiers zulassen.

Aktien Handelsklasse 1A

Ganz oben stehen dabei die Standardwerte. Das sind die größten und wichtigsten Unternehmen eines Aktienmarkts. Meist sind es weltweit tätige Großkonzerne, die innerhalb ihrer Branche eine Spitzenstellung einnehmen und deren Name auch abseits der Finanzmärkte einen guten Ruf besitzt. Im internationalen Sprachgebrauch der Börsianer werden diese Titel auch als Bluechips bezeichnet. An der deutschen Aktienbörse finden sich diese Top-Werte im Dax (→ Seite 81) wieder.

Mid-Caps: Die Werte aus der zweiten Reihe

Auf die Bluechips folgen die Werte der „zweiten Reihe": Unternehmen, die es in Sachen Marktkapitalisierung und oft auch mit dem Bekanntheitsgrad der Standardwerte nicht aufnehmen können, die aber keine Leichtgewichte sind. In der Fachsprache der Börsianer werden diese Aktien auch **Mid-Caps** genannt.

> **Mid-Cap:** *Abkürzung für „Middle Capitalization", mittlere (Börsen-) Kapitalisierung*

Sie sind so etwas wie das Rückgrat eines Aktienmarkts. Rein zahlenmäßig übertrumpfen sie die Standardwerte bei weitem. Oft sind es sehr alte Unternehmen aus Traditionsbranchen, die es meist deshalb nicht in die oberste Börsenliga schaffen, weil sie sich in ihrer Geschäftstätigkeit auf Nischenbereiche beschränken. Andere wiederum haben das Zeug, zu einem „Global Player", einem der weltweit führenden Unternehmen in ihrem Bereich aufzusteigen. Diese Gesellschaften entwickeln sich dann an der Börse zu einem Standardwert. Der Softwareriese SAP zum Beispiel hat 1991 als kleines Unternehmen sein Börsendebüt gegeben und sich dann über den MDax bis in den Dax emporgearbeitet. Das zeigt, dass Mid-Caps nicht von vornherein unattraktiv für eine Anlage sind. Im Gegenteil: Oftmals weisen sie langfristig gesehen eine ebenso solide und stabile Geschäftsentwicklung wie die Bluechips auf, mitunter sind sie jedoch wesentlich günstiger bewertet.

Small-Cap: *Abkürzung für „Small Capitalization", niedrige (Börsen-) Kapitalisierung*

Small-Caps: Viel Licht und Schatten

Am Ende der Rangskala stehen die **Small-Caps** – Werte, die verhältnismäßig klein sind und nur eine geringe Marktkapitalisierung auf die Waage bringen. Dieses zahlenmäßig am üppigsten besetzte Feld stellt für Anleger sicherlich die größte Herausforderung dar, denn dort tummeln sich ganz unterschiedliche Unternehmen – junge, aufstrebende Wachstumsunternehmen, die sich nur auf wenige Produkte oder Dienstleistungen konzentrieren, aber auch Gesellschaften, die wirtschaftlich gesehen allenfalls Mittelmaß darstellen und deswegen an der Börse ein Schattendasein fristen.

Grundsätzlich besitzen als attraktiv einzustufende Small-Caps im Vergleich zu den Bluechips zwar ungleich größere Kurschancen, aber eben auch die höheren Risiken. Ein Konjunkturein-

Reits – Spezielles Investment für Immobilienfans

Seit kurzem haben deutsche Anleger Zugang zu einer neuen Anlageform, die rechtlich gesehen nichts anderes ist als ein Aktienanteil: Real Estate Investment Trusts, kurz Reits (sprich: „Riits") genannt. In anderen Ländern wie Großbritannien, den Vereinigten Staaten und Frankreich sind diese speziellen Immobilienunternehmen bereits ein alter Hut, doch hierzulande sperrte sich die Regierung lange Zeit gegen eine Einführung.

Bei Reits handelt es sich rechtlich gesehen um eine Aktiengesellschaft, deren Tätigkeit sich auf den Kauf und Verkauf von Immobilien beschränkt. Die Käufer von Reits werden somit zu Aktionären. Dabei locken Reits mit einem Steuerbonus: Der Fiskus verschont sie so lange, wie sie den Großteil ihrer Erträge – mindestens 90 Prozent – an die Anteilseigner ausschütten. Die Hand hält er dann beim Anleger auf (→ Seite 137 ff.).

Aufgrund der Vielzahl von Immobilien, die ein Reit kauft, verwaltet und wieder verkauft, arbeiten diese Unternehmen faktisch wie ein klassischer Immobilienfonds. Der Unterschied liegt jedoch in der Art und Weise, wie Reits ihre Anlagegelder verwalten: Offene Immobilienfonds geben laufend neue Anteile heraus und zahlen Anleger, die ihre Anteile

bruch, ein verpasster Markttrend oder Qualitäts- und Managementprobleme – all das sind Ereignisse, die sich bei einem kleinen Unternehmen relativ schnell zu einer die Existenz bedrohenden Krise ausweiten können.

Für den Anleger kommt es darauf an, die richtige Mischung aus Bluechips, Mid- und Small-Caps zu finden. Für Neueinsteiger ist es jedoch ratsam, sich am Anfang ausschließlich auf die Standardwerte zu konzentrieren. Sie bilden sozusagen das Fundament des Aktiendepots. Wer etwas Erfahrung gesammelt und die Nebenwerte schon eine Weile beobachtet hat, kann daraus Titel beimischen, um weitere Branchen abzudecken und das Depot stärker zu diversifizieren.

Das Auf und Ab der Branchen

Es ist zu beobachten, dass Unternehmen nicht nur wegen ihrer Größe, sondern auch wegen ihrer Branchenzugehörigkeit in unterschiedlichem Maße und zu verschiedenen Zeitpunkten von wirtschaftlichen Auf- und Abschwungphasen (→ Seite 172) betroffen sind.

Zyklische Titel nehmen nacheinander Fahrt auf

Gesellschaften, deren Geschäftsentwicklung sehr stark von den regelmäßig auftretenden Wellenbewegungen der Konjunktur beeinflusst wird, bezeichnen Anlageexperten als „Zykliker". Dazu

zurückgeben, aus dem Fondsvermögen aus (→ Seite 148). Aus diesem Grund müssen sie immer eine gewisse Barreserve halten, um flüssig zu bleiben. Reits können dagegen die Gelder, die sie bei den Anlegern eingesammelt haben, vollständig investieren. Benötigen sie frisches Kapital, geben sie einfach neue Aktien (→ Seite 96) heraus, die sie an die Alt-Aktionäre oder über die Börse an neue Investoren verkaufen. Das Management eines Reits kann also einen Zeitpunkt abpassen, an dem der Kauf neuer Objekte günstig erscheint. Umgekehrt ist es nicht verpflichtet, liquide Mittel zu Kurzfristzinsen am Geldmarkt zu parken. Anleger, die aussteigen wollen, können ihre Aktien täglich an der Börse verkaufen, ohne dass das Management deswegen Objekte aus dem Bestand auf den Markt werfen muss, um sie auszahlen zu können.

Auf dem Papier spricht also einiges für Reits. Doch ob sich diese Vorteile auch in der Praxis zeigen, bleibt so lange abzuwarten, bis sich diese Anlageform am Markt bewährt hat. Dennoch gilt auch für Reits das Gleiche wie für Small-Caps: Sie eignen sich aufgrund ihres speziellen Anlagecharakters lediglich als Beimischung, um so ein größeres Aktiendepot zusätzlich zu diversifizieren.

zählen zum Beispiel Chemiewerte, Automobilhersteller und Konsumtitel. Die ökonomischen Gründe dafür liegen auf der Hand: Wenn es in der Wirtschaft gut läuft, werden mehr Energie und Rohstoffe benötigt, mehr Produkte transportiert und am Ende auch konsumiert. Zu beachten ist, dass die Kursentwicklung an den Aktienmärkten der realen Wirtschaftsentwicklung um sechs

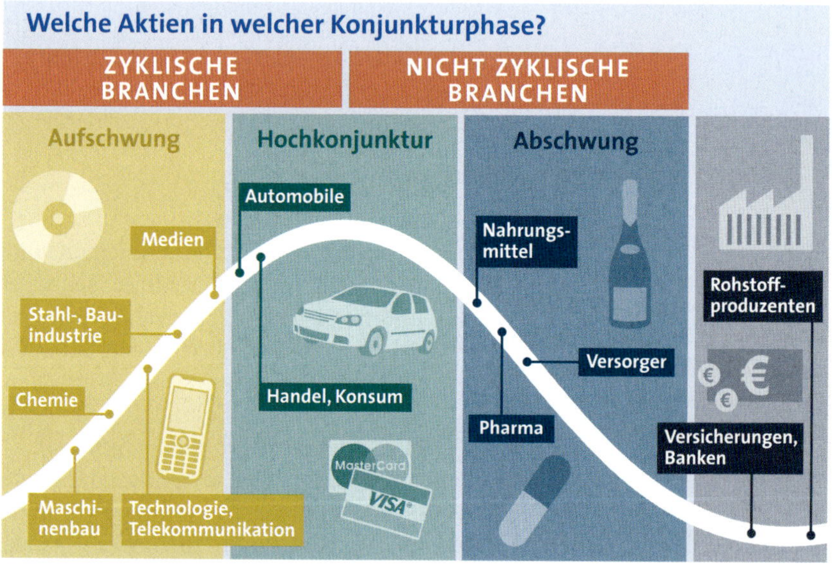

bis neun Monate vorausläuft. Zyklische Werte können daher schon den Rückwärtsgang einlegen, obwohl die Konjunktur noch auf Hochtouren läuft. Umgekehrt lohnen sie unter Umständen schon dann einen Einstieg, wenn die Wirtschaft lahmt und nur „notorische Optimisten“ bereits Anzeichen für den Aufschwung sehen. Schon deshalb ist die ständige Kontrolle der Wertentwicklung beim eigenen Depot, aber auch des gesamten Aktienmarkts wichtig.

Defensive Werte: Stabilität fürs Depot

Das Gegenteil der Zykliker sind Gesellschaften, deren Geschäftsentwicklung kaum von Konjunkturschwankungen beeinflusst wird. Bestes Beispiel dafür sind Pharmaaktien. In der „Pillenbranche“ hat sich die Nachfrage über die vergangenen Jahre hinweg stabil aufwärtsentwickelt – in erster Linie deshalb, weil immer mehr Menschen immer öfter und länger Medikamente einnehmen und die medizinische Forschung immer neue und letztlich auch teurere Präparate entwickelt. Konjunkturelle Schwankungen haben hierauf nahezu keinen Einfluss.

Andere Bereiche, die ebenfalls als defensiv gelten, wie es unter Fachleuten heißt, sind Nahrungs- und Genussmittelunternehmen (Getränkehersteller, Tabakproduzenten etc.) sowie Versorgungsunternehmen.

Die Verteilung macht's

Warum ist es nun so wichtig, dass sich ein Aktienanleger bei der Auswahl seiner Titel an den Branchen und deren Konjunkturverhalten orientiert? Ganz einfach: Die Aktienkursentwicklung eines Unternehmens reflektiert diese konjunkturellen Schwankungen. Ein langandauernder Kursaufschwung an der Börse erfasst daher auf kurze Sicht nicht alle Werte in gleichem Maße. Ganz im Gegenteil: Die Stabilität einer Hausse (→ Seite 12) zeigt sich darin, dass es zu einer Branchenrotation bei den Titeln mit den höchsten Kursgewinnen kommt. Wenn dagegen nur wenige Werte den Markt „tragen", steht der Aufschwung erfahrungsgemäß eher auf tönernen Füßen.

Experten zufolge kommt dem richtigen Branchenmix bei der Aktienanlage enorme Bedeutung zu. Er ist auf Dauer mindestens genauso wichtig für den Anlageerfolg wie die Wahl der einzelnen Aktien.

Spezialisten oder besser Mischkonzerne?

Eine entscheidende Frage bei der Einzelauswahl ist nun, ob der Anleger eher auf Unternehmen setzen soll, die sich auf wenige Bereiche konzentrieren und ein klares Branchenprofil besitzen, oder ob Mischkonzerne die bessere Wahl sind, bei denen Konjunkturschwankungen von den unterschiedlichen Geschäftsbereichen *intern* aufgefangen und geglättet werden. Fachleute bezeichnen dies als interne Diversifikation.

Lange Zeit sah es so aus, als gäbe die Börse darauf eine eindeutige Antwort: Die Kurse von Unternehmen mit klarem Branchenprofil, **Pure Plays** genannt, schnitten allgemein besser ab und erreichten höhere Bewertungen als Mischkonzerne. Schließlich können die Anleger mit den eindeutig positionierten Unternehmen ihr Aktiendepot sehr viel genauer nach einzelnen erfolgversprechenden Branchen sortieren.

Pure Play: *So bezeichnen Börsianer Unternehmen, die sich nur auf wenige oder gar einen einzigen Geschäftsbereich konzentrieren. Beispiel: der deutsche Sportwagenhersteller Porsche.*

Das Credo vieler Anlagestrategen hat durch den starken Kursrutsch an den Weltbörsen allerdings einen Knacks erhalten, denn die Aktien vieler Mischkonzerne haben sich in dieser Phase wacker geschlagen. Zwar mussten auch sie mitunter deutliche Einbußen verkraften, die Notierungen vieler klar fokussierter Gesellschaften fielen jedoch weit stärker, weil sie eben auch stärker von der negativen Konjunktur in ihrer Branche betroffen waren, wie der Absturz zahlloser Internet- und Telekommunikationsgesellschaften belegt.

Industrienationen oder Schwellenländer?

Auch wenn die Branchenmischung eines der wichtigsten Kriterien bei der Zusammenstellung des Aktiendepots ist, so darf die regionale Zugehörigkeit der Gesellschaften nicht völlig außer Acht gelassen werden, da die gesamtwirtschaftliche Entwicklung nicht in allen Regionen beziehungsweise Ländern der Welt gleich verläuft. Experten rechnen damit, dass die zunehmende Globalisierung des Wirtschaftsgeschehens mittel- bis langfristig dazu führt, dass sich die Volkswirtschaften vor allem der großen Industrienationen – USA, Kanada, Japan, Großbritannien, Schweiz und Euroland – immer stärker miteinander verzahnen und damit angleichen, sodass regionale Gesichtspunkte für diese Märkte im Vergleich mit der Branchenstreuung zunehmend an Bedeutung verlieren. Einen Gegenpol zu den großen und etablierten Volkswirtschaften bilden aber die Schwellenländer – in der Fachsprache **Emerging Markets** genannt.

Emerging Markets:
Aufstrebende Märkte

Was sind Emerging Markets?

Nach der Definition der Weltbank zählen zu den Emerging Markets die Länder, deren jährliche Wirtschaftsleistung pro Kopf bei rund 10 000 US-Dollar liegt und die über einen funktionierenden Kapitalmarkt verfügen. Ende 2007 erfüllten rund fünf Dutzend Länder dieses Kriterium. Wenn Anlageexperten und Börsianer diesen Begriff verwenden, meinen sie jedoch üblicherweise die am weitesten entwickelten Börsen in Lateinamerika (Argentinien, Brasilien, Mexiko, Chile), Osteuropa (Russland, Polen, Tschechien, Ungarn), Südostasien (Indien, China) und teilweise auch Afrika (in erster Linie Südafrika).

Wo Chancen locken ...

Was diese Märkte für Anleger so interessant macht, ist ihr enormes Wachstumspotenzial. Drei Viertel der Weltbevölkerung leben dort. Wenn die Wirtschaftsproduktivität und damit das Volkseinkommen in diesen Ländern steigt, stellen zum Beispiel China, Indien und Brasilien Milliardenmärkte dar – etwa für Handys, Pkws und Finanzdienstleistungen. Schon jetzt ist das Wachstum vieler Emerging Markets wesentlich höher als das der „etablierten" Industrieländer. Dementsprechend gehören die jeweiligen Aktienmärkte nach Meinung einer ganzen Reihe von Fachleuten zu den gewinnträchtigsten der Zukunft. Dazu sind Emerging Markets innerhalb eines weltweit orientierten Aktienportfolios besonders gut zur Risikostreuung geeignet, weil die Kurse dort in der Vergangenheit kaum mit denen der großen Weltbörsen parallel liefen.

... gibt es auch Risiken

Mit höheren Chancen sind zwangsläufig aber auch größere Risiken verbunden. Die wirtschaftliche und politische Situation der meisten Schwellenländer gilt nicht immer als stabil und stellt in vielen Fällen einen großen Unsicherheitsfaktor bei der Anlage dar. So besteht die Gefahr, dass wirtschaftliche Reformen und Strukturanpassungen wie etwa die Privatisierung von Staatsbetrieben nicht weiter vorangetrieben werden. Die Folge sind zum Teil gravierende Krisen, die die Finanzmärkte regelmäßig in Atem halten, wie zum Beispiel in Argentinien, das aufgrund einer verfehlten Wirtschaftspolitik Anfang 2002 zahlungsunfähig geworden ist.

Ein weiterer Risikofaktor ist, dass die Infrastruktur der jungen Finanzmärkte im Vergleich zu den großen Weltbörsen zum Teil erhebliche Schwächen aufweist. Die Marktkapitalisierung ist im Verhältnis zur gesamten Wirtschaftsleistung des jeweiligen Landes oftmals verschwindend gering, und die Organisation des tagtäglichen Handels kann mit dem Standard hochentwickelter Börsen in den meisten Fällen nicht mithalten. Häufig kommen ausländische Anleger zum Beispiel erst Wochen später in den Besitz der von ihnen gekauften Papiere oder sie können ihren Verkaufserlös nicht so ohne weiteres einstreichen, weil es Kapitalbeschränkungen gibt. Allerdings wäre es falsch, alle Schwellenbörsen unterschiedslos in einen Topf zu werfen. Märkte wie Singapur und Hongkong haben bewiesen, dass sie durchaus internationales Niveau besitzen.

Ein Investment in Emerging Markets erfordert vom deutschen Anleger zudem viel Zeit, Mühe und nicht zuletzt gute Englischkenntnisse, um an gezielte Informationen aus diesen Regionen heranzukommen.

Und selbst dann ist die Gefahr groß, dass wichtige Daten nicht verfügbar oder nicht verlässlich sind.

TIPP

Bevor Sie in Emerging Markets anlegen, sollten Sie bereits Erfahrungen mit Aktien gesammelt haben. Emerging Markets bieten überdurchschnittliche Gewinnchancen, aber eben auch Risiken. Investieren Sie deshalb nie mehr als 10 Prozent Ihres gesamten Anlagekapitals in diese Märkte.

Bei einer Anlage in Emerging Markets sollten Sie vor allem Investmentfonds (→ Seite 148 ff.) als Alternative berücksichtigen. Dort kümmert sich ein Manager, der teilweise vor Ort sitzt, aktiv um die Auswahl der lukrativsten Titel und übernimmt die laufende Verwaltung. Für den Einstieg bieten sich globale Emerging-Market-Fonds an. Spezielle Emerging-Market-Länder- oder Regionenfonds sind dagegen eher für ein spekulatives Investment geeignet.

Berücksichtigen Sie, dass es in vielen Emerging Markets ein Währungsrisiko gibt und diese Länder in der Vergangenheit bereits durch Währungskrisen negativ in Erscheinung getreten sind.

Profitorientiert oder ethisch-ökologisch?

Anleger wollen mit ihren Aktieninvestments Geld verdienen – aber immer mehr Wertpapiersparer achten darauf, dass dies nicht um jeden Preis geschieht. Für sie sind neben Renditeaspekten auch soziale Gesichtspunkte bei der Auswahl ihrer Geldanlagen entscheidend. Das heißt, ein Unternehmen muss für sie bestimmte ökologische und/oder ethische Kriterien erfüllen, damit dessen Aktien für das eigene Depot infrage kommen. Die Schwierigkeit ist allerdings, dass „ethisch" und „ökologisch" keine exakt abgegrenzten und definierten Begriffe sind. Darunter versteht im Einzelfall jeder Anleger etwas anderes. Für den einen

Ethisch anlegen in Aktien

Anleger, die auf ethisch-ökologische Aktien setzen, können vergleichsweise einfach nachverfolgen, wie sich ihr Investment im Verhältnis zum Kauf „herkömmlicher" Aktien entwickelt. Denn eine Reihe von Indizes, die sich zum Beispiel mit dem Dax (→ Seite 81) oder einem internationalen Index wie dem MSCI World vergleichen lassen, misst speziell die Wertentwicklung von Unternehmen, die ökologisch und nachhaltig wirtschaften. Viele Aktienfonds, die sich auf Aktien speziell aus diesem Bereich konzentrieren, nehmen sich zudem oftmals einen Öko-Index als Benchmark (→ Seite 79). In Deutschland am bekanntesten ist dabei der internationale Naturaktienindex (NAI). Er gilt unter Experten als konsequenteste Umsetzung des Versuchs, ethisch korrekte und umweltbewusste Unternehmen aus der Schar der an der Börse gelisteten Unternehmen herauszufiltern. Der Anstoß für den NAI kam aus der Redaktion der Zeitschrift *natur*, heute *natur + kosmos*. Sie beauftragte den Wiener Ökonom Max Deml, den Index zu entwickeln. Am 1. April 1997 ging er an den Start, mittlerweile enthält er 30 Aktien. Ein Anlageausschuss aus sechs Experten überprüft die Zusammensetzung des Indexes regelmäßig.

Eine wichtige Frage dabei ist, ob ein Indexunternehmen weiterhin die strengen Aufnahmekriterien etwa in Sachen Umweltschutz und nachhaltiges Wirtschaften erfüllt. Bestimmte Branchen wie etwa die Atomenergie-Unternehmen und die Rüstungskonzerne sind von vornherein tabu.

Ebenfalls weltweit auf Suche gehen die Indizes FTSE-4-Good und die Dow-Jones-Sustainability-Indizes, doch die Auswahlkriterien sind andere. Die Dow-Jones-Sustainability-Indizes zum Beispiel verfolgen das Best-in-Class-Prinzip. Danach wird keine Branche von vornherein ausgeschlossen. Vielmehr kommen aus jeder Branche die Unternehmen in den Index, die auf ihrem Gebiet eine Vorreiterrolle in Sachen Umweltschutz und Nachhaltigkeit einnehmen.

Auch in Deutschland reagiert man auf diesen Trend. So hat die Deutsche Börse Anfang Juni 2007 ihre Index-Familie (→ Seite 83) um den Öko-Dax erweitert, der schwerpunktmäßig Aktien von deutschen Unternehmen beinhaltet, die sich mit der Erzeugung von Energie aus Sonne, Wind, Wasser oder Biomasse beschäftigen.

reicht es, dass ein Unternehmen seine Produktion so weit wie möglich ökologisch gestaltet, andere wiederum lehnen Unternehmen kategorisch ab, die Rüstungsgüter, Kernkraftwerke, Tabakprodukte oder Automobile produzieren – egal, wie umweltschonend dies geschieht. Bei dieser Art von Aktienauswahl werden Anleger vielleicht weniger mit der Zusammenstellung eines Kriterienkatalogs überfordert sein, als vielmehr mit dem Problem, das ins Auge gefasste Unternehmen daraufhin zu überprüfen, ob und inwieweit es diesen Anforderungen entspricht. Leider gibt es bislang noch kein allgemein anerkanntes „Öko- oder Ethik-Siegel" für Geldanlagen – quasi einen „Blauen Engel" für Aktien.

Exkurs: Der (Un-)Sinn von Börsenregeln

Auf dem Parkett mangelt es nicht an Kalendersprüchen und „geflügelten Worten". Viele dieser gutgemeinten Ratschläge basieren auf langjährigen Beobachtungen von Händlern.

„Sell in May and go away" ist eine der bekanntesten Weisheiten. Dahinter steckt die Erfahrung, dass Aktien am besten verkauft werden sollten, wenn der Wonnemonat Mai ins Land zieht. Wissenschaftler haben anhand historischer Daten tatsächlich herausgefunden, dass die Sommermonate an der Börse oftmals schlecht liefen, die Spätsommer- und Herbstmonate in einigen Jahren sogar besonders schlecht. So lag der „Schwarze Freitag" (→ Seite 12) im Oktober. Dagegen entwickelten sich die Kurse in den Wintermonaten statistisch gesehen überdurchschnittlich gut.

Statistik liefert zwar je nach Methode mehr oder weniger scharfe Aussagen über Wahrscheinlichkeiten, erlaubt aber keine Einzelfallprognose. Wer sich zum Beispiel im Frühjahr 2003 die „Mai-Regel" zu Herzen genommen hatte, verpasste die kräftigen Kurssteigerungen an den Weltbörsen. Selbst im Jahr 2006 fuhren Aktieninvestoren mit der Mai-Regel nicht unbedingt gut. Der Wonnemonat in diesem Jahr brachte zwar einen deutlichen Kurseinbruch, aber wenige Wochen danach legten die Kurse bereits wieder den Aufwärtsgang ein. Auch hier hätten also Anleger, die erst im November wieder eingestiegen wären, eine große Chance verpasst.

Grundsätzlich gilt, dass jede Börsenweisheit auf Dauer immer nur so gut ist, wie die Zahl der Anleger, die sie nicht befolgen. Wenn alle Marktteilnehmer sich nach den Börsenweisheiten richteten, träte das gewünschte Ergebnis nicht mehr ein. Das gilt auch für Regeln wie „Kaufen, wenn die Kanonen donnern", also einsteigen in politisch sehr unruhigen (Kriegs-)Zeiten, oder „Buy on the rumour, sell the facts“, das heißt, auf ein positives Gerücht hin in eine Aktie einsteigen und das Papier abstoßen, wenn sich dieses Gerücht bewahrheitet.

Manche Sprüche führen sich mit ironischem Zwinkern selbst ad absurdum: „Aktien sind nie zu teuer, um sie zu kaufen, und nie zu billig, um sie zu verkaufen“, heißt es beispielsweise auf dem Parkett. Dahinter steckt die Idee, dass ein Anleger eine Aktie, von der er hundertprozentig überzeugt ist, auch dann kaufen kann, wenn der Kurswert nach allgemeiner Einschätzung bereits als relativ teuer anzusehen ist (→ Seite 120 ff.). Wer sich mit den Aktien kleiner Technologieunternehmen im Zuge der geplatzten Internetblase oder des Niedergangs am Neuen Markt (→ Seite 109) die Finger verbrannt hat, mag diesen Sinnspruch jedoch wie Hohn empfinden ...

Unter dem Strich bleibt die Erkenntnis, dass Börsenweisheiten keinen Ersatz für eine ausgeklügelte Strategie darstellen. Oder wie es Börsenaltmeister André Kostolany formuliert: „Wer nicht fähig ist, sich selber eine Meinung zu bilden und eine Entscheidung zu treffen, darf nicht zur Börse!“

Für vorsichtige Anleger

Vorsichtige Anleger stecken bei Aktien in einem grundsätzlichen Dilemma: Auf der einen Seite möchten sie Verluste möglichst hundertprozentig ausschließen, andererseits sollten auch sie einen Teil ihres Vermögens in Dividendentitel investieren, um deren Renditechancen zu nutzen. In diesem Fall verdienen die Faktoren Anlagedauer und Streuung besondere Berücksichtigung.

So nämlich lässt sich am ehesten die Tatsache nutzen, dass bei Aktien das auf kurze Sicht zweifellos vorhandene Kursrisiko mit zunehmendem Zeithorizont deutlich zurückgeht (→ Seite 15). Das gilt allerdings nur, wenn der Anleger sein Geld auf Dauer investiert und nicht versucht, zwischenzeitliche Kursschwankungen durch Umschichtungen und hektisches Handeln auszunutzen. Vorsichtige Aktiensparer sollten daher eine langfristige Kaufen-und-halten-Strategie verfolgen, auch „Buy and hold“-Strategie genannt.

Passive Strategien bevorzugen

Eine möglichst breite Streuung bei einem gleichzeitig stabilen Depotaufbau lässt sich am besten und einfachsten mit Passivstrategien realisieren. Die dafür geeigneten Anlageformen sind

Indexzertifikate (→ Seite 157) und/oder Indexfonds (→ Seite 150), mit denen der Anleger automatisch in den gesamten Markt anlegt, der durch den jeweiligen Index repräsentiert wird (→ Seite 80). Auf diese Weise erhält er ein breitgestreutes Aktiendepot und braucht sich dennoch nicht um die Auswahl einzelner Titel zu kümmern. Wichtig ist bei dieser Strategie nur, mittels unterschiedlicher Zertifikate und/oder Fonds mehrere Märkte beziehungsweise Indizes sinnvoll miteinander zu kombinieren.

Passivstrategien lassen sich auch mit kleinem Vermögen umsetzen. Und sie sind nicht schlechter einzuschätzen als aktive Methoden, wie die Tatsache beweist, dass es viele Fondsverwalter auf Dauer nicht schaffen, den Index, an dem sie sich orientieren, zu schlagen. Dennoch stellen die aktiv verwalteten, marktbreit anlegenden Investmentfonds Welt für vorsichtige Aktienanleger eine Alternative zu Indexpapieren dar.

Für chancen- und risikoorientierte Anleger

Viele Anleger wollen allerdings das Heft selbst in die Hand nehmen und ihr Geschick an den Märkten versuchen. Dies macht schließlich auch den spekulativen Reiz der Börse aus.

Wer dabei zu Einzeltiteln greifen will, tut gerade zu Anfang gut daran, sich auf wenige Märkte oder Branchen zu konzentrieren. Er läuft sonst Gefahr, sich zu verzetteln. Diese Empfehlung widerspricht offenkundig der eingangs gemachten Empfehlung, das Depot nicht einseitig auszurichten, sondern eine ausgewogene Mischung herzustellen. Die Lösung besteht darin, einzelne Aktien mit Fonds und/oder Zertifikaten zu kombinieren. Mit einer Mischung aus Index- beziehungsweise aktiv gemanagten Fonds und/oder Indexzertifikaten lassen sich alle wichtigen Märkte einfach und kostengünstig abdecken. Sie bilden sozusagen das Rückgrat des eigenen Aktiendepots und stabilisieren die Wertentwicklung. Mit der Beimischung einzelner Aktien kann der Anleger dann gezielt Einzelchancen nutzen, ohne dass er dabei unverhältnismäßig hohe Risiken eingeht – wenn er seinen Einsatz im Verhältnis zum Gesamtdepot in Grenzen hält.

Wer ausschließlich in Einzelwerten anlegen will, muss deswegen nicht gleich ein Zocker oder Hasardeur sein. Es gibt auch dabei Strategien, mit denen man sein Geld spekulativ, aber dennoch durchdacht und mit kalkuliertem Risiko investiert.

Eine Möglichkeit ist, den Kurszettel nach fundamentalen und charttechnischen Gesichtspunkten zu durchstöbern und beispielsweise in lukrativ erscheinende Standardwerte und Marktführer einzelner Branchen zu investieren. Ein grober Orientierungsmaßstab dabei können Megatrends sein. Darunter verstehen Experten weltweite, länger andauernde Wirtschaftsentwicklungen, von denen viele Unternehmen aus unterschiedlichen Bereichen profitieren – und mit ihnen die Anleger. Zu den Megatrends zählen beispielsweise die Entwicklung der Informationstechnologie einschließlich Telekommunikation und Medien oder der Themenbereich Pharma/Gesundheit, der darauf basiert, dass immer mehr Menschen immer älter werden und für immer mehr Krankheiten wirksame Therapien und Arzneien entwickelt werden. Allerdings: Kein Trend währt ewig. Und bei der gezielten Einzelauswahl hat der Anleger zudem das Problem, diejenigen Werte herauszupicken, die von dem jeweiligen Trend am meisten profitieren.

Eine andere Variante besteht darin, aufgrund der aktuellen Kursentwicklungen und mit einem relativ einfachen „Kochrezept" eine eigenständige Strategie abzuleiten. Vorteil dieser Methode: Der Anleger muss sich nicht in alle Feinheiten einer Bilanz einarbeiten oder sich auf das zweifelhafte Urteil von Analysten verlassen (→ Seite 60). Kursdaten sind zudem objektiv, unverfälscht und für jeden einfach nachvollziehbar.

Die Dividendenstrategie

Bereits in den 1920er-Jahren tüftelte der Amerikaner Benjamin Graham an einer simplen Anlagestrategie, die auf der Dividendenrendite basierte (→ Seite 126). Seine von vielen Anhängern weiterentwickelte Idee besteht darin, aus einer Gruppe von Standardwerten, beispielsweise aus den Dax-Indizes oder dem Dow-Jones-Index, zu einem beliebigen Stichtag diejenigen zehn Aktien – Varianten geben auch zwölf Titel vor – auszusuchen, die die höchste Dividendenrendite aufweisen. Nach einem Jahr wird Bilanz gezogen, und es werden erneut die zehn Index-Titel mit der höchsten Dividendenrendite zusammengestellt, wobei das Depot so umgeschichtet und ausgeglichen wird, dass jeder Titel wieder etwa im gleichen Verhältnis im Portfolio vertreten ist. Zwischenzeitlich eingegangene Dividendenzahlungen werden bei dieser Gelegenheit wieder angelegt.

Eine Weiterentwicklung der Grundstrategie besteht in der Low-five-Methode. Deren einfache Regel lautet: Aus der Top-zehn-Liste (alternativ: zwölf) werden die fünf Aktien mit dem wertmäßig niedrigsten Kurs ausgesucht. An der Anlagedauer ändert sich nichts.

Eine nochmalige Abwandlung sieht vor, dass die Aktie mit dem niedrigsten Kurs weggelassen wird. Diese Methode klingt fast zu simpel, um tatsächlich zu funktionieren. Die Vergangenheit zeigt jedoch, dass die Ergebnisse dieser Strategien in vielen Fällen besser ausfallen als die der ursprünglichen Methoden. Allerdings weist das Gesamtdepot aufgrund der geringeren Anzahl an Titeln gleichzeitig auch ein deutlich höheres Schwankungsrisiko auf.

Mit der „Dow Dividenden"-, „Top ten"- oder „Top twelve"-Strategie genannten Basismethode ließen sich bislang vor allem in schlechten Börsenphasen erstaunlich gute Resultate erzielen. Zudem weist das so zusammengestellte Depot oftmals nur vergleichsweise geringe Wertschwankungen auf.

In boomenden Börsenphasen hingegen erbringt die Dividendenmethode oftmals (aber nicht immer) vergleichsweise magere Erträge, denn dann fristen ausschüttungsstarke Gesellschaften oft ein Schattendasein. Ein zusätzlicher Risikopunkt: Die Strategie setzt darauf, dass die zuletzt gezahlten Dividenden auch in Zukunft in etwa gleicher Höhe gezahlt werden. Das ist aber ungewiss und von der Geschäftsentwicklung der jeweiligen Unternehmen abhängig. Mitunter ist die Dividendenrendite auch gerade deswegen so hoch, weil der Aktienkurs in Erwartung einer Dividendenkürzung oder gar -streichung bereits stark gesunken ist. Unter Umständen rutscht so ein Pleitekandidat ins Depot. Daher ist es empfehlenswert, die Dividendenstrategie vor allem auf die Bluechips (→ Seite 169) in den großen Leitindizes anzuwenden.

Die Trendfolge- oder Momentumstrategie

Die Relative-Stärke-Methode oder Momentumstrategie setzt auf diejenigen Aktien, die in einer bestimmten Periode besonders gut gelaufen sind – es landen sozusagen immer die „Siegeraktien" im Depot.

Dabei hat sich die Strategie in Aufwärtsphasen an der Börse als umso erfolgreicher erwiesen, je kürzer der Zeitraum gewählt wurde – etwa ein Monat statt einem (Kalender-)Jahr. Der generelle Vorteil dieser Strategie besteht darin, dass der Anleger automatisch mit dem Strom an der Börse schwimmt, also über mehrere Monate oder gar Jahre andauernde Aufwärtstrends aktiv ausnutzt, was sich in der Vergangenheit vor allem bei Standardwerten als langfristig erfolgreich erwiesen hat.

Schwachpunkte weist die Methode in Abwärtsphasen auf, weil erfahrungsgemäß die Siegeraktien von den Anlegern zuerst verkauft werden, um so Gewinne sicherzustellen. Und: Der Depotbestand wird relativ häufig umgeschichtet, was die Kosten in die Höhe treibt.

Wer hoch fliegt, kann tief stürzen

Dass die Momentumstrategie vor allem bei der Anlage in sehr kleinen Unternehmen nicht ohne Tücken ist, hat der US-amerikanische Vermögensverwalter John Dorfman an einem sicherlich nicht repräsentativen, aber eindrucksvollen Beispiel demonstriert. Er beschäftigte sich 1999 mit denjenigen Titeln, die drei Jahre zuvor durch exorbitante Kurssteigerungen für Furore gesorgt hatten. Das Ergebnis seiner Recherche fiel ernüchternd aus: Alle drei Top-Werte galten in dem Jahr ihres Höhenflugs als Jahr-2000-Spekulation – als Werte also, die von den erwarteten Computerschwierigkeiten beim Übergang in das neue Jahrtausend besonders profitieren sollten. Der größte Gewinner, das Softwareunternehmen TSR, mit einem Kursplus von 967 Prozent im Jahr 1996 fiel von zwischenzeitlich 18,75 auf 8 US-Dollar. Die Notierung hatte sich also mehr als halbiert. Den beiden anderen Jahr-2000-Wetten Viasoft und Zitel war es zwischenzeitlich sogar noch schlechter ergangen.

Die Umkehrstrategie

Statt auf die Überflieger zu setzen, geht die Umkehrstrategie genau den entgegengesetzten Weg: Sie setzt antizyklisch auf die Aktien, die bei den Börsianern in Ungnade gefallen sind. Das heißt, auf die Verlierertitel etwa eines Kalenderjahrs. Dahinter steckt die Hoffnung, dass die niedrigen Kurse eine günstige Einstiegsmöglichkeit darstellen und die entsprechenden Werte über kurz oder lang wieder den Anschluss an die Spitze schaffen werden. Allerdings stimmt diese Annahme nur, wenn es sich um grundsolide Unternehmen handelt, die zum Beispiel nur aufgrund einer allgemeinen Marktschwäche oder einer schwachen Branchenkonjunktur ins Stolpern geraten sind. Oftmals sind starke Kurseinbrüche wirklich begründet, weil die jeweilige Gesellschaft in existenziellen wirtschaftlichen Schwierigkeiten steckt. Eine längere Durststrecke ist dann wahrscheinlich, und ob der Kurs je wieder die alten Höhen erreicht, bleibt äußerst ungewiss. Die Umkehrstrategie hat sich in den vergangenen Jahren jedoch vielfach als sehr erfolgreich erwiesen, denn im Zuge des allgemeinen Kurseinbruchs an den Weltbörsen unmittelbar nach der Jahrtausendwende sind auch die Notierungen vieler hochprofitabler Unternehmen unter die Räder gekommen. Deren Kurse haben in der anschließenden Aufschwungphase überdurchschnittlich an Wert gewonnen.

Die antizyklische Strategie ist allerdings deutlich riskanter als die der relativen Stärke. Sie erfordert gute Nerven, ein hohes Stehvermögen und große Risikobereitschaft. Bis sich der Erfolg eines Investments zeigt, können nämlich durchaus vier oder fünf

Jahre vergehen. Und sie erfordert mentale Stärke, denn schließlich spricht die allgemeine Stimmung zum Einstiegszeitpunkt deutlich gegen die jeweilige Aktie. Nicht zuletzt ist bei dieser Strategie die Gefahr groß, dass überdurchschnittlich viele Pleitekandidaten im Depot landen.

Die Schwergewichtstrategie

Die Elite der Bluechips – mit diesen wenigen Worten lässt sich die Schwergewichtstrategie umschreiben. Dabei kauft der Anleger diejenigen Werte, die die größte Börsenkapitalisierung weltweit, innerhalb einer Region oder eines Landes auf die Waage bringen. Die Idee dahinter ist, dass sich die Trends an der Börse vor allem in den Kursen der großen Werte widerspiegeln. Betrachtet man die vergangenen Börsenjahre, so hat sich diese These als wenig stichhaltig erwiesen. Vor allem am deutschen Aktienmarkt waren es die Titel der „zweiten Reihe" – die Aktien aus MDax und SDax –, die ein ums andere Mal neue Rekordstände markiert haben, während die großen Aktien aus dem Dax dabei

Value-Investing: Aktien zum Schnäppchenpreis

Aktien finden, die im Sonderangebot sind – auf diesen einfachen Nenner lässt sich eine Anlagestrategie bringen, die in der Finanzfachsprache „Value Investing" genannt wird. Das Prinzip dabei: Der Anleger sucht nach Aktien, die weit unter ihrem „wahren Wert", also zu einem vergleichsweise sehr günstigen Preis gehandelt werden. Als günstig beziehungsweise unterbewertet gilt ein Unternehmen, wenn es substanzstark ist, das heißt über hohe Vermögenswerte („value") verfügt, die in der Bilanz allerdings nur zu einem Bruchteil ihres Preises erscheinen. Gleichzeitig macht es von Jahr zu Jahr stabile Gewinne und hat im Idealfall dennoch ein niedriges Kurs-Gewinn- und Kurs-Buchwert-Verhältnis (→ Seite 121 ff.).

Diese Art, sein Geld in Aktien zu investieren, hat in der Vergangenheit viele Anleger reich gemacht – allen voran die US-Börsenlegende Warren Buffett, der als Vorbild vieler Value-Investoren gilt. Auch viele Fondsmanager versuchen, auf diese Weise das Geld ihrer Kunden zu mehren. Doch auch wenn der Erfolg dieses Investmentansatzes in Untersuchungen theoretisch belegt werden konnte, scheitern viele Profis in der Praxis. Der Grund: Value-Investing erfordert viel Geduld und einen sehr langen Anlagehorizont. Dazu benötigt man bei der Umsetzung der vermeintlich einfachen Anlagekriterien viel Erfahrung und auch ein glückliches Händchen. Schließlich gibt es bei dieser Strategie keine klaren Regeln wie etwa bei der Dividendenstrategie. Und nicht zuletzt erweist sich so manche vermeintlich günstige Aktie als reiner Hoffnungsposten und Klotz im Depot, weil der Kurs über Jahre hinweg nicht oder kaum vom Fleck kommt. Fazit: Für Einsteiger am Aktienmarkt ist diese Strategie kaum geeignet.

nicht ganz mithalten konnten. Immerhin: Die Zahl der Umschichtungen hält sich bei dieser Strategie in Grenzen, denn Schwergewichte verstehen es, ihre Position auf ihren Produktmärkten und an der Börse zu verteidigen. So hält sich die Kostenbelastung in Grenzen, zehrt also nicht unnötig an der Rendite.

Service

Adressen

Börsenplätze in Deutschland

BÖAG Börsen AG (Hamburg/Hannover)
Kleine Johannisstraße 2–4
20457 Hamburg
Tel. 0 40/36 13 02-0
und
Rathenaustraße 2
30159 Hannover
Tel. 05 11/32 76 61
www.boersenag.de

Börse Berlin-Bremen
Berliner Börse AG
Fasanenstraße 85
10623 Berlin
Tel. 0 30/31 10 91-0
www.berlinerboerse.de

Börse Düsseldorf AG
Ernst-Schneider-Platz 1
40212 Düsseldorf
Tel. 02 11/13 89-0
www.boerse-duesseldorf.de

Börse München
Bayerische Börse AG
Lenbachplatz 2a
80333 München
Tel. 0 89/54 90 45-0
www.boerse-muenchen.de

Börse Stuttgart AG (inkl. Euwax)
Baden-Württembergische Wertpapierbörse
Schlossstraße 20
70174 Stuttgart
Tel. 07 11/22 29 85-0
www.boerse-stuttgart.de
www.euwax.de

Deutsche Börse AG (Frankfurt/M.)
Börsenplatz 2–6
60313 Frankfurt/Main
Tel. 0 69/21 01-0
www.deutsche-boerse.com

Börsenaufsicht

Bundesanstalt für Finanzdienstleistungsaufsicht (Bafin)
Abt. Wertpapieraufsicht
Lurgiallee 12
60439 Frankfurt
und
Abt. Banken- und Versicherungsaufsicht
Graurheindorfer Straße 108
53117 Bonn
Tel. 02 28/41 08-0
www.bafin.de

Links zu den Aufsichtsbehörden der Bundesländer:
www.boersenaufsicht.de

Aktionärsvereinigungen

Bund der Kapitalanleger e. V.
Postfach 12 17
66558 Ottweiler
Tel. 0 68 24/9 11 54
www.bund-der-kapitalanleger.de

Dachverband der kritischen Aktionärinnen und Aktionäre e. V.
Ebertplatz 12
50668 Köln
Tel. 02 21/5 99 56 47
www.kritischeaktionaere.de

Deutsche Schutzvereinigung für Wertpapierbesitz e. V. (DSW)
Hamborner Straße 53
40472 Düsseldorf
Tel. 02 11/66 97 02
www.dsw-info.de

Schutzgemeinschaft der Kapitalanleger e. V. (SdK)
Maximilianstraße 8
80539 München
Tel. 0 89/2 02 08 46
www.sdk.org

Verein zur Förderung der Aktionärsdemokratie e. V.
Ludwigstraße 22
97070 Würzburg
Tel. 09 31/3 53 91 68
www.wifak.uni-wuerzburg.de/bwl/bwl4_old/seiten/vfa/

Weitere nützliche Adressen

Börseninformationen der Volks- und Raiffeisenbanken
www.vr-networld.de

Bundesverband Investment und Asset Management e. V. (BVI)
Eschenheimer Anlage 28
60318 Frankfurt/M.
Tel. 0 69/15 40 90-0
www.bvi.de

Deutsche Vereinigung für Finanzanalyse und Asset Management e. V. (DVFA)
Einsteinstraße 5
63303 Dreieich
Tel. 0 61 03/58 33-0
www.dvfa.de

Deutsches Aktieninstitut e. V. (DAI)
Nidenau 13–14
60325 Frankfurt
Tel. 0 69/9 29 15-0
www.dai.de

Konjunkturdaten

Cosa Markt-Daten
Private Homepage mit US-Konjunkturdaten in Text und Grafik
www.markt-daten.de

Deutsche Bundesbank
Wilhelm-Epstein-Straße 14
60431 Frankfurt am Main
www.bundesbank.de

Deutsches Institut für Wirtschaftsforschung e. V. (DIW Berlin)
Königin-Luise-Straße 5
14195 Berlin
Tel. 0 30/8 97 89-0
www.diw.de

ZBW – Deutsche Zentralbibliothek für Wirtschaftswissenschaften Leibniz-Informationszentrum Wirtschaft
Düsternbrooker Weg 120
24105 Kiel
Tel. 04 31/88 14-1 (Zentrale) und
Standort Hamburg:
Neuer Jungfernstieg 21
20354 Hamburg
Tel. 0 40/4 28 34-219
(Team Information Hamburg)
www.zbw.eu

ifo Institut für Wirtschaftsforschung e. V. (Geschäftsklimaindex)
Poschingerstraße 5
81679 München
Tel. 0 89/92 24-0
www.ifo.de

Institut für Weltwirtschaft an der Universität Kiel (IfW)
Düsternbrooker Weg 120
24105 Kiel
Tel. 04 31/88 14-1
www.uni-kiel.de/ifw

Institut für Wirtschaftsforschung Halle
Kleine Märkerstraße 8
06108 Halle (Saale)
Tel. 03 45/77 53-60
www.iwh-halle.de

Rheinisch-Westfälisches Institut für Wirtschaftsforschung e. V.
Hohenzollernstraße 1–3
45128 Essen
Tel. 02 01/81 49-0
www.rwi-essen.de

Statistisches Bundesamt
Gustav-Stresemann Ring 11
65189 Wiesbaden
Tel. 06 11/75-24 05
www.destatis.de

Bank-Zentralorganisationen

Deutscher Sparkassen- und Giroverband
Charlottenstraße 47
10117 Berlin
Tel. 0 30/2 02 25-0
www.dsgv.de

Bundesverband der Deutschen Volksbanken und Raiffeisenbanken e. V. (BVR)
Schellingstraße 4
10785 Berlin
Tel. 0 30/20 21-0
www.bvr.de

Bundesverband deutscher Banken
Burgstraße 28
10178 Berlin
Tel. 0 30/16 63-0
www.bdb.de

Eine nach Themen geordnete Übersicht mit Links zu weiteren Adressen steht Ihnen unter www.finanztest.de/linksammlung zur Verfügung.

Stichwortverzeichnis

V

W

X

Z

Impressum

Herausgeber und Verlag	Stiftung Warentest Lützowplatz 11–13 10785 Berlin Tel. 0 30/26 31-0 Fax 0 30/26 31-25 25 www.stiftung-warentest.de
Vorstand	Dr. jur. Werner Brinkmann
Weitere Mitglieder der Geschäftsleitung	Hubertus Primus (Publikationen) Dr.-Ing. Peter Sieber (Untersuchungen)
Autor	Thomas Luther
Lektorat	Dr. med. vet. Ines George (Leitung) Ursula Rieth Heike Plank
Fachliche Beratung	Roland Aulitzky, Karin Baur, Stephanie Zipp, Rainer Zuppe
Fachliche Unterstützung (Steuerkapitel)	Heinz-Josef Nüssgens, Hennef
Verifikation	Sabine Koch
Produktion	Vera Göring
Illustrationen	Kati Hammling (S. 15, 91, 172), Vera Göring (S. 12, 102, 130)
Bildnachweis	Titel: Getty Images/Karen Beard, Deutsche Börse (S. 11, 25, 45, 77, 147, 155, 167, U4), Westend61, Pokorny/F1 Online (S. 67, 137), Karwasz/teamwork (S. 85), Stefan Oelsner/keystone (S. 119)
Layout und Titel	Anne-Katrin Körbi, Vera Göring
Verlagsherstellung	Rita Brosius, Kerstin Uhlig
Litho	tiff.any GmbH, Berlin
Druck	Rasch Druckerei und Verlag GmbH & Co. KG, Bramsche
Einzelbestellung	Stiftung Warentest Vertrieb, Postfach 81 06 60 70523 Stuttgart Tel. 0 180 5/00 24 67 Fax 0 180 5/00 24 68 (jeweils 14 Cent pro Minute aus dem Festnetz) www.stiftung-warentest.de
Redaktionsschluss	Juni 2007